AF211987

Freiburger Anregungen zur Wirtschaft und Gesellschaft

Herausgeber: Freiburger Wirtschaftswissenschaftler e.V.

Band 2

Standortwettbewerb und Standortmarketing

Herausgegeben von
Marc Seiler und Nicolas Dallmann

 Lucius & Lucius · Stuttgart

Kontaktadresse des Herausgebers der Schriftenreihe:

Verein Freiburger Wirtschaftswissenschaftler e.V.
Dekanat der Wirtschaftswissenschaftlichen Fakultät
Platz der Alten Synagoge
79098 Freiburg im Breisgau

Bibliografische Information der Deutschen Nationalbibliothek

Die Deutsche Bibliothek verzeichnet diese Publikation in der Deutschen National-
bibliografie; detaillierte bibliografische Daten sind im Internet über http://dnb.ddb.de
abrufbar

ISBN 978-3-8282-0396-9

© Lucius & Lucius Verlagsgesellschaft mbH Stuttgart 2007
  Gerokstr. 51, D-70184 Stuttgart
  www.luciusverlag.com

Druck und Einband: Rosch-Buch, Scheßlitz

Printed in Germany

Vorwort

Kernauftrag des Vereins der Freiburger Wirtschaftswissenschaftler ist neben jenem eines klassischen Alumni-Vereins insbesondere die Pflege der wirtschafts-wissenschaftlichen Tradition der *Freiburger Schule*. Ziel der Aktivitäten des Vereins ist es, das Wirken des Kreises um *Walter Eucken*, aber auch jenes *Friedrich August von Hayeks* verstärkt in den wissenschaftlichen und gesellschaftlichen Dialog einzubringen und so die damals generierten Erkenntnisse für aktuelle institutio-nelle Gestaltungsprobleme nutzbar zu machen. Zu den diesbezüglichen Aktivitä-ten gehört auch die Vortragsreihe *„Freiburger Anregungen zu Wirtschaft und Gesell-schaft"*, ein Diskussionsforum für aktuelle wirtschaftspolitische Fragestellungen.

Während sich die Forschungsergebnisse der Kreise um Eucken und von Hayek vor allem in der damals auch politisch implementierten Wettbewerbsordnung *für private Märkte* niederschlugen, wird die Relevanz der ordnungspolitischen Denk-tradition jüngst insbesondere im Kontext des *zwischenstaatlichen Wettbewerbs* deut-lich. In den vergangenen Jahren ließ sich der Vorwurf, primär kleine Staaten und untergeordnete Gebietskörperschaften würden vorwiegend durch den Einsatz unfairer Besteuerungspraktiken Gewinne im gebietskörperschaftlichen Wettbe-werb realisieren, in Hochsteuerstaaten immer häufiger beobachten. Die Rufe nach einer Wettbewerbsordnung für den Fiskalwettbewerb werden lauter. Be-hindernde und als ungerecht zu klassifizierende Steuerpraktiken diverser Staaten und Regionen begründeten ordnungspolitischen Interventionsbedarf auf supra-nationaler Ebene, so die dort gängige Einschätzung. Die skizzierten Probleme sind Grund dafür, dass die zum zweiten Mal stattfindende Vortragsreihe „Frei-burger Anregungen zu Wirtschaft und Gesellschaft" dem Thema des *Standort-wettbewerbs* und des *Standortmarketings* gewidmet ist. Der skizzierte Problemkom-plex falsch justierter wettbewerblicher Prozesse und der daher erforderliche insti-tutionelle Handlungsbedarf im Sinne der Freiburger Schule bilden den Schwer-punkt der Reihe.

Zahlreiche renommierte Vertreter aus Wissenschaft, Politik und Wirtschaft sind unserer Einladung gefolgt, im Rahmen der Vortragsreihe zu referieren und dabei die unterschiedlichen Einschätzungen der jeweiligen Akteure zu verdeutlichen. Die wissenschaftlichen Beiträge liegen nunmehr ebenso wie die zugehörigen, vorwiegend von Nachwuchswissenschaftlern verfassten Korreferate vor. Wir hoffen, dass dieser Band die aktuellen wissenschaftlichen und politischen Debat-ten zu den jeweils behandelten Themenkomplexen bereichert.

An dieser Stelle sei allen an der Umsetzung der Vortragsreihe Beteiligten ge-dankt. Unser besonderer Dank gilt zunächst den Autoren – Professor Dr. Nor-bert Berthold, Professor Dr. Thiess Büttner, Christian Deplewski, Professor Dr. Drs. h.c. Jörg Maier, PD Dr. Walter Müller, Christian Niederauer, Dr. Gerhard

Schick MdB, Isabel Tobies sowie Professor Dr. Markus Voeth. Bedanken möchten wir uns auch bei den Korreferenten – Eric R. Fasten, Roman Leistenschneider, René Schleus und Professor Dr. Ernst-Jürgen Schröder. Außerdem gilt unser Dank den Moderatoren der Vortragsveranstaltungen: Neben Professor Dr. Bernhard Neumärker und Professor Dr. Ernst-Jürgen Schröder hatten Thomas Stoffel, Professor Dr. Dieter K. Tscheulin und PD Dr. Michael Wohlgemuth in dieser Funktion maßgeblichen Anteil am guten Gelingen der gesamten Reihe. Zuletzt sei unseren Kollegen im Vereinsvorstand gedankt, ohne die eine Umsetzung der Vortragsreihe und des Sammelbandes undenkbar gewesen wäre.

Berlin und Freiburg im Breisgau im August 2007

Marc Seiler

Nicolas Dallmann

Inhalt

Inhalt

Einführung und Konzeption

Marc Seiler und Nicolas Dallmann[*]

1   Einleitung

Die zunehmende Europäische Integration hat neben einer erhöhten Attraktivität Europas für international mobile Faktoren durch eine Vergrößerung des Marktes auch einen erhöhten Wettbewerb der Staaten im Inneren Europas um ebendiese Faktoren zur Folge. Verstärkt wird dessen Intensität zusätzlich durch permanent sinkende Informations- und Migrationskosten der Inhaber mobiler Faktoren. Die Staatenkonkurrenz begründet einen zunehmenden Anpassungsdruck auf die nach wie vor weitgehend auf geschlossene Volkswirtschaften ausgelegten Steuer- und Sozialsysteme an veränderte Umweltbedingungen. Insbesondere für kleine Staaten, aber auch für untergeordnete Gebietskörperschaften wie Länder, Regionen und Gemeinden, schafft diese neue Situation Anreize, durch hohe Flexibilität und schnelle Anpassungsfähigkeit mobile Faktoren zu attrahieren.

Da der Standortwettbewerb eine *Entmonopolisierung nationalstaatlicher und regionaler Wirtschaftspolitiken* bedeutet, sehen sich Regierungen aller gebietskörperschaftlichen Ebenen mehr und mehr dazu gezwungen, als Management der jeweiligen Jurisdiktion die Geschicke der jeweiligen Gebietskörperschaft zu leiten und deren Bestehen im Wettbewerb zu sichern. Das ist der Grund, weshalb mittlerweile

[*] Marc Seiler ist externer Doktorand am Institut für Öffentliche Finanzen, Wettbewerb und Institutionen der Humboldt Universität zu Berlin. Nicolas Dallmann ist externer Doktorand am Deutschen Institut für kleine und mittlere Unternehmen in Berlin.

auch eigentlich für Unternehmen auf privaten Märkten entwickelnde Forschungsergebnisse der Betriebswirtschaftslehre aus Sicht politischer Akteure von großem Wert im Wettbewerb sein können. Von besonderer Bedeutung ist hierbei das *Standortmarketing*, bei dem betriebswirtschaftliche Marketingprinzipien und -methoden auf die öffentliche Planung des jeweiligen Standortes übertragen und so Vorsprünge im Wettbewerb zu erzielen gesucht werden. Dessen Relevanz und Ausgestaltung wird im stark betriebswirtschaftlich ausgerichteten ersten Teil des Bandes besondere Beachtung geschenkt.

Derart betriebswirtschaftlich fundierte und zugleich aggressive Wettbewerbsstrategien kleiner Staaten und Regionen begründen im Bereich der Besteuerung eine zunehmende *Abwanderung der Steuerbasen* in Niedrigsteuerjurisdiktionen sowie *Steuerausfälle* und fiskalischen Schäden in Form *geringerer volkswirtschaftlicher Produktivität* und *negativer Beschäftigungsimpulse* in den großen, weniger flexiblen Staaten. Immer öfter werden die von kleinen Nationen verwandten steuerpolitischen Instrumente von Hochsteuerstaaten als ungerecht empfunden, als *unfair* verurteilt und eine Harmonisierung der europäischen Besteuerung, zumindest aber eine Bekämpfung dieser Praktiken gefordert. Die Frage, ob sich tatsächlich ein ordnungspolitischer Handlungsbedarf für diesen Wettbewerbstyp identifizieren lässt, oder ob politische Initiativen gegen „unfairen" Fiskalwettbewerb nicht vielmehr der *Unterbindung des politisch ungeliebten Staatenwettbewerbs* und der *Schwächung des politischen Anpassungsdrucks* dienen, steht deshalb im Mittelpunkt des ordnungspolitischen Teils. Im Folgenden werden einige einleitende Anmerkungen zu den behandelten Bereichen des Standortwettbewerbs und des Standortmarketings gemacht, anschließend die Konzeption des gesamten Bandes skizziert.

2   Das Phänomen des Standortwettbewerbs

Unter *Systemwettbewerb* oder *institutionellem Wettbewerb* wird ein auf mehreren Ebenen stattfindender Wettbewerb zwischen Wirtschaftssystemen verstanden, bei dem ökonomischer und politischer Wettbewerb zusammenwirken. *Staatenwettbewerb* stellt die Konkurrenz der Staaten um international mobile Faktoren dar. Sie ist deshalb als aktive fiskalische Reaktion auf die institutionelle Arbitrage der Besitzer mobiler Faktoren interpretierbar. Regierungen werben als ihren Eigennutz maximierende Agenten der weitgehend immobilen Bürgerschaft um die Gunst der Eigner mobiler Faktoren. Sie erhoffen sich von einer Ansiedlung leistungs- und wertschöpfungsstarker Wirtschaftsaktivitäten neben einer Steueraufkommensmaximierung auch höhere Zielerreichungsgrade im Bereich anderer fiskalischer Ziele, beispielsweise einem hohen Beschäftigungsniveau. Obschon das Erreichen dieser Ziele sich nicht unmittelbar auf die Nutzenfunktion der

Politiker auswirkt, erhöht es doch die Wahrscheinlichkeit einer Wiederwahl. Für Gewinner im Wettbewerb bedeutet der Zuwachs der Real- und Finanzkapitalinvestitionen höhere Produktivität, höhere Einkommen der im Inland gebundenen Faktoren sowie ein höheres volkswirtschaftliches Produktionspotenzial.

Angestoßen werden die Prozesse des Standortwettbewerbs durch die Handlungsoptionen der Abwanderung *(Exit)* und des Widerspruchs *(Voice)*. Während erstere die tatsächliche oder glaubhaft angedrohte Abwanderung der *Inhaber mobiler Faktoren* beschreibt, bezieht sich die Widerspruchsoption auf die Möglichkeit der *Bürger*, durch Meinungsäußerung Einfluss auf die Ergebnisse des politischen Prozesses zu nehmen. Beide Handlungsformen stehen in komplementärer Beziehung zueinander. Das Gewicht der individuellen Mitspracherechte wird mit steigender Attraktivität einer Abwanderung zunehmen. Insbesondere leistungsstarken Faktoren wird im Falle einer glaubwürdigen Abwanderungsandrohung eine wirksame Widerspruchsoption zur Verfügung stehen, die Androhung einer institutionell bedingten Verlagerung der wirtschaftlichen Aktivitäten in der Politik auf offene Ohren stoßen. Aber auch weitgehend immobile Bürger können sich durch Androhung einer partiellen Institutionenwahl – beispielsweise durch Anlageentscheidungen auf internationalen Finanzmärkten oder durch verstärkte Nachfrage nach Importgütern – einer solchen wirksamen Verstärkung des eigenen Stimmengewichts im demokratischen Prozess bedienen.

Legt man der Analyse der Funktionsweise ein „Österreichisches Modell" zugrunde, funktioniert Standortwettbewerb wie folgt: Treten offene Ordnungen zueinander in Konkurrenz und können die Nachfrager dieser Ordnungsmodelle frei zwischen ihnen wählen, stellen Staaten Formen von Interessengemeinschaften dar, deren Mitglieder permanent durch Abwägung der mit dieser Mitgliedschaft verbundenen Nutzenpositionen gegenüber den damit verbundenen Kosten eine Wahl über Verbleib oder Austritt fällen. In einer solchen Welt ergeben sich Prozesse, die auf dem auf zwei Säulen basierenden Hayek'schen Verständnis evolutionärer Prozesse aufbauen. Zum einen findet der Prozess der *Variation* statt, bei dem neue Varianten der Problemlösung durch Experimentieren entwickelt werden. Zum anderen dient der Prozess der *Selektion* als Ausleseprozess der Bewertung der Experimente. Neue Varianten können das Ergebnis *bewusster* Modifikation eigener Verhaltensweisen darstellen oder aber auf *unintendierte,* also zufällige Experimente zurückzuführen sein. Die Experimente können angesichts immanenter Ressourcenknappheit entweder zum Ziel haben, bei *gleichem Ressourceneinsatz* einen *höheren Ertrag* zu erzielen oder aber eine *Einsparung von Ressourcen* bei *konstantem Ertrag* anstreben. Durch verstärkte Imitation erfolgreicher Experimente werden im Laufe der Zeit Problemlösungsstrategien mit hoher Effizienz selektiert. Gesamtgesellschaftlich erhöht sich durch diesen Evolutionsmechanismus die Problemlösungsfähigkeit, weil erfolgreiche Strategien durch Beobachtung allen zugänglich sind und den Charakter öffentlicher Güter annehmen.

Standortwettbewerb nimmt also Formen einer Gruppenkonkurrenz an. Geht man davon aus, dass sich eine Gesamtpopulation aus zahlreichen Gruppen zusammensetzt, die zur Bewältigung immanenter Knappheit unterschiedliche innerhalb ihres Geltungsbereichs gültige Regeln anwenden, erfolgt zusätzlich zu parallelem *Experimentieren* und *Imitieren* in Analogie zu marktlichen Prozessen durch Wanderungsbewegungen einzelner Gruppenmitglieder eine Selektion der Regelsets, die sich im Hinblick auf ihre Problemlösungskapazität als besonders effizient erweisen. Es kommt im Zeitablauf zur Auslese von Institutionen mit überdurchschnittlicher Problemlösungskapazität. Durch Innovation wird ständig neues Problemlösungswissen *geschaffen* und durch Imitation *verbreitet*. Die Wahrscheinlichkeit einer Imitation des Regelsets ist eine Funktion dessen Effizienz, so dass sich die Verteilung der Gesamtpopulation zugunsten der Gruppen verschiebt, die über besonders effiziente Regeln verfügen. Die Populationsverschiebung vermag zugleich indirekt erfolgreiche Regelsets zu selektieren, weil Gruppen, die nach ihnen verfuhren, erfolgreicher waren und andere verdrängten.

Dieser dynamische Prozess zur Aufdeckung von Marktinformationen und zur Produktion neuen Wissens lässt sich in Parallel- und Austauschprozess untergliedern. Während im *Parallelprozess* die experimentierenden Gruppen untereinander um die Zuwanderung neuer Gruppenmitglieder konkurrieren, erfolgt im *Austauschprozess* durch deren Wahlhandlungen eine Bewertung der Regelsets. Erst sie ermöglichen institutionellen Wettbewerb als Verfahren zur Entdeckung erfolgreicher institutioneller Arrangements und der konstitutionellen Präferenzen der Gruppenmitglieder, weil von ihnen Zwänge auf die Gruppen ausgehen, durch *Experimentieren*, *Erlernen* und *Nachahmen* erfolgreicher Strategien ihr Überleben im Gruppenwettbewerb zu sichern. Das wettbewerbliche Innovationsverfahren kommt auch dann nicht zum Erliegen, wenn ein Gleichgewicht im neoklassischen Sinne erreicht ist, in dem die konstitutionellen Präferenzen erschöpfend antizipiert und die Gruppe mit dem effizientesten Regelset die gesamte Population auf sich vereint. Dies hängt mit unterschiedlichen und sich ständig wandelnden Präferenzstrukturen und Umweltbedingungen zusammen, die eine permanente Änderung der Ordnung der Gruppe zwingend erforderlich machen.

Neben budgetären stehen auch nicht-budgetäre Handlungsparameter – bspw. Rechtssicherheit, Vorgaben und Bestimmungen oder Sozialgesetzgebung – zur Verfügung, um mobile Ressourcen anzulocken. Dennoch stellt der *Steuerwettbewerb* den vermutlich wichtigsten Teilbereich des Staatenwettbewerbs dar. Steuerwettbewerb stellt im wörtlichen Sinne den Versuch der Staaten dar, mit Mitteln des Steuerrechts Kapital im eigenen Hoheitsgebiet anzusiedeln. Möchte man sich der hier im Vordergrund stehenden Frage nach vermuteten institutionellen Defiziten dieses Wettbewerbstyps nähern, macht dies jedoch ein weiter gefasstes Verständnis des Begriffs erforderlich. Eine gleichzeitige Betrachtung der budgetären Ausgabenseite ist im Zusammenhang mit einer Prüfung des Vorwurfs unfairen Steuerwettbewerbs unerlässlich. Eine alleinige Analyse steuerpolitischer Maßnahmen auf der Einnahmenseite hätte wenig Aussagegehalt. Im vorliegenden Zusammenhang wird der Terminus *Steuerwettbewerb* deshalb synonym zum Begriff des *institutionellen Wettbewerbs* verwendet, wobei sich der Begriff *institutionelles Arrangement* dann auf das gesamte bereitgestellte *Steuer-Leistungs-Arrangement* und das der Besteuerung zugrunde liegende *Besteuerungsprinzip* bezieht.

3 Standortmarketing

Standortmarketing wird hier als *marktorientiertes Steuerungskonzept zur Entwicklung von Standorten* verstanden. Es kann als Oberbegriff fungieren, unter dem die anderen – häufig in ähnlichem Zusammenhang verwendeten – Begriffe Straßen-, City-, Stadt- und Regionalmarketing sowie Tourismus- und Wirtschaftsförderung mit ihren Besonderheiten, Spezialisierungen, Themenfeldern, Zielen und Zielgruppen subsumiert werden.[1] Mit Hilfe des Marketings versucht der Standort zum einen seinen Bekanntheitsgrad zu erhöhen und sein Image zu verbessern, um dadurch z.B. Touristen, Investoren, Arbeitsplätze, qualifizierte Arbeitskräfte und zusätzliche Kaufkraft an den Standort zu locken (externes Ziel). Zum anderen wird eine Identifikation der Bürger mit dem Standort sowie das Verständnis der Bürger für Leistungen und Kosten für den Standort intendiert (internes Ziel). Standortmarketing nimmt eine zentrale Aufgabe im Sinne einer Pflicht ein, um im *Standortwettbewerb* konkurrenzfähig zu werden, zu sein und zu bleiben. Diese Aufgabe wurde in Deutschland von (fast) jedem Standort erkannt.

Genau wie bei klassischen Unternehmen variieren auch bei Standorten die Art und Weise – d.h. die Anwendung der Marketing-Instrumente – sowie der Umfang des Marketings erheblich. Dennoch ist der Planungsprozess Basis jedes guten Marketings – so auch für Standorte. Dieser umfasst die Schritte Marktforschung, Ziel- und Strategieformulierung, Gestaltung des Marketing-Mix (Produkt, Preis, Kommunikation und Distribution), operative Umsetzung und Kontrolle. Im Rahmen des Standortmarketings bedient man sich – unabhängig vom Grad der Professionalität – der betriebswirtschaftlichen Marketingprinzipien und -methoden sowie der unternehmerischen Marketingphilosophie.[2]

---

[1] Dennoch werden die Unterschiede – insbesondere zwischen Stadt- und Regionalmarketing – berücksichtigt.

[2] Das Standortmarketing wird trotz der Inanspruchnahme der klassischen Marketingmethoden als eigenständige Marketingdisziplin angesehen. Denn die größere Zielvielfalt unterscheidet sich sowohl vom unternehmerischen als auch vom Non-Profit-Marketing. Gleichwohl müssen die Besonderheiten des Standortes berücksichtigt und damit bei der Übertragung des

Beim Standortmarketing stellt sich allerdings die Frage, was das konkrete Objekt der Vermarktung ist. Wird demnach der Standort als *Unternehmen* mit seiner Bevölkerung, seiner Wirtschaft, seiner Kultur, seinem Image und seinem Bekanntheitsgrad sowie der Zusammenarbeit dieser Bestandteile oder als *Produkt* mit seiner Vielzahl an Leistungen, an Gütern und deren Eigenschaften bzw. Gegebenheiten vermarktet? Die Antwort auf diese Frage lautet: Der Standort wird gleichermaßen als Unternehmen als auch als Produkt vermarktet.

Für die Betreiber des Standortmarketings beginnt der Planungsprozess mit der *Marktforschung*. Mit Hilfe der in der Marktforschung angewandten Situationsanalyse werden der Umfang und Bedarf der unterschiedlichen Zielgruppen sowie die Stärken und Schwächen der Konkurrenten erfasst und bewertet, die aus Politik und Gesellschaft bestimmten Rahmenbedingen analysiert und das Image des Standortes erhoben.

Ziele und *Strategien* für das Marketing werden aus den Ergebnissen der Marktforschung abgeleitet: Welche Zielgruppen[3] möchte und kann der Standort ansprechen und wo positioniert sich der Standort? Ebenfalls erarbeiten in dieser Phase die Standorte das Corporate Identity und das Leitbild. Dies bedarf einer pluralistischen Willensbildung, um (fast) alle relevanten Meinungen der entsprechenden Entscheidungsträger zu integrieren. Denn ohne Rückhalt der Entscheidungsträger können die formulierten Ziele nicht erreicht werden. Daraus lassen sich folgende Aufgaben für die Standortmarketing-Institution ableiten:

- *Integrierende und konstituierende Aufgabe*, d.h. die Standortmarketing-Institution muss eine pluralistische Willensbildung durchsetzen.

- *Initiierende und gestaltende Aufgabe*, d.h. die Standortmarketing-Institution muss Ideen und Innovationen vorschlagen und planerisch ausrichten.

- *Steuernde Aufgabe*, d.h. die Standortmarketing-Institution muss mit Hilfe einer Zielhierarchie bestimmen, welche Maßnahmen wann und in welchem Umfang durchzuführen sind. Diese Aktivitäten sind zu steuern und damit einhergehend ebenfalls zu kontrollieren.

---

betriebswirtschaftlichen Marketings auf die „Standortvermarktung" beachtet werden. Die Besonderheiten bestehen z.B. darin, dass ein Standort anders als ein Unternehmen immobil und somit der Verkaufsort – der so genannte point of sale – standortabhängig ist.

[3] Zielgruppen lassen sich vereinfachend in drei Gruppen einteilen: alle Personen, Organisationen und Institutionen, die erstens für den Standort Nutzen stiftend sind (aktuelle Standortnachfrager, Standortansässige, Interne), zweitens Nutzen bieten können (potentielle Standortnachfrager, Externe) und drittens Einfluss auf die Standortentscheidung der aktuellen und/oder potentiellen Standortnachfrager ausüben können (Mittler, Meinungsführer).

- *Informative und kommunikative Aufgabe*, d.h. die Standortmarketing-Institution muss Transparenz schaffen und nach innen und außen über die Maßnahmen und deren Auswirkungen informieren.

Die strategischen Vorgaben werden mit Hilfe der Instrumente des Marketing-Mix *operativ* umgesetzt. Dabei sind Maßnahmen zu berücksichtigen, die...

- auf die inhaltliche Gestaltung der Eigenschaften der Leistungen sowie des Erscheinungsbildes des Standortes abzielen *(Produkt)*.

- zur Festlegung der Preise und weiterer Konditionen bei der Nutzung der Leistungen und Produkte eines Standortes von den Zielgruppen zu entrichten sind *(Preis)*.

- der Verbreitung kommunikativer Inhalte dienen *(Kommunikation)*.

- zur Gestaltung des physischen Zusammenkommens von Standort und Zielgruppe beitragen *(Distribution)*.

In der *Umsetzungsphase* werden die vorher bestimmten Aktivitäten realisiert. Dabei beeinflusst die Organisations- und Rechtsform der Standortmarketing-Institution sowie die zur Verfügung stehenden finanziellen Mittel im hohen Maße die Durchsetzbarkeit der jeweiligen Standortmarketing-Aktivitäten. Deshalb ist es wichtig, mit den jeweiligen Entscheidungsträgern am Standort – so beispielsweise Unternehmern, Politikern, Sponsoren und Personen aus der Bevölkerung/Bürgervereinen – zu kooperieren, um dadurch personelle und insbesondere finanzielle Unterstützung zu erhalten.

Letztlich stellt sich die Frage, ob und in welchem Maße Standortmarketing im Sinne der gesetzten Ziele Erfolge erzielt? Regelmäßig muss hierzu die Wirtschaftlichkeit, d.h. das Verhältnis von Kosten und Nutzen muss dabei ausgeglichen sein, überprüft werden. Diese (Erfolgs- und Wirtschaftlichkeits-)*Kontrollen* können einmalig am Ende eines Projektes oder kontinuierlich begleitend mit der Rückkopplung aus den Ergebnissen der Kontrolle entlang der Ziele – das so genannte Controlling – erfolgen. Unterschiede im Umfang sowie in der Art und Weise des Controllings sind der Praxis gravierend.

4 Konzeption der Vortragsreihe

Um dem Ziel des Bandes, die von Vertretern der *Freiburger Schule* und *Friedrich August von Hayek* generierten theoretischen Erkenntnisse für die Lösung praktischer Gestaltungsproblem bei der Regulierung des Staatenwettbewerbs nutzbar zu machen, empfiehlt sich zunächst eine integrierte Betrachtung beider Marktseiten. Aus diesem Grunde widmet sich der erste Teil des Sammelbandes zum einen den *angebotsseitigen* Aktivitäten der Gebietskörperschaften im Wettbewerb. Zum anderen werden die *nachfrageseitigen* Aktivitäten der Unternehmen bei deren Standortwahl beleuchtet. Ziel dieses Teils ist die Schilderung der wettbewerblichen Prozesse. Die Behandlung der Notwendigkeit und der Ausgestaltung eines möglichen Regelwerkes für den gebietskörperschaftlichen Wettbewerb macht nur dann Sinn, wenn zunächst die bei diesem Wettbewerbstyp ablaufenden Prozesse aus Sicht der beiden Akteure – Regierungen und Unternehmen – veranschaulicht werden. Diesem Erfordernis wird im *ersten Teil* Rechnung getragen.

Der wettbewerblichen *Angebotsseite* ist der Beitrag von *Jörg Maier* gewidmet. Er behandelt vor allem auf Länder- und Kommunalebene mögliche Verhaltensformen der Gebietskörperschaften zur Sicherung einer positiven Stellung im Wettbewerb der Standorte. Eine wichtige Aufgabe kommt dabei dem Standortmarketing zu. Ziel dieses marktorientierten Steuerungskonzeptes zur Entwicklung von Standorten ist unter anderem die Förderung einer hohen Bekanntheit und der Aufbau eines positiven Images. Adressaten der zu diesem Zweck eingesetzten Instrumente sind neben Touristen und Investoren auch potentielle Bürger und Konsumenten. Maier schildert die Entwicklung des Standort- und Regionalmarketings der letzten zwanzig Jahre in Deutschland. Im Stadtmarketing sei ein deutlicher Trend in Richtung Event-Marketing und Projektmanagement identifizierbar, während das Regionalmarketing als ganzheitliches Konzept in Zusammenarbeit der Regionen durchgeführt wird. Aufgrund der unterschiedlichen Ausrichtung von Stadt- und Regionalmarketing sei nicht prognostizierbar, welcher Ansatz eher erfolgversprechend zu sein scheint. Insgesamt präferiert Maier aber den ganzheitlichen Ansatz des Regionalmarketings, weil im Rahmen dessen im Gegensatz zum eventgeprägten Stadtmarketing die standortansässigen Bürger und Unternehmen besser als Kunden behandelt werden könnten.

Dass auch eventorientiertes Stadtmarketing eine dominante Wettbewerbsstrategie sein kann, verdeutlichen *Markus Voeth*, *Christian Niederauer* und *Isabel Tobies* im Zusammenhang mit der Fußball-Weltmeisterschaft. Sie behandeln in ihrem Beitrag die Aktivitäten deutscher Großstädte im Zusammenhang mit diesem Großereignis. Auf Basis von im Vorfeld aber auch während der Weltmeisterschaft erhobenen Daten wird gezeigt, dass sich die Erwartungen der Betreiber und Ausrichtung des Events deutlich von jenen der in den betreffenden Städten lebenden Bürgern unterscheidet. Während sich letztere von der Weltmeisterschaft die Schaffung neuer Arbeitsplätze und eine Verbesserung der Wirtschaftslage erhofften, intendierten die Verantwortlichen in den Städten mit den eingesetzten Instrumenten den Aufbau eines verbesserten Images der eigenen Stadt. An diesem Umstand wird die Notwendigkeit deutlich, den Kreis der Adressaten des Standortmarketings deutlich abzugrenzen.

Der wettbewerblichen *Nachfrageseite* ist der Beitrag von *Christian Depelwski* gewidmet. Ziel der Unternehmen ist es, ihren Wünschen, Bedürfnissen und Vorstellungen entsprechend den aus ihrer Sicht optimalen Standort für eine spezifische Unternehmensaktivität zu identifizieren. Zu diesem Zweck unterhalten große Unternehmen spezielle Abteilungen für die Standortwahl. Christian Deplewski schildert in seiner Funktion als Leiter des Liegenschaftsmanagements der Robert Bosch GmbH die in derartigen Abteilungen ablaufenden Prozesse zur Ermittlung geeigneter Standorte. Er identifiziert in seinem Beitrag die den Entscheidungsprozess bestimmenden harten und weichen Standortfaktoren und geht dabei insbesondere auf die Einflüsse des kommunalen Standortmarketings auf die unternehmerische Standortpolitik ein. Er vertritt die These, dass sich in Zeiten, in denen immer mehr Arbeitsplätze in Niedriglohnländer verlagert werden, das kommunale Standortmarketing weniger auf Neuansiedlung als auf die Sicherung der vorhandenen Arbeitsplätze in Deutschland beziehen sollte. Ein rein angebotsorientiertes Vorgehen der Gemeinden sei hierbei unzureichend. Vielmehr sei im Rahmen der kommunalen Wirtschaftförderung durch direkten Kontakt zu den jeweiligen Entscheidungsträgern der Unternehmen ein stark „kundenorientiertes" Agieren geboten.

Der im *zweiten* Teil des Sammelbandes vordergründig behandelte ordnungspolitische Interventionsbedarf schlägt sich auf zwei Ebenen nieder. Zum einen machen die wettbewerbsbedingten Anpassungszwänge innerdemokratische Modifikationen des dort gültigen Regelwerkes erforderlich, will der betreffende Staat keine Nachteile im Wettbewerb der Staaten in Kauf nehmen. Dieser Interventionsbedarf im innerstaatlichen Kontext ist Kern des Beitrages von *Norbert Berthold*. Er veranschaulicht am Beispiel Deutschlands jene institutionellen Verkrustungen, deren Aufbrechen für eine positive wettbewerbliche Performance unabdingbar ist. Anders als die derzeit politisch vertretene Einschätzung, Deutschland weise konjunkturelle Defizite auf, dies nahe legt, verdeutlicht Berthold die eigentliche Ursache für dessen schlechtes Abschneiden im Wettbewerb der Staaten: Deutschland hat ein strukturelles Problem. Keynesianisch motivierte Gegenmaßnahmen seien deshalb zwecklos. Allein grundlegende strukturelle Systemveränderungen könnten als Ausweg aus der institutionellen Verflechtungsfalle und der wirtschaftlichen Misere dienen. Von den erforderlichen institutionellen Modifikationen seien insbesondere der Arbeitsmarkt, der Bereich des sozialen und die föderale Ordnung betroffen. Sämtliche Institutionen seien von Grund auf zu erneuern. Sie müssten wieder auf Markt und Wettbewerb getrimmt und dürften nicht länger von Umverteilungsabsichten dominiert werden.

Zum anderen kann sich der ordnungspolitische Interventionsbedarf auch auf den gebietskörperschaftlichen Wettbewerb selbst beziehen. Es ist nicht ersichtlich, weshalb unternehmerischer Wettbewerb strengen Spielregeln zur Sicherung dessen Funktionsweise unterworfen werden muss, der Wettbewerb zwischen

Gebietskörperschaften aber auch in „ungezügelter" Form sozial wünschenswerte Ergebnisse generieren sollte. Diese Einschätzung vertritt auch *Gerhard Schick*. Er identifiziert sozial unerwünschte und mithilfe geeigneter Regeln zu sanktionierende Ausprägungsformen fiskalischen Handelns vor allem dort, wo dieses allein der Attrahierung „fremder" Steuerbemessungsgrundlagen dient. Fiskalische Unterstützung der unternehmerischen Steuerumgehung begründe ein Auseinanderfallen vom Ort der Steuerzahlung der Unternehmung und dem Ort der Inanspruchnahme öffentlicher Leistungen. Diese Verletzung des Austauschgedankens sei dafür verantwortlich, dass unregulierter Steuerwettbewerb sozial ineffiziente Formen annehmen und in einem *Race to the Bottom* enden könne. Daher müsse die Regelsetzung auf Wahrung des Äquivalenzprinzips abzielen, zugleich funktionierenden Steuerwettbewerb ermöglichen. Als gangbaren Lösungsansatz identifiziert Schick den von der Europäischen Kommission beschrittenen Weg der formelhaften Aufteilung europaweit konsolidierter Unternehmensgewinne.

Dass die Frage nach einer Modifikation des Regelwerkes für den gebietskörperschaftlichen Wettbewerb nicht nur im zwischenstaatlichen Kontext von hoher Aktualität ist, zeigt *Walter Müller* in seinem Beitrag. Die Einschätzung der Politiker der reicheren Bundesländer, der deutsche kooperative Föderalismus unterbinde Leistungsanreize für ertragsreichere Wirtschafts- und Finanzpolitik der Länder, begründe die Forderung nach verschärftem nationalem Steuerwettbewerb. Dabei erhielten die Politiker auch von Wissenschaftlern, vor allem der institutionenökonomischen Denkschule, Rückendeckung. Müller leitet auf Basis der Funktionsbedingungen für den internationalen Steuerwettbewerb Voraussetzungen ab, unter denen im föderativen Staat die Konkurrenz der Länder als *kompetitives* Element ökonomisch bessere Ergebnisse erzielen als *kooperativer* Föderalismus ohne Steuerwettbewerb. Dies ermöglicht eine differenzierte Bewertung der Forderung nach verstärktem Fiskalwettbewerb im Inneren Deutschlands.

Die Beiträge von Schick und Müller beziehen sich zum einen auf den zwischenstaatlichen Steuerwettbewerb, zum anderen auf den Wettbewerb der Bundesländer. *Thiess Büttner* geht in seinem Beitrag auf mögliche Optionen zur Reform der Gemeindefinanzierung, also auf die unterste gebietskörperschaftliche Ebene ein. Zentraler Gegenstand des Beitrages ist die gemeindliche Steuerautonomie, die gegenwärtig vor allem durch die Wahl des Hebesatzes bei der Gewerbesteuer ausgeübt würde. Trotz aller Kritik hielten die Gemeinden an der Gewerbesteuer fest. Büttner zeigt, dass dies letztlich durch den Steuerwettbewerb zu erklären ist. Im gegenwärtigen System sei der Steuerwettbewerb durch den kommunalen Finanzausgleich austariert. Die Substitution durch eine Einkommensteuer würde das System fundamental ändern und erforderte eine Anpassung der Finanzausgleichsysteme, die für die Gemeinden mit erheblichen Risiken verbunden sei. Als sinnvolle Reformalternative biete sich die Revitalisierung der Grundsteuer an.

Teil I: **Standortwertbewerb**
und Standortmarketing

Stadt- und Regionalmarketing – Anspruch, Entwicklung und Bewertung

Jörg Maier[*]

1   Vorbemerkungen

In den 80er Jahren verstärkten sich die durch den wirtschaftlichen und sozialen Strukturwandel und in den 90er Jahren vor dem Hintergrund der deutschen Wiedervereinigung bzw. der Grenzöffnung nach Osteuropa sich ergebenden grundlegenden Veränderungen der Rahmenbedingungen für Politik und Gesellschaft. Diese Veränderungen zeichnen sich nicht nur auf internationaler und nationaler Ebene ab, sondern sie wirken sich bis auf die kommunale Ebene hinunter aus. So wächst auf der einen Seite das Anspruchsniveau der Bürger an kommunale Dienstleistungen sowie Lebensqualität und auf der anderen Seite

---

[*] Professor Dr. Drs. h.c. Jörg Maier ist Inhaber des Lehrstuhls für Wirtschaftsgeographie und Regionalplanung an der Universität Bayreuth.

sehen sich die Kommunen einem zunehmenden Verteilungskampf um Infra-
strukturmittel und Arbeitsplätze gegenübergestellt. Mit der Anwendung klassi-
scher landesplanerischer Instrumente, z.B. der Ausweisung von zentralen Orten
oder Entwicklungsachsen, ließen und lassen sich die Ziele der Raumordnung in
der Bundesrepublik nur mehr schwer allein erreichen.

Hinzu kommt, dass in ganz Europa insbesondere die großen, wirtschaftlich leistungsfähigen Ballungsräume, die Metropolen bzw. Europolen, die größten wirtschaftlichen Entwicklungsperspektiven besitzen. Damit verbunden ist allerdings
die Gefahr einer unausgewogenen Verteilung von Wachstumspotentialen und
somit einer Verschärfung sowohl inter- als auch intraregionaler Disparitäten. Im
Mittelpunkt der Landesentwicklungspolitik steht – zunächst bei uns in Bayern
noch – nach wie vor die Wahrung der gewachsenen dezentralen Raum- und
Siedlungsstruktur und damit der regionale Disparitätenausgleich. Um dieses Ziel
zu erreichen, soll die Kooperation der Teilräume gestärkt werden. Mit der Vernetzung der Teilräume soll ein Gegengewicht zu den großen europäischen Metropolen geschaffen werden. Um diese Vernetzung zu fördern und um die besonderen regionalen Standort- und Wettbewerbsvorteile noch stärker zur Geltung zu bringen, wurde in den 80er Jahren bzw. zu Beginn der 90er Jahre des
letzten Jahrhunderts neben anderen flexiblen Instrumenten das Regional- bzw.
das Stadtmarketing eingeführt (Beispiele Hansestadt Hamburg – Abb. 1 – und
Bundesland Steiermark – Abb. 2).

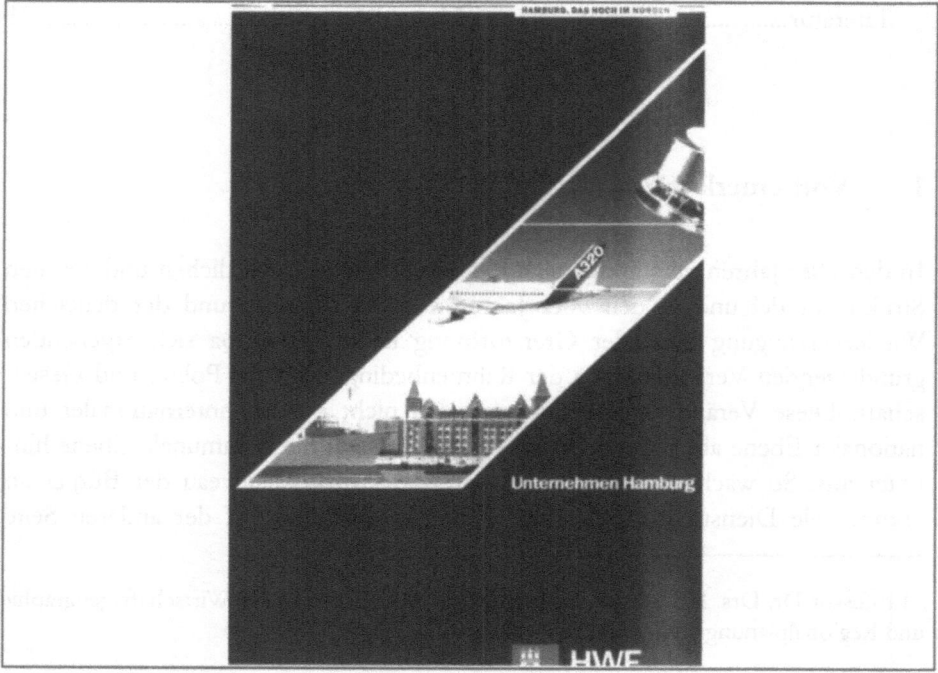

Abb. 1: Hansestadt Hamburg – Unternehmen Hamburg

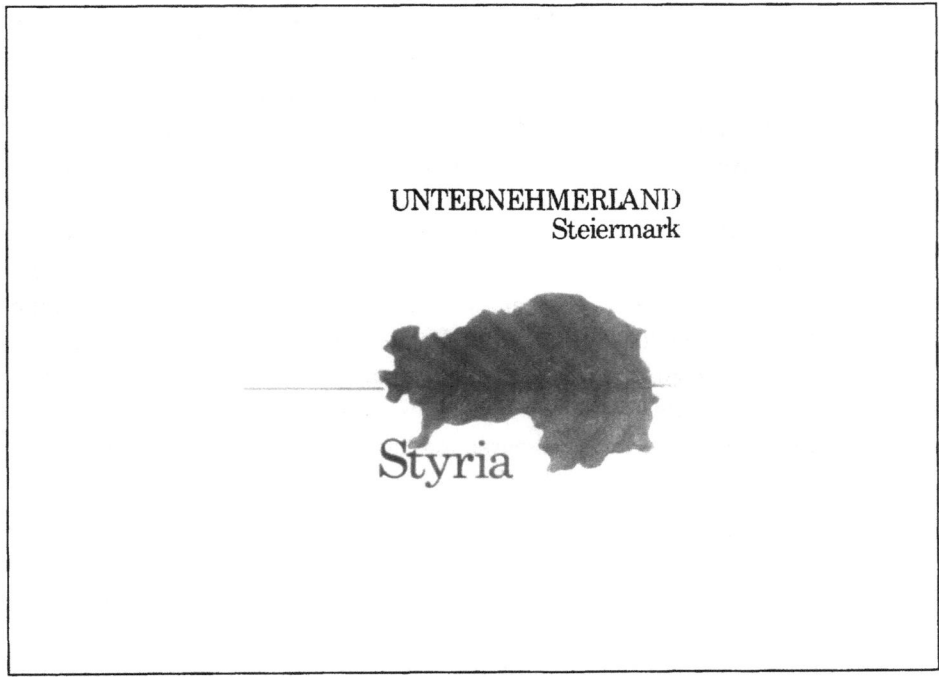

Abb. 2: Bundesland Steiermark – Unternehmen Steiermark

2   Entstehung: Zur Frage der Übertragbarkeit betriebswirtschaftlicher Ansätze auf die räumliche Ebene

Beim Stadt- und Regionalmarketing werden im Allgemeinen betriebswirtschaftliche Marketingprinzipien und Methoden auf die öffentliche Planung einer Stadt oder Region übertragen. Eine weitergehende Definition liefert Meffert (2000), der etwa unter Regionalmarketing die Planung, Koordination und Kontrolle aller auf die aktuellen und potentiellen Zielgruppen ausgerichteten Aktivitäten einer Region versteht. Vorrangiges Ziel ist seiner Meinung nach die Region bei den verschiedenen Zielgruppen zu profilieren. D.h. zum einen ist es Ziel, die immer knapper werdenden finanziellen Ressourcen möglichst nachfrageorientiert, also mit hohem Nutzen einzusetzen. Zum anderen müssen die für das Wohl einer Region wichtigen Zielgruppen (Unternehmen, Touristen, Akademiker, Facharbeiter usw.) in dieser gehalten bzw. angeworben werden. Daraus ist als Leitbild eines Stadt- oder Regionalmarketing die Erhöhung der Standort-Attraktivität abgeleitet. Oft besteht dabei jedoch die Gefahr der Überbewertung von ökonomischen Gesichtspunkten gegenüber der Erholungs- und Lebensraumfunktion; dann wird Regionalmarketing zum klassischen Standortmarketing.

Allein von der Wortzusammensetzung her könnte demnach gefolgert werden, dass Stadt- und Regionalmarketing eine Erweiterung des betrieblichen Marketings ist und sich damit die Übertragbarkeitsfrage von selbst beantwortet. Leider ist die Antwort nicht ganz so einfach. Es kann zwar vorweggenommen werden, dass Stadt- und Regionalmarketing im Großen und Ganzen denselben Prämissen wie das betriebliche Marketing folgt, jedoch liegt der erste Unterschied schon in den Wörtern Stadt und Region bzw. in der Frage, ob eine Stadt oder Region überhaupt Gegenstand von Marketingmaßnahmen sein kann? Bejaht man diese Frage, so würde das im Umkehrschluss bedeuten, dass eine Stadt oder Region ein Produkt ist. Meyer löst die damit verbundenen Fragen mit einer Kompromiss-Antwort: „Eine Region als Marketingobjekt besitzt sowohl Charakterzüge eines Unternehmens als auch eines Produktes (sowohl für den Konsum als für eine Investition), und das Regionalmarketing hat diesen unterschiedlichen Zügen Rechnung zu tragen." (Meyer 1999: 27)

Unbestritten ist jedoch, dass es ähnliche Ursachen, doch verschiedene Grundvoraussetzungen des Marketings einer Stadt oder Region gegenüber dem Marketing in einem Unternehmen gibt. Durch den zunehmenden technischen Fortschritt und die damit verbundene Globalisierung sehen sich Städte und Regionen wie Unternehmen einem Wettbewerb ausgesetzt, den es bis vor wenigen Jahren so nicht gab. Eine Stadt oder Region steht unter anderem vor dem Problem, sich mit anderen Städten oder Regionen in ganz Deutschland oder sogar in Europa messen lassen zu müssen, wenn es etwa um die Verteilung von Investitions- und Fördermittel und der damit verbundenen Attraktivität für Arbeitskräfte geht. Letztendlich geht es um eine Orientierung am Markt und darum, den eigenen Gewinn, bei Städten und Regionen wäre das überwiegend die Wohlfahrt, zu steigern.

Die Voraussetzungen für das Marketing in Städten und Regionen unterscheidet sich allerdings ganz erheblich von denen eines Unternehmens. Die Hauptursache hierfür ist in der Organisationsstruktur zu finden. Während in einem Unternehmen häufig weisungsgebundene Strukturen mit einem festen gemeinsamen Ziel, nämlich der Gewinnerzielungsabsicht vorherrschen, gleicht die Organisationsstruktur einer Stadt oder Region eher einem bunt zusammengewürfelten Haufen aus Meinungen und Interessen mit unterschiedlichen, oft gegensätzlichen Zielen. Idealerweise hat das Stadt- oder Regionalmarketing die Bedeutung einer „Leitidee" oder „Philosophie", die zu einer zielgruppengerechten Marktorientierung städtischer oder regionaler Entwicklung führen soll. D.h., dass die Kundenorientierung sich als Denkhaltung und Philosophie bei den Verantwortlichen einer Stadt oder Region festsetzen sollte und Stadt- bzw. Regionalmarketing nicht nur als Werbung mit den Qualitäten eines Raumes verstanden wird.

3   Zum Konzept in der Stadt- und Regionalentwicklung

Eine wesentliche Grundlage für den Erfolg eines Marketings in der räumlichen Planung ist die Notwendigkeit, den Marketinggedanken zunächst nach innen – im Kreistag bzw. im Stadtrat, in der kommunalen und regionalen Wirtschaft – aber auch nach außen – in der Bevölkerung – umzusetzen. Das Selbstverständnis einer Stadt oder Region ist unter Einbezug breiter Bevölkerungsschichten (etwa in Form von Arbeitskreisen) zu klären, insbesondere was ihre zukünftige Entwicklung angeht. Dieses Selbstverständnis bildet den Ausgangspunkt für die Ableitung jener Marketingziele und -strategien, die auf eine klar erkennbare Positionierung der Stadt bzw. Region im Wettbewerbsumfeld abzielen.

Die Markt- und Wettbewerbsstrategien sind durch eine langfristige Orientierung gekennzeichnet, weshalb von den regionalen und lokalen Akteuren Konsens und Maßnahmenkontinuität sichergestellt werden müssen. Recht gute Beispiele sind die Zielgruppen-Ansprachen etwa des Strudengaus in Österreich, eben nicht die Mountain-Biker, sondern die für längere und anstrengende Radtouren falsch gekleideten Kurzzeit-Ausflügler oder die eher deftige, wenig neuen Ernährungskonzepten zuneigenden Verhaltensklassiker, anzusprechen (Abb. 3 und 4).

Abb. 3: Eine neue Art des Erlebens

Abb. 4: Bundesland Oberösterreich

Im Übrigen gilt der Aufbau eines Marketing-Mix-Konzeptes, wie es aus der Betriebswirtschaftslehre bekannt ist (Abb. 5), ebenso trifft dies für die methodische Vorgehensweise zu.

1. Definition eines Marktes und darauf aufbauende Marktforschung
2. Definition des Produktes

materielle Seite	**institutionelle Seite**
= Standort-Marketing	= Institutions-Marketing
= Struktur-Marketing	= Organisations-Marketing
= Image-Marketing	= Dienstleistungs-Marketing

3. Zielgruppen-Politik und Markt-Segmentierung
4. Preis-Politik
5. Kommunikations-Politik
6. Distributions-Politik

Abb. 5: Stufen eines regionalen Marketing-Konzeptes

Da mit dem vorliegenden Beitrag nicht einen Rückblick auf die ersten Entwicklungen des Stadt- und Regionalmarketing vor 20 Jahren intendiert wird, sondern eine Art Evaluierung über die Entwicklungen und Strömungen bis heute, empfiehlt es sich, beide Thementeile (Stadt- und Regionalmarketing) im weiteren Verlauf zu trennen.

4 Stadtmarketing: Vom Anspruch über Stadtentwicklungskonzepte zum Event-Marketing und Projektmanagement

Ausgangspunkt der Überlegungen war jedoch – ganz im Sinne eines ganzheitlichen Begriffs von Stadtmarketing –, dass das entsprechende Denken in den Köpfen der kommunalpolitisch Verantwortlichen beginnen muss, d.h. dass die politische Verwaltungsspitze der Kommune die Denkhaltung des Marketings übernimmt und zur Grundlage des politischen Handelns macht. Eine Orientierung findet sich in den Bedürfnissen der Bürger, den sozialen Belangen und der Wirtschaft der Gemeinde. Somit erhöht sich der Nutzen des „Produktes Gemeinde" für die verschiedenen Nachfragergruppen, was diese zu einem Verhalten motiviert, das letztendlich die erwünschte Entwicklung unterstützt.

Das Verhalten der Bürger und der Wirtschaft spielt sich dabei entweder auf kommerziellen Märkten ab oder zeigt sich in Form nichtkommerzieller Austauschbeziehungen mit der Gemeinde, wobei diese jedoch in Konkurrenz mit anderen Gemeinden, Städten und Regionen steht. Daher sollte die Führung einer Gemeinde nicht nur als „bürger- und wirtschaftsorientiert", sondern auch als markt- und wettbewerbsorientiert betrachtet werden. Zur Unterstützung dieses Führungsprozesses dient nun die zweite Dimension des Kommunal-Marketings, die schriftliche Festlegung

- der Visionen der zukünftigen Kommunalentwicklung,

- der Zielrichtungen, um diese Visionen zu erreichen, und

- des Ressourceneinsatzes, also der Mittel sowie der Flächen und der Verwaltungskapazität.

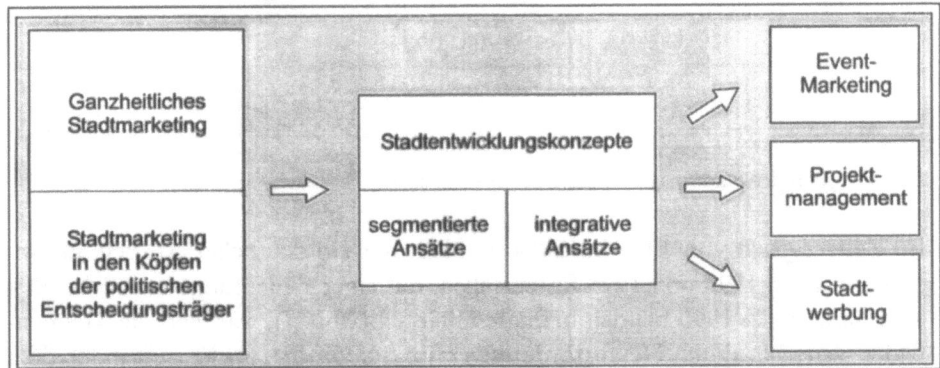

Abb. 6: Anspruch und reale Entwicklung 1: Stadtmarketing

Versucht man nun eine Analyse der seit den 80er Jahren eingetretenen Entwicklungen vorzunehmen, im Sinne einer Evaluierung, so bot dazu bereits Mitte der 90er Jahre das difu-Institut Berlin ein breites Spektrum von unvollständigem bis hin zum umfassendem Stadtmarketing an, durchaus vergleichbar mit der Vielfalt an Erscheinungsformen von Marketing im betrieblichen Bereich, wobei – gemessen an der relativen Bedeutung – das individuelle sowie das rudimentäre Stadtmarketing zusammen mehr als die Hälfte der Formen ausmachten (Tab. 1).

Stadtmarketingtypen und Häufigkeit

Typ/Kurzbezeichnung	Erläuterung	Häufigkeit	
		abs.	in %
Umfassendes Stadtmarketing	Umfassendes Stadtmarketing ohne Einschränkungen (vgl. Puzzle)	15	7,5
Stadtmarketing ohne signifikante Verwaltungsorientierung	Umfassendes Stadtmarketing ohne oder nur mit eingeschränkter Verwaltungsorientierung	18	9,0
City-Marketing	Umfassendes Stadtmarketing oder Stadtmarketing ohne signifikante Verwaltungsorientierung, beschränkt auf die Innenstadt	5	2,5
Einzelhandelsmarketing	Eingeschränktes Stadtmarketing mit besonderem Schwerpunkt Innenstadtaufwertung und Einzelhandelsförderung	13	6,5
Stadtwerbung	Eingeschränktes Stadtmarketing mit besonderem Schwerpunkt Öffentlichkeitsarbeit und PR	29	14,6
Standortmarketing	Eingeschränktes Stadtmarketing mit besonderem Schwerpunkt Wirtschaftsförderung und/oder Standortwerbung	8	4,0
Stadtentwicklungsmarketing	Eingeschränktes Stadtmarketing mit Schwerpunkt auf einzelnen Stadtentwicklungsmaßnahmen	9	4,5
Individuelles Stadtmarketing	Eingeschränktes Stadtmarketing mit einer Reihe von Stadtmarketingelementen, ohne eindeutige Schwerpunkte	54	27,1
Rudimentäres Stadtmarketing	Sehr unvollständiges Stadtmarketing ohne eindeutige Schwerpunkte	48	24,1
		199	100,0

Deutsches Institut für Urbanistik

Tab. 1: Typen des Stadtmarketing, Quelle: difu [Grabow/Hollbach-Grömig] (1998).

Im Zeitvergleich von 1995 bis 2004 ist nicht nur ein deutlicher Anstieg, besonders zwischen 1995 und 1998 festzustellen, mit einer Bedeutung von 69 % 2004 gegenüber 43 % 1995 bei den befragten Städten (Abb. 7), während die Themenfelder weiterhin durch Herausforderungen im Stadtimage, im Einzelhandel, dem Städtebau und dem Verkehr bestimmt werden (Abb. 8). Dabei sind besonders die kleineren und mittleren Städte und Gemeinden engagiert (Abb. 9).

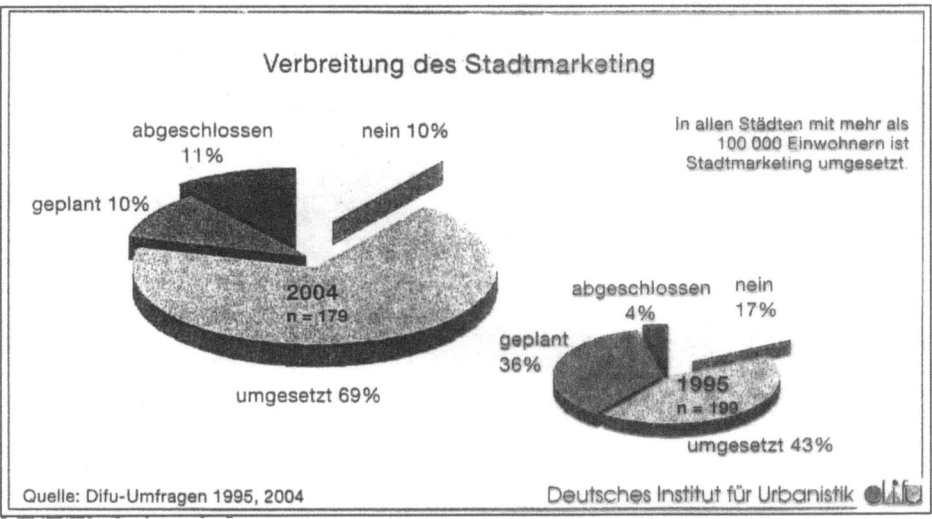

Abb. 7: Verbreitung des Stadtmarketing, Quelle: difu [Hollbach-Grömig et al.] (2005)

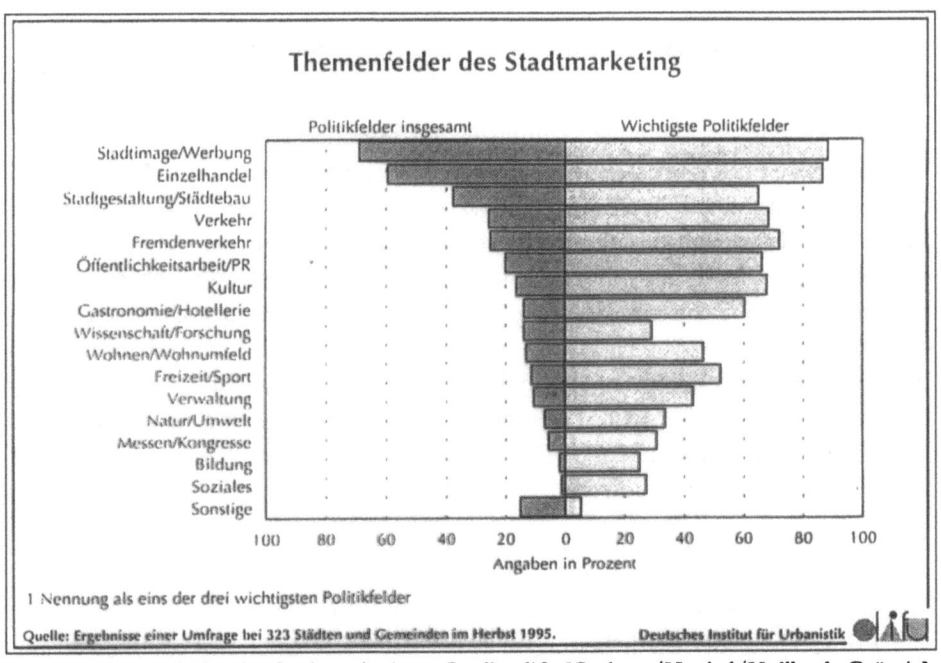

Abb. 8: Themenfelder des Stadtmarketings, Quelle: difu [Grabow/Henkel/Hollbach-Grömig] (1995)

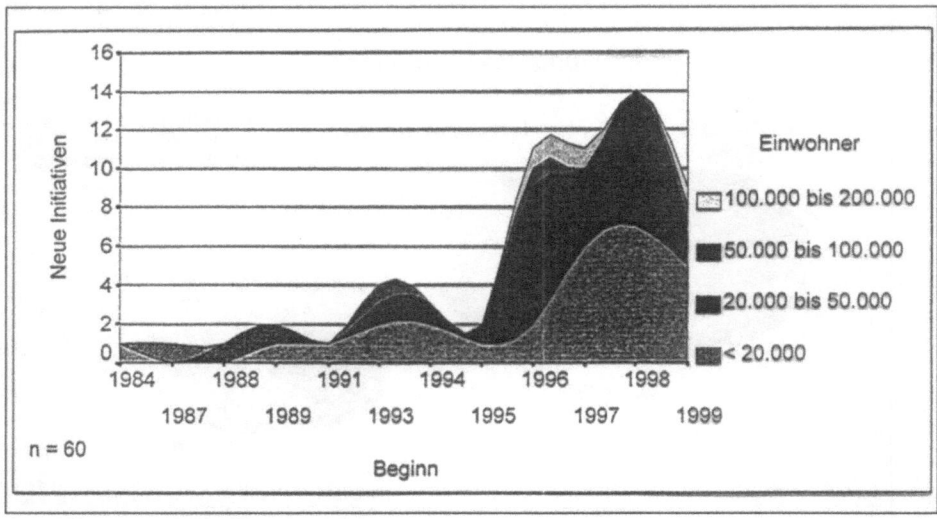

Abb. 9: Beginn des Stadtmarketings, eigene Erhebung (1999)

Exkurs 1: Beispiel der Entwicklung zum Stadtentwicklungskonzept in einer Kleinstadt

Greifen wir nun die beiden am häufigsten auftretenden Fall-Varianten heraus, so ist des Öfteren mit dem individuellen Stadtmarketing der Auf- und Ausbau bzw. die Umsetzung eines Stadtentwicklungskonzeptes verbunden. Das Beispiel der Kleinstadt Mitterteich in der Nördlichen Oberpfalz/Bayern ist dafür gut geeignet. Mit rund 7.500 Einwohnern, einem großen, die lokale Wirtschaftsstruktur prägenden Betrieb aus der Spezialglas-Branche, geht es in der aktuellen Stadtentwicklung um die Ausschöpfung der Standortvorteile der neu erbauten A 93 und ihren Auswirkungen auf Ansiedlungswünsche im großflächigen Einzelhandel, im Logistik- und im Disco-Bereich. Die Stadtentwicklung droht dabei aus ihrer bisherigen historischen Geschlossenheit in Richtung Autobahn-Anschluss zu diffundieren (Karte 1 und 2).

Stadtmarketing darf auch in einer Stadt der Größe von Mitterteich nicht nur ein kurzlebiger, von außen moderierter Prozess sein. Der Prozess sollte nicht bei den Diskussionen stehen bleiben und auch weiterhin mit neuen Ideen zur zukünftigen Entwicklung der Stadt beitragen. Dazu bedarf es einer Institutionalisierung des Stadtmarketings, deren erster Schritt die Einrichtung von Arbeitskreisen war und erste erfolgversprechende Ergebnisse in Form des Leitbildes und erster Projektideen erbracht hat. Neben der Koordination der verschiedenen Maßnahmen aus der Arbeitskreisarbeit und anderer engagierter Ideen zur Identitäts- und Imageförderung ist eine der vordringlichsten Aufgaben die Positionierung der Stadt Mitterteich als moderner Industriestandort durch Standortmarketing und Gewerbeflächenmanagement. Die Rahmenbedingungen mit dem Industrie- und

Gewerbegebiet „Birkigt" an der Bundesautobahn A 93, um sich noch besser als moderner Industriestandort mit langer Tradition zu positionieren, sind für die Industriestadt Mitterteich sehr gut. Jedoch zeichnen sich im bestehenden Gewerbegebiet bereits erste Engpässe ab. Für die zukünftige Entwicklung sollte eine klare Definition der Zielrichtung erfolgen und darauf aufbauend eine Neuausweisung von Gewerbeflächen für einen landschaftsbezogenen Gewerbepark, ein Logistikzentrum, ein Kfz-Kompetenzzentrum sowie ein Ost-West-Kompetenzzentrum erarbeitet werden.

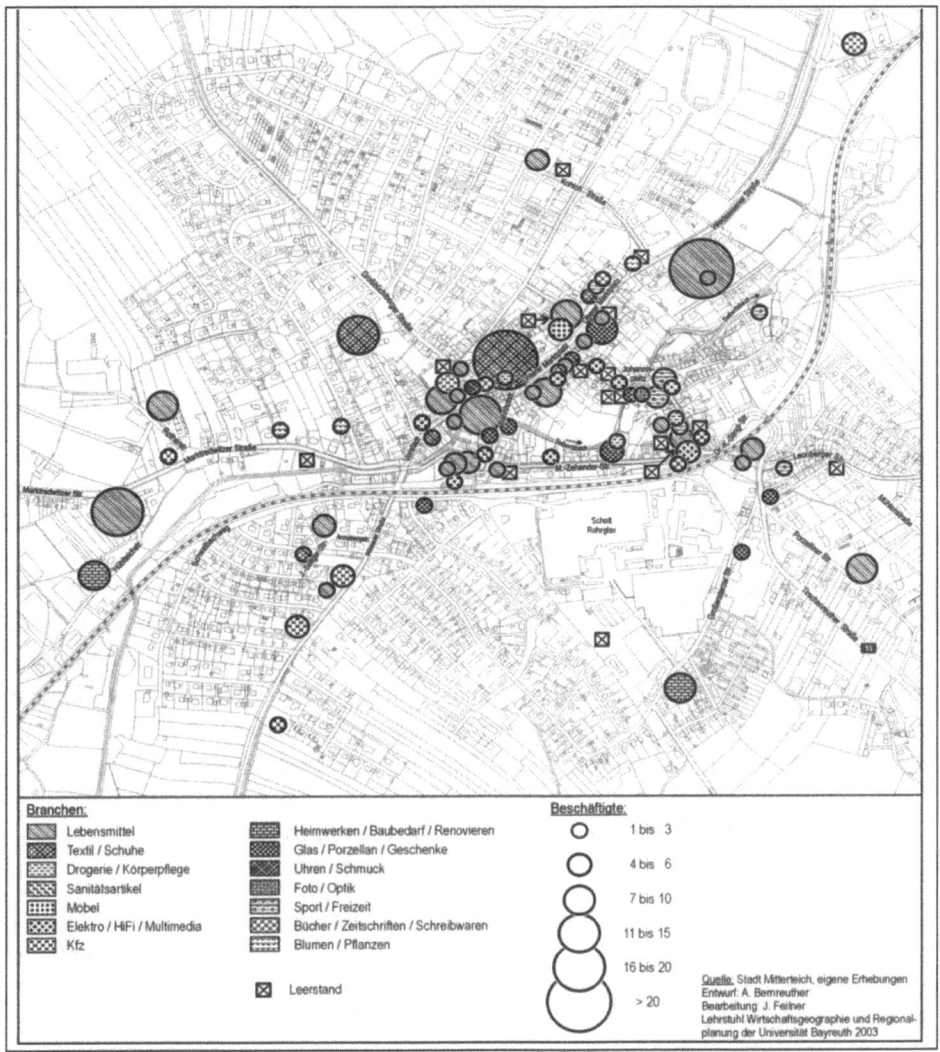

Karte 1: Standorte des Einzelhandels in der Innenstadt Mitterteich/Nördliche Oberpfalz im Jahre 2003; eigene Erhebung (2003)

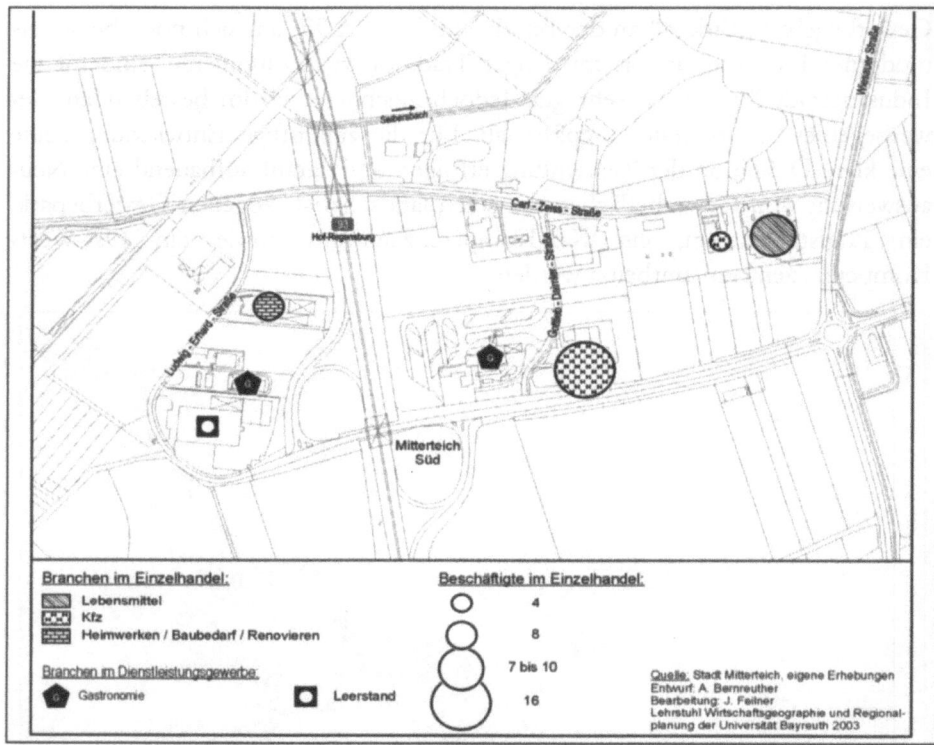

Karte 2: Standorte des Einzelhandels und der Dienstleistungen im Einzugsbereich der Auto-
bahnen bzw. -ausfahrt von Mitterteich/Nördliche Oberpfalz im Jahre 2003; eigene
Erhebung (2003)

Nach einer Festlegung der Entwicklungsleitlinien für den Industriestandort Mitterteich sind nun Strategien der Vermarktung anzugehen. Verschiedene mediale
Maßnahmen wie die Umgestaltung der Internetseiten und Ideen für Standort-
werbung mittels Broschüren sind in den Arbeitskreisen ebenso vorgeschlagen
worden wie Ideen durch bauliche und gestalterische Maßnahmen vor Ort, um
die Aufmerksamkeit auf die Stadt zu ziehen (z.B. Aufwertung der Eingangstore).

Exkurs 2: Beispiel der Aktion „Zurück in die Mitte" in Groß- und Mittelstädten

Eine andere Entwicklungsrichtung ist durch die Aktion „Zurück in die Mitte",
gemeint ist die Innenstadt, von Nordrhein-Westfalen ausgehend zu beobachten.
Landesregierung und Kauf- bzw. Warenhauskonzerne, allen voran METRO,
wollen mit ihrer Aktion wieder eine Aufwertung der Innenstädte erreichen. Inzwischen hat dieses Bemühen eine Reihe weiterer Bundesländer erfasst, unter
anderem auch Niedersachsen einschließlich der Klein- und Mittelstädte, deren
Probleme in den Innenstädten häufig der hohe Individualisierungsgrad der Ein-
zelhändler ist. Mit verschiedenen Sonderaktionen wie etwa Erlebnistagen wird

damit immer mehr der Schwerpunkt auf Event-Veranstaltungen gelegt, womit – so wichtig Events heute für Städte und Gemeinden sind – der Weg vom umfassenden Stadtmarketing über die Festivalisierung zum Event-Management beschritten wird (jüngstes Beispiel war das teilweise mit ungünstigen Kosten-Nutzen-Relationen verbundene Engagement mancher Städte im Rahmen der Fußball-Weltmeisterschaft 2006 siehe Voeth/Niederauer/Tobies in diesem Band).

5 Regionalmarketing: Vom Anspruch über die REK zum regionalen Imagepool und zum Regionalmanagement

Ziehen wir als Ergänzung das Thema Regionalmarketing heran, Teilaspekt der flexiblen Instrumente der Landesentwicklungspolitik, so ist die Grundlage eines Regionalmarketing und damit einer aktiven, vorausschauenden regionalen Entwicklungspolitik die Gesamtkonzeption einer Region als Wirtschafts- und Lebensstandort. Diese Konzeption bildet sowohl für die Ableitung der Marketingstrategien als auch für die wettbewerbsorientierte Weiterentwicklung und Gestaltung des Produktes Region einen wichtigen Rahmen. Neben der Wirtschaftsförderung gestalten unterschiedlichste Interessengruppen jeweils eine oder mehrere Facetten des Produktes Region. Aus diesem Grund sollte eine Zusammenarbeit interessierter und handlungsbereiter Personen und Gruppen aus der Region in Form von Arbeitskreisen erfolgen, um gemeinsam die Produktbeschreibung der Region, die Benennung der Ziele für die Produktentwicklung sowie die Auswahl der Zielgruppen vorzunehmen.

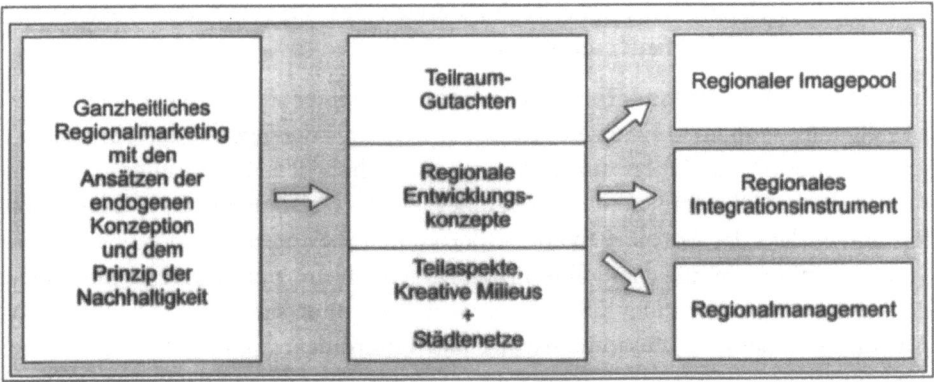

Abb. 10: Anspruch und reale Entwicklung 2: Regionalmarketing

Exkurs 1: Beispiel Forum Zukunft Oberfranken als regionaler Imagepool

Der Regierungsbezirk Oberfranken, rund 1,1 Mio. Menschen umfassend, im Nordosten Bayerns gelegen und jahrzehntelang durch die Grenzlage gegenüber der DDR und CSSR benachteiligt, versucht nun seit der Wiedervereinigung und der Öffnung nach Osten sich der neuen zentralen Lage in Europa bewusst zu werden. Die knapper werdenden öffentlichen Mittel haben dazu beigetragen, dass zur Formulierung von einheitlichen Forderungen die Gründung des Forums Zukunft Oberfranken wichtig erschien.

Das Forum Oberfranken versteht sich als Organisation zur Abstimmung der regionalen und kommunalen Entwicklung in Oberfranken. Hierbei sollen strategische Ziele und Positionen für eine weitere Entwicklung und Förderung Oberfrankens erarbeitet sowie konkrete Projekte mit regionaler Bedeutung umgesetzt werden. Das Forum hat somit fünf Hauptaufgabenfelder:

- Entwicklung und Förderung des Lebens- und Wirtschaftsraumes Oberfranken;

- Bündlung von teilräumlichen Interessen und deren ganzheitliche und nachhaltige Darstellung nach außen;

- Impulsgeber und „Transmissionsriemen" für Innovationen im regionalen und kommunalen Bereich sowie – soweit möglich – im Bereich der regionalen Wirtschaft in Abstimmung mit öffentlichen und privaten Partnern;

- Ideengeber und Plattform für die Umsetzung von kreativen und innovativen Projekten von gesamtoberfränkischer Bedeutung, also Projektmanagement im engeren Sinne;

- Plattform für regionalpolitische Initiativen für gesamtoberfränkische Belange, beispielsweise im Bereich des Verkehrs, der Ausweisung von EU-Förderkulissen usw.

Im Rahmen des „Leitbildprozesses" wurden entsprechende Projektideen unter Beteiligung sämtlicher regionaler Kräfte erarbeitet. Grundlage für den so genannten „Ideenpool" für Oberfranken war ein Workshop des Kuratoriums vom Forum Zukunft Oberfranken im November 1998. Zusammengefasst kann man festhalten, dass das Forum Zukunft Oberfranken die Interessen der oberfränkischen Teilräume bündelt und eine Plattform sowohl für den intraregionalen Gedankenaustausch als auch für eine gemeinsame Interessenvertretung darstellt. Allerdings findet eine Zusammenarbeit und Koordination auf fachlicher Ebene noch nicht in umfassender Weise statt. Dadurch werden mögliche Lerneffekte und Synergieeffekte bei der Projektarbeit noch zu wenig genutzt und das Forum kann nur teilweise von fachlichen Anregungen privater oder öffentlicher Interessenvertreter profitieren.

Exkurs 2: Beispiel Thüringer Wald als Integrationsinstrument

Das zweite Beispiel zum Regionalmarketing ist aus dem aktuellen Bemühen der Region Thüringer Wald gewählt, wo unter Leitung der Wirtschaftskammern versucht wird, mithilfe des Instruments Regionalmarketing die verschiedensten Initiativen, fachplanerischen Ansätze und vorhandenen Förderstrukturen in ein Gesamtkonzept zu integrieren. Zu beachten ist dabei ferner, dass im Freistaat Thüringen eine Fülle Regionaler Entwicklungskonzepte (REK) vorliegen, allein in Südthüringen acht davon, also fast flächendeckend, und der Naturpark Thüringer Wald ein ideenreiches Regionalmanagement eingesetzt hat, also eine erstaunlich hohe Planungsdichte und -aktivität gegeben ist.

Das Engagement für ein Regionalmarketing, nach regionsinnen wie -außen gerichtet, kann deshalb auf einen breiten Ansatz regionaler Entwicklungspolitik aufbauen, versucht die vorhandenen Potentiale zu bündeln, die bestehenden Dachmarken zu verbinden, um eine einheitliche Vermarktung der Region zu erreichen. Dabei kommt den Institutionen der Wirtschaft und den dominierenden Klein- und Mittelunternehmen eine große Bedeutung zu, ein entscheidendes Novum gegenüber zahlreichen LEADER+, neuen ILEK- oder auch bestehenden REKs, in denen diese Akteursgruppen häufig unterrepräsentiert waren und sind. Da sie es jedoch sind, die durch ihre Investitionen regionale Entwicklung bewirken, auch die Schaffung von Arbeitsplätzen, erscheint dies ein besonderer regionaler Vorzug zu sein. Dies gilt in gleicher Weise auch für die Teilmärkte bzw. die vorhandenen Arbeitskreise Wirtschaft, Tourismus/Sport/Landschaftspflege; Bildung/Kultur sowie Infrastruktur/Verwaltung. Sie sollen gleichzeitig auch die Quellen für Signale sein, die Stärken der Region herauszustellen. Dabei wird mit der Trennung von Regionalmarketing und Regionalverbund auch deutlich zwischen der Konzeption und der umsetzenden Organisation unterschieden (Abb. 11).

Die Arbeitskreise haben sich wichtigen Themen zugewandt, selbst solchen mit notwendigem langen Atem, wie etwa dem Regionalen Verkehrskonzept Thüringer Wald, einer effizienten Struktur der regionalen Wirtschaftsförderung oder gar der Entwicklung einer unternehmerfreundlichen Verwaltungsstruktur. Sehr konkrete und wohl auch dringend zu lösende Projekte wie die Errichtung eines Unternehmerbüros Thüringer Wald, einer Thüringer Wald Card oder den nachhaltig zu gestaltenden sportlichen Großevents zählen dazu (Abb. 12).

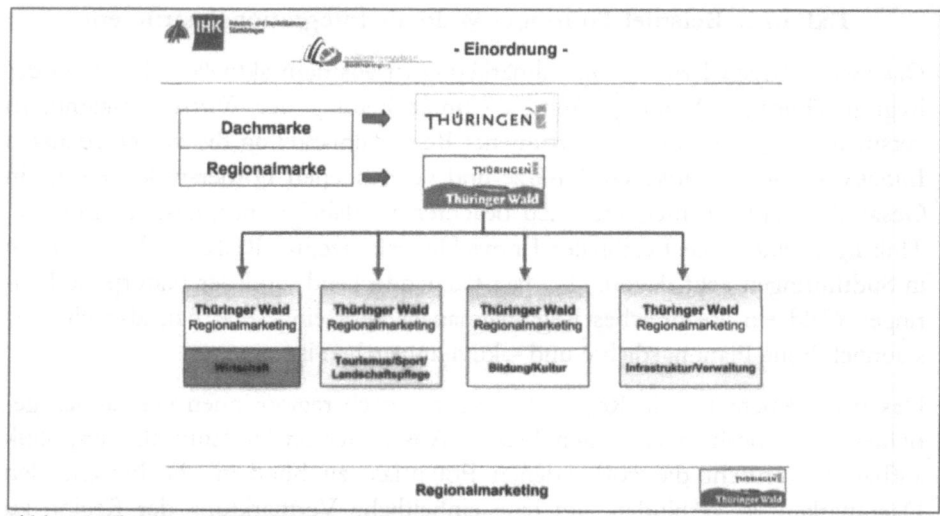

Abb. 11: Thüringer Wald: Dach und Regionalmarke

Aus dem Arbeitskreis Bildung/Kultur weist vor allem das Projekt KulturRegion Thüringer Wald auf eine Philosophie des Regionalmarketings hin, die überaus wichtig ist, geht es doch nicht nur um die regionalen Außen-, sondern auch um die Binnenwirkung. Die Bevölkerung soll sich mit den Gedanken und Zielen des Marketings identifizieren und sie unterstützen, weshalb auch greifbare gemeinsame Kulturprojekte das Bild einer lebenswerten Region prägen müssen.

Abb. 12: Thüringer Wald – Arbeitskreis Wirtschaft –

Exkurs 3: Beispiel Wohlfühlregion Fichtelgebirge
als regionales Management

Deutete sich schon am Beispiel des Thüringer Waldes der Übergang des Marketings zum Regionalmanagement an, so hat dies das Beispiel der Wohlfühlregion Fichtelgebirge, auf der Basis des EU-Förderprogramms LEADER+ bereits vollzogen. Es handelt sich um eine bislang besonders im Wintersport nicht unwichtige Region kurzfristigen Tourismus und Naherholungsverkehrs. Nach der deutschen Wiedervereinigung und der EU-Osterweiterung galt es neue Wege ganzheitlicher Entwicklung einzuschlagen, was unter anderem zum Ziel der Forcierung eines Ganzjahres-Tourismus führte (Karte 3).

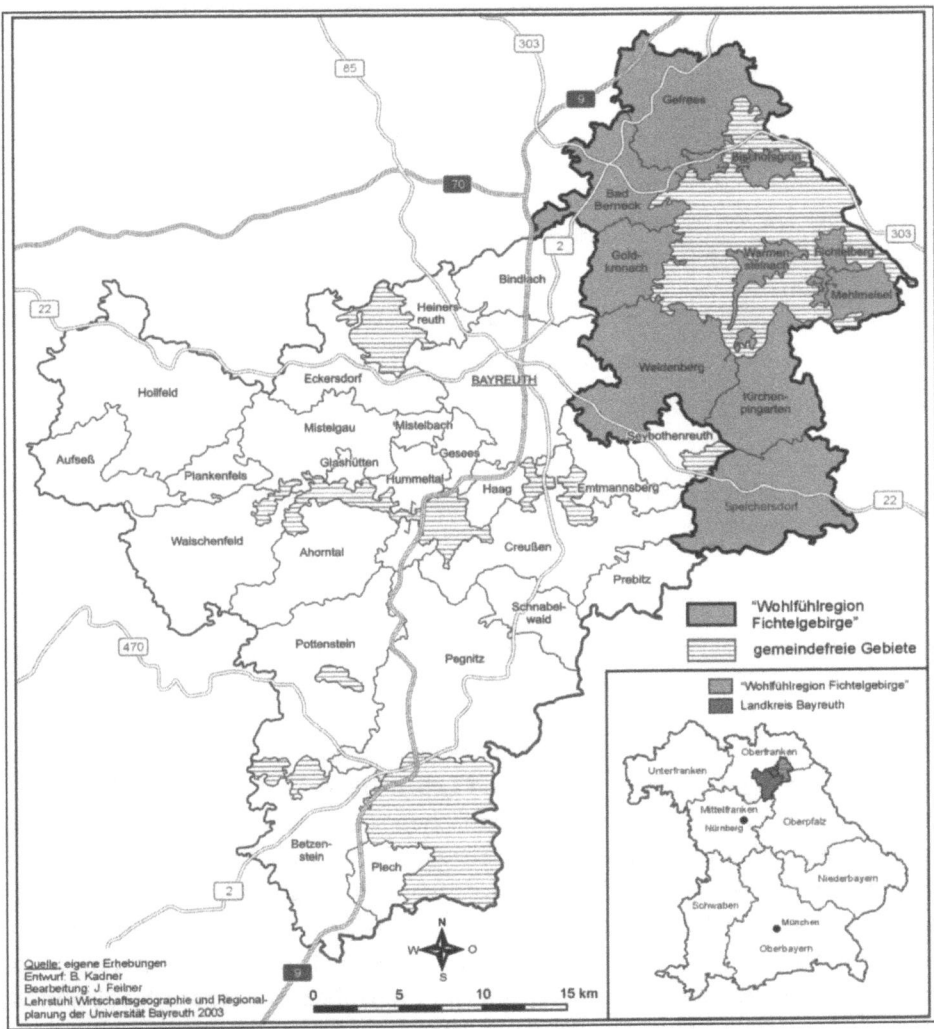

Karte 3: Lage der Wohlfühlregion Fichtelgebirge; eigene Erstellung (2000)

Das umfassende Konzept des „Nordic Parc" legt, wie der Name schon zu erkennen gibt, einen Fokus auf die nordischen Sportarten und deren Ausübungsmöglichkeiten auch außerhalb der Wintermonate und auch ohne das Vorhandensein von Schnee (Abb. 13).

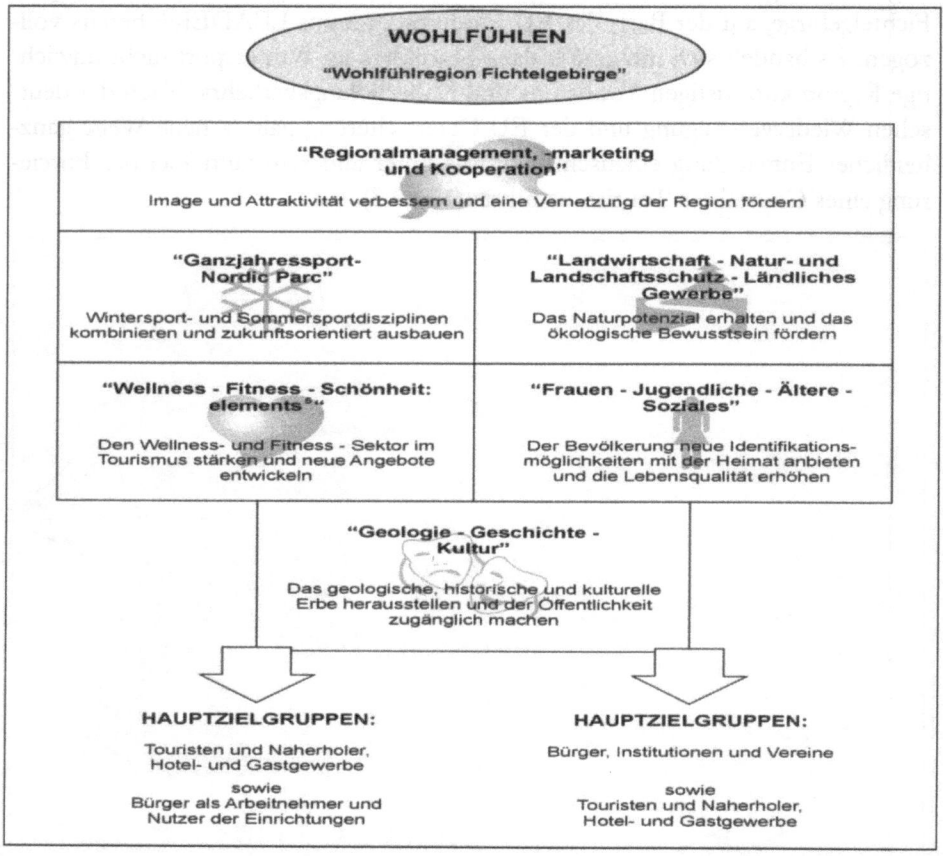

Abb. 13: Handlungskonzept der Wohlfühlregion Fichtelgebirge/Oberfranken; eigene Darstellung (2003)

Sport soll mit dem Natur- und Kulturerlebnis verbunden werden und auch im Zeichen von Jugendlichkeit, Familie und Lebensfreude stehen. Neben der gezielten Förderung von Kindern und Jugendlichen sollen auch weitere Zielgruppen, wie Frauen und Ältere, durch zielgruppengerechte Angebote angesprochen werden. Durch die Marke des „Nordic Parc" und dessen einheitlicher Vermarktung soll das Image der Region gestärkt und die touristische Attraktivität erhöht werden. Im Rahmen der EU-Osterweiterung werden dabei auch Netzwerke mit tschechischen Partnern angestrebt, um mit grenzüberschreitender Kooperation Entwicklungen im Bereich der nordischen Disziplinen voranzutreiben. Das Handlungsfeld weist einen stark touristischen Bezug auf, jedoch zielt es über die

Förderung des Tourismus und Verbreiterung des Freizeitangebots auch auf die Schaffung oder zumindest Sicherung von weiteren Arbeitsplätzen ab und versucht, die Lebensqualität in den Gemeinden der „Wohlfühlregion Fichtelgebirge" nachhaltig zu verbessern. Seit zwei Jahren ist über die Errichtung eines Regionalmanagements, mit zwei fachlich qualifizierten Mitarbeitern, das Konzept in der Umsetzung.

6   Kurzes Fazit: Bewertung des Instrumentariums Stadt- und Regionalmarketing

Zusammengefasst betrachtet, hat sich aus der bisherigen Erfahrung mit diesem Instrument der Stadt- und Regionalentwicklung gezeigt, dass ein solches Instrument nur dann auf lange Sicht Erfolge aufweisen kann, wenn der politische Wille in der Stadt oder Region bereits zu Beginn vorhanden ist. Auch wenn es sicherlich keine Garantie für ein Fortbestehen einer Stadt- oder Regionalmarketing-Initiative geben kann, so sollte die Arbeit der Beteiligten in verstärktem Maße auf die Implementierung dieses Gedankens bei dem „Opinion Leader" Wert legen. Dazu jedoch bedarf es eines ausgewogenen Mitteleinsatzes, der sich nicht lediglich auf den Einsatz von Werbemitteln beschränken sollte, die kurzfristig eine positive Wirkung zeigen, mittelfristig jedoch nicht nachhaltig wirken. Eine durchaus prüfenswerte Maßnahme im Hinblick auf die Implementierung wäre vergleichbar mit den Schulen für Dorferneuerung die Einrichtung von Workshops mit den „Opinion Leader" aus der betreffenden Stadt und Region im Vorfeld als auch während der Durchführung einer Regionalmarketing-Initiative, wie dies derzeit etwa in Verbindung mit den EU-Programmen LEADER+ und den ILEK geschieht.

Stadt- und Regionalmarketing ist insgesamt ein Versuch der Stadt- und Regionalentwicklung, neue Wege gegenüber dem klassischen Verwaltungshandeln zu beschreiten. Es hat sich gezeigt, dass Stadt- und Regionalmarketing erstaunliche Wirkungen in den Teilräumen und Teilthemen zu entfalten mag. Jedoch muss sich dieses Marketing auf längere Zeit am Markt behaupten. In diesem Zusammenhang erscheint es daher derzeit nicht erstrebenswert, z.B. das Instrument des Regionalmarketing stärker im Landesentwicklungsprogramm zu konkretisieren, zumal damit die Flexibilität dieses neuen Instruments verloren ginge. Vielmehr sollte auch zukünftig dieses Instrument durch große Handlungsspielräume der Region und der regionalen Akteure gekennzeichnet sein.

Literatur

Braun, Günther E./Töpfer, Armin (1989): *Marketing im kommunalen Bereich.* München (1989): Bonn aktuell.

Grabow, Bussow/Henkel, Dietrich/Hollbach-Grömig, Beate (1995): *Weiche Stadtortfaktoren.* Schriften des Deutschen Instituts für Urbanistik, 89 (1995).

Grabow, Bussow/Hollbach-Grömig, Beate (1998): *Stadtmarketing – eine erste Zwischenbilanz.* Difu-Beiträge zur Stadtforschung, 25 (1998).

Hollbach-Grömig, Beate/Grabow, Busso/Birk, Florian/Leppa, Gerold/Jekel, Gregor (2005): *Stadtmarketing – Bestandsaufnahme und Entwicklungstrends.* Difu Aktuelle Information, 2005.

Maier, Jörg (2005): Regionalmarketing, in: Akademie für Raumforschung und Landesplanung (Hrsg.): *Handwörterbuch für Raumordnung.* Hannover (2005): Verlag der ARL.

Meffert, Heribert (2000): *Marketing: Einführung in Absatzpolitik,* 9. Auflage. Wiesbaden (2000): Gabler.

Meyer, Jörn-Axel (1999): *Regionalmarketing.* München (1999): Franz Vahlen.

Weber, Andreas (2000): *Stadtmarketing in bayerischen Städten und Gemeinden,* Bayreuth: Arbeitsmaterialien zur Raumordnung und Raumplanung, 192 (2000).

Stadt- und Regionalmarketing – Anspruch und Bewertung – Korreferat zu Jörg Maier

Nicolas Dallmann*

1   Einleitung

Mit seinem Beitrag zum Stadt- und Regionalmarketing liefert Maier umfangreiche Einblicke in die unterschiedlichen Entwicklungen in diesen Bereichen. Er (19ff.)[1] zeigt anhand zweier Beispiele, dass sich das (in den Köpfen der politischen Entscheidungsträger vorhandene) Stadtmarketing zu einem Stadtentwicklungskonzept und darüber hinaus zum Event- bzw. Projektmanagement verändert (hat). Anders hingegen Regionalmarketing: hier ist eine Entwicklung über das regionale Entwicklungskonzept hin zum regionalen Integrationsinstrument, zum Management und zum Ideen- und Imagepool festzustellen. Auch dies wird anhand zweier Beispiele verdeutlicht. Maier (31) gelangt zu dem Schluss, dass „[es zum Fortbestehen] jedoch […] eines ausgewogenen Mitteleinsatzes [bedarf], der sich nicht lediglich auf den Einsatz von Werbemitteln beschränken sollte, die kurzfristig eine positive Wirkung zeigen, mittelfristig jedoch nicht nachhaltig

---

* Nicolas Dallmann ist externer Doktorand am Deutschen Institut für kleine und mittlere Unternehmen in Berlin.

[1] Verweise ohne Angaben des Erscheinungsjahres beziehen sich auf Beiträge in diesem Band.

wirken." In diesem Zitat sind drei wesentliche Aussagen enthalten: *Fortbestand des Standortmarketings*[2], *ausgewogener Mitteleinsatz im Standortmarketing* und *Nachhaltigkeit des Standortmarketings*. Sie sind Gegenstand folgender Stellungnahme.

2 Fortbestand des Standortmarketings

Maier spricht in seinem Beitrag vom Fortbestehen des Stadt- und Regionalmarketings. Dafür ist der Nachweis eines Erfolges notwendig. Eine genaue Bestimmung, ob das Standortmarketing erfolgreich war, ist erst möglich, wenn das von Maier (17ff.) vorgestellte und von allen Akteuren genutzte Marketing-Konzept um die Kontrolle erweitert wird. In dieser Phase können vorher gesetzte Ziele kontrolliert werden. Ohne entsprechende operationalisierte, d.h. messbare Ziele[3] gilt ansonsten Erfolg als das, was der Akteur als Erfolg definiert. Beispielsweise antworten die Träger des Standortmarketings (ungenau) auf die Frage, ob und in welchem Umfang ihre Maßnahmen erfolgreich waren, wie folgt: „Veranstaltung war für den Standort ein voller Erfolg"; „waren viele Unternehmer da" (Birk 2005: 35). Derart vage Aussagen können allerdings nicht als Erfolge gewertet werden. Deshalb soll zunächst gezeigt werden, ob und in welchem Rahmen überhaupt Kontrolle[4] im deutschen Standortmarketing durchgeführt wird.

Hollbach et al. (2005: 11f.) zeigen in ihrer Studie, dass Erfolgskontrollen mit Kennzahlen und entsprechenden Indikatoren lediglich bei 15% der befragten Städte durchgeführt werden. Für andere Städte liegt „der größte ‚Erfolg' […] in der Kommunikation zwischen den verschiedenen Gruppen." Ebenfalls Dallmann (2005: 7) kam in seiner Umfrage zu dem Ergebnis, dass von den befragten Standorten lediglich 12,6% eine systematische, 37,7% eine projektbezogene und 49,7% keine Erfolgskontrolle durchführen. Grund hierfür sind meist personelle und finanzielle Engpässe. Außerdem ist aufgrund der nicht zu quantifizierenden Einflussfaktoren, z.B. Wetter, eine eindeutige Zuordnung des Erfolgs durch eine Maßnahme (noch) nicht möglich. Dennoch ist es mit Hilfe aufwändiger multi-

---

[2] Zur Vereinfachung wird der Begriff Standortmarketing in diesem Zusammenhang als Oberbegriff benutzt und subsumiert somit die unterschiedlichen Ausrichtungen, Ziele und Facetten des Stadt- und Regionalmarketings (5).

[3] Allerdings werden in der Praxis häufig Ziele zu vage und allgemein formuliert. Sie sind für eine Erfolgskontrolle ungeeignet, da sie nicht messbar sind (Spieß 1998; Manschwetus 1995).

[4] (Erfolgs-)Kontrolle ist der prüfende, messende Teilschritt im Controlling-Prozess. Die Erreichung von Marketingzielen wird mit Hilfe von Erfolgsgrößen, z.B. Image, Kundenzufriedenheit, kontrolliert. Ein Soll-Wert wird dazu dem Ist-Wert gegenübergestellt (Bruhn 2001: 295ff.). Erfolgskontrollen können als Durchführung-, Zielerreichungs-, Bedingungs-, Wirkungs- und Wirtschaftlichkeitskontrollen durchgeführt werden (Junker/Wagner 1998).

kausaler Analysemethoden möglich, Erfolgsfaktoren[5], Erfolgsgrößen[6] und deren Zusammenhänge zu identifizieren und so den Erfolg des Standortmarketings zu bestimmen (Bornemeyer 1999). Aufgrund ihrer Komplexität findet diese Art der Kontrolle in der Praxis jedoch kaum Anwendung (Dallmann 2008). Jenne (2005) bezeichnet diese Herangehensweise der Kontrolle als für die Praxis untauglich.

Fazit: Erfolgskontrollen werden viel zu selten bei deutschen Standortmarketing-Institutionen angewendet. Demnach wird die Leistung des Standortmarketings nicht dokumentiert. Dadurch ist eine Rechtfertigung der Maßnahmen nicht möglich und das Fortbestehen des Standortmarketings fraglich.

3 Mitteleinsatz im Standortmarketing

Der zweite Teil des Zitats bezieht sich auf den ausgewogenen Mitteleinsatz. Hierfür ist nicht nur eine Erfolgskontrolle[7] am Ende der Durchführung notwendig. Vielmehr sind bereits während der Planungsphase sowie während der Durchführung die Maßnahmen laufend auf ihre Effizienz und Effektivität hin zu überprüfen. Die Maßnahmen werden demnach „gesteuert". Es kann von Controlling[8] gesprochen werden. Wie bereits gezeigt, werden Kontrollen kaum durchgeführt. Wird nach der Art und Weise sowie dem Umfang des Controllings gefragt, fällt das Ergebnis gar schlechter aus. Standortmarketing-Institutionen wenden – wenn überhaupt – vergangenheitsorientierte Erfolgskontrollen wie Soll-Ist- und Vorher-Nachher-Kennzahlenvergleiche sowie Bilanzanalysen an. Diese werden in der Regel jährlich durchgeführt. Anspruchsvollere Controlling-Instrumente wie Balanced Scorecards, die in der Privatwirtschaft vielfach erfolgreich eingesetzt werden und von Weig (2003) bereits bei fünf Standortmarketing-Institutionen erfolgreich implementiert wurde, finden ansonsten im Standortmarketing kaum Anwendung (Dallmann 2008). Demnach scheint Controlling für

---

[5] Erfolgsfaktoren sind Funktionsfähigkeit der Kooperation, Akzeptanz in der Bevölkerung, Umsetzung von Maßnahmen und Erarbeitung von Konzepten sowie personelle und finanzielle Ressourcen.

[6] Erfolgsgrößen sind Bekanntheitsgrad der Aktivitäten, Image und Kennzahlenentwicklung.

[7] In diesem Fall ist die Erfolgskontrolle als eine Wirtschaftlichkeitskontrolle anzusehen. D.h. Feststellung, ob die Maßnahme unter Kostengesichtspunkten effizient durchgeführt wurde oder ob andere Maßnahmen kostengünstiger zum gleichen Ergebnis geführt hätten.

[8] Controlling ist ein laufender informationsverarbeitender Prozess zur Überwachung und Steuerung der Realisation von Plänen. Dabei wird nicht nur gezeigt, ob die Standortmarketing-Aktivitäten die gesetzten Ziele erfolgreich erfüllen (Erfolgskontrolle). Vielmehr werden aufgrund des Rückkopplungs- und Anpassungsprozesses ein Lernen aus Bisherigem und damit ein effektiveres und effizienteres Handeln möglich.

viele Standortmarketer noch ein Fremdwort zu sein (Dallmann 2008). „Controlling im Standortmarketing ist eine Randerscheinung." (Raffel 2002: 74)

Fazit: Controlling wird lediglich bei denjenigen Standortmarketing-Institutionen
durchgeführt, die sowohl operative als auch strategische Ziele verfolgen. Diese
benötigen das Controlling nicht nur als Kontrolle. Vielmehr wird es als das Steuern der Marketing-Aktivitäten angesehen. Die anderen Institutionen wenden kein
(strategisches) Controlling[9] an. Wird – wie oben angenommen – davon ausgegangen, dass der Mitteleinsatz lediglich dann ausgewogen ist, wenn die Maßnahmen gesteuert werden, d.h. Durchführung von Controlling, so erfolgt in den
meisten Fällen kein ausgewogener Mitteleinsatz.

4 Nachhaltigkeit des Standortmarketings

Der letzte Teil des Zitats behandelt die Nachhaltigkeit des Standortmarketings.
Sie ist ebenso wie der Erfolg ein ausschlaggebender Faktor für den Fortbestand
des Standortmarketings. Gleichzeitig ist lediglich ein nachhaltiger Erfolg als tat-
sächlicher Erfolg zu werten. Denn ohne nachhaltigen Erfolg ist das Standortmarketing purer Aktionismus und kann nicht als ein marktorientiertes Steuerungskonzept (Balderjahn 2000: 57f.; in Anlehnung an Meyer 1999: 19) zur Entwicklung von Standorten angesehen werden. Was nutzt einem Standort die Zu-
nahme von zehn Arbeitsplätzen, wenn diese nach einem Jahr nicht mehr existieren? Genau diesen Umstand bemängelt Maier (31), wenn er betont, dass beim
Stadtmarketing – voraussichtlich – Werbemittel lediglich zu kurzfristigen Erfolgen führen.

Fazit: Nachhaltigkeit und Erfolg des Standortmarketings gehen einher mit einem
Fortbestand des Standortmarketings. Die Nachhaltigkeit ist in der Dokumentati-
on der Leistungen mit aufzunehmen.

5 Zusammenfassung der Ergebnisse

Die von Maier (19f.) angesprochene Entwicklung hin zum Schwerpunkt Stadt-
werbung und Eventmarketing ist primär in kleinen und mittleren Städten ohne
entsprechenden Schwerpunkt zu finden. Dies bedeutet gleichzeitig, dass diese
Städte ihr Stadtmarketing nicht strategisch als ein Entwicklungskonzept ausrich-

---

[9] Studien belegen, dass Unternehmen mit Controlling erfolgreicher hinsichtlich der finanziellen Performance, Marktposition und Veränderungsfähigkeit sind als Unternehmen ohne
Controlling (Lingle/Schiemann 1996: 58f.).

ten. Vielmehr ist es ein operatives, aktionsbezogenes Konzept, das rein ange-
botsorientiert ist, wenn davon ausgegangen wird, dass langfristig ausgerichtete
Zielsysteme Bestandteil der (Standort-) Marketingkonzeption sind (Meffert 2000:
76)[10].

Anders hingegen das Regionalmarketing – dieses setzt sich im Gegensatz zum
Stadtmarketing aus mehreren politischen Zuständigkeiten (z.B. Landkreise) zusammen. Bereits die Initiative und die Bereitschaft, gemeinsam ein Regionalmarketing durchzuführen, zeigt, dass Regionalmarketing-Institutionen strategischer
ausgerichtet sein müssen als Stadtmarketing-Institutionen. Denn die Kompro-
missbereitschaft ist in diesen Fällen höher und kann lediglich durch eine langfristige und damit strategische Zusammenarbeit erreicht werden.

Die Träger des Stadtmarketings sollten die Regionalmarketing-Institutionen als
Benchmark ansehen. Denn diese praktizieren ein strategisches Konzept und
nicht wie das von Maier angesprochen aktions- und eventbezogene Stadtmarketing, das lediglich Werbemittel für kurzfristige Maßnahmen einsetzt. Deswegen
hat das Regionalmarketing in Zukunft bessere Aussichten auf Erfolg und einen
Fortbestand. Aufgrund ihrer strategischen Ausrichtung wenden Regionalmarketing-Institutionen eher Controlling an. Deshalb sind ihre Maßnahmen eher
nachhaltig und wirtschaftlich – ganz im Gegensatz zu (vielen) Stadtmarketing-
Institutionen.

Dennoch sind Berater und Wissenschaftler gefordert, den Fortbestand des
Standortmarketings zu sichern: Durch Überzeugungs- und Transferarbeit müssen sie allen Betreibern des Stadt- und Regionalmarketings unterstützend und
beratend zur Seite stehen, damit Controlling von den Betreibern der Standortmarketing-Institutionen durchgeführt wird. Dies ist selbstverständlich keine Garantie dafür, dass eventuelle Erfolge nachhaltig sind und die Mittel wirtschaftlich
verwendet werden. Denn ebenfalls kann ein Controlling ineffektiv und ineffizient eingesetzt werden, wenn es nicht individuell angepasst ist. Deshalb ist es
weiterhin wichtig, dass Berater und Wissenschaftler die einzelnen Standortmarketing-Institutionen analysieren[11], um diesen zu einem individuellen und demzu-
folge für sie adäquatem Controlling zu verhelfen.

---

[10] „Ohne eine zielorientierte Ausrichtung droht die Unternehmens- und Marketingplanung zu
einer reaktiven Anpassung an Umweltveränderungen mit der Gefahr des „Durchwurstelns"
zu degenerieren." (Meffert 2000: 74)

[11] Dabei sind unter anderem die jeweils vorhandenen Ressourcen, z.B. Anzahl und Wissen der
Mitarbeiter sowie Budget und die Anspruchsgruppen des Controllings zu berücksichtigen.
Die Auswirkungen der vorhandenen Ressourcen und der Anspruchsgruppen auf das Control-
ling sind zu bestimmen. Lediglich so ist es den Beratern und der Wissenschaft möglich, die
Standortmarketer vom Nutzen und notwendigen Einsatz des Controllings zu überzeugen und
gleichzeitig deren Bedürfnisse und Anforderungen zu berücksichtigen.

Literatur

Balderjahn, Ingo (2000): *Standortmarketing.* Stuttgart (2000): Lucius & Lucius.

Birk, Florian (2005): Strategische und operative Nutzen- und Erfolgskontrolle im Standortmarketing, in: Jörn-Axel Meyer und Nicolas Dallmann (Hrsg.): *Erfolgskontrolle im Standort- und Regionalmarketing.* Lohmar und Köln (2005): Eul, 33-50.

Bornemeyer, Claudia (2002): *Erfolgskontrolle im Stadtmarketing.* Lohmar und Köln (2002): Eul.

Bruhn, Manfred (2001): *Marketing,* 5. Auflage. Wiesbaden (2001): Gabler.

Dallmann, Nicolas (2005): Erfolgskontrolle im Standortmarketing – Ergebnisse einer Umfrage, in: Jörn-Axel Meyer und Nicolas Dallmann (Hrsg.): *Erfolgskontrolle im Standort- und Regionalmarketing.* Lohmar und Köln (2005): Eul, 5-31.

Dallmann, Nicolas (2008): *Controlling im Standortmarketing:* geplant 2008.

Grabow, Busso/Hollbach-Grömig, Beate (1998): *Stadtmarketing – eine kritische Zwischenbilanz.* Difu-Beiträge zur Stadtforschung, 25 (1998).

Hollbach-Grömig, Beate et al. (2005): *Stadtmarketing-Bestandsaufnahme und Entwicklungstrends.* Difu Aktuelle Information, März 2005, 1-14.

Jenne, Arnd (2005): *Strategisches Controlling im Stadtmarketing für den innerstädtischen Einzelhandel in Klein- und Mittelstädten.* Münster (2005): Selbstverlag des Institutes für Geographie der Westfälischen Wilhelms-Universität.

Junker, Rolf/Wagner, Dieter (1998): *Erfolgskontrolle im Stadtmarketing,* in: Städtetag Nordrhein-Westfalen, Eildienst – Informationen für Rat und Verwaltung, 9 (1998), 232-237.

Lingle, John H./Schiemann, William A. (1996): From Balanced Scorecard to Strategic Gauges: Is Measurement Worth it? *Management Review,* 85 (1996) 3, 56-61.

Manschwetus, Uwe (1995): *Regionalmarketing: Marketing als Instrument der Wirtschaftsentwicklung.* Wiesbaden (1995): Deutscher Universitäts-Verlag.

Meffert, Heribert (2000): *Marketing,* 9. Auflage. Wiesbaden (2000): Gabler.

Meyer, Jörn-Axel (1999): *Regionalmarketing.* München (1999): Franz Vahlen.

Raffel, Olaf (2002): Die Balanced Scorecard - Ein geeignetes Controlling-Instrument im Stadtmarketing?!, in: BCSD (Hrsg.): *Stadtmarketing,* 2002, 133-143.

Spieß, Steffen (1998): *Marketing für Regionen.* Wiesbaden (1998): Deutscher Universitäts-Verlag.

Weig, Florian (2003): *Balanced Scorecard für Strategisches Management von Städten.* Wiesbaden (2003): VS.

Die FIFA WM 2006 – Gewinner und Verlierer bei Städten und Regionen

Markus Voeth, Christian Niederauer und Isabel Tobies *

1   Die WM als Chance für Städte und Regionen

Die Fußball-Weltmeisterschaft 2006 war nicht nur in sportlicher Hinsicht ein interessantes und bemerkenswertes Ereignis. Bereits vor dem Anpfiff bestanden große ökonomische Erwartungen hinsichtlich der ökonomischen Potenziale, die rund um die Weltmeisterschaft realisierbar schienen. Zahlreiche Unternehmen hofften dabei auf wirtschaftliche Vorteile, insbesondere die Ausrüster der gegeneinander antretenden Nationalmannschaften sowie offizielle Sponsoren und nationale Förderer der Weltmeisterschaft. Diese hatten für die Möglichkeit, mit der WM werben zu können, einen siebenstelligen Euro-Betrag investiert (Voeth/Niederauer/Tobies 2006: 1). Darüber hinaus wurden von vielen Sport-

* Professor Dr. Markus Voeth ist Inhaber des Lehrstuhls für Marketing am Institut für Betriebswirtschaftslehre der Universität Hohenheim. Zwischen 2001 und 2006 hat er eine Langzeitstudie zum Thema „Akzeptanz und Einstellungen der Bevölkerung gegenüber dem Sportgroßereignis WM 2006" geleitet, bei der jährlich umfangreiche Bevölkerungsumfragen durchgeführt wurden. Christian Niederauer und Isabel Tobies sind wissenschaftliche Mitarbeiter am Lehrstuhl für Marketing der Universität Hohenheim und waren Projektleiter der Langzeitstudie.

ökonomen auch für ganze Branchen wirtschaftliche Chancen durch den Sportevent vorhergesagt (Rauscheder 2005: 15ff.). Dies veranlasste unter anderem viele Unternehmen eigentlich „Fußball-ferner" Branchen, ihren Produkten einen Bezug zur Weltmeisterschaft zu verleihen (Voeth/Niederauer/Tobies 2006: 12ff.). Neben neuen Produktideen wie beispielsweise dem Fan-in-Not-Service der Lufthansa Cargo Tochter time:matters, der in zwei bis maximal vier Stunden vergessene Tickets nachliefern konnte, kamen auch verschiedene andere Produkte wie Fußball-Pizzen, Fußball-Torten, schwarz-rot-goldene Staubsauger oder WM-Toilettenpapier auf den Markt (ebd.: 69ff.).

Die positive Stimmung hinsichtlich möglicher Vorteile durch die WM beschränkte sich jedoch nicht ausschließlich auf den privatwirtschaftlichen Bereich. Auch viele Städte und Regionen sahen in der Weltmeisterschaft eine Gelegenheit, eine positive Darstellung der eigenen Stadt zu erzielen. Die Vermarktungsbemühungen sollten dabei z.B. Touristen anziehen und die Stadt zugleich auch für die eigenen Einwohner attraktiv erscheinen lassen (Menzel 2006: 63ff.). Der Deutsche Städte- und Gemeindebund förderte diese Bemühungen und bot so beispielsweise ein kostenloses Seminar mit dem Titel „WM 2006 – Große Chance für Städte und Regionen" an (Deutscher Städte- und Gemeindebund 2006).

Neben den beschriebenen Chancen bestanden jedoch angesichts der mit dem Engagement verbundenen Investitionen sowohl für Unternehmen als auch für Städte und Regionen Risiken. Besondere Risiken bestanden vor allem dann, wenn die WM für Aktivitäten genutzt werden sollte, die in keinem unmittelbaren Zusammenhang zum Fußball-Ereignis standen. Bereits im Vorfeld der Weltmeisterschaft waren so beispielsweise viele Städte gezwungen, Teile ihres Rahmenprogramms aufgrund von Finanzierungsproblemen abzusagen. Vielfach wurde diese Entscheidung damit begründet, dass zu strenge Auflagen des Weltfußballverbandes FIFA mögliche Sponsoren des geplanten Rahmenprogramms abschrecken würden (Rosenberger 2006).

Vor dem Hintergrund der potenziellen Chancen, aber auch der Risiken, die die Austragung der Weltmeisterschaft mit sich brachte, beschäftigt sich dieser Beitrag mit der Frage, wer auf städtischer Seite zu den „Gewinnern" und „Verlierern" der WM gehörte. Um diese Frage beantworten zu können oder zumindest Indizien für deren Beantwortung identifizieren zu können, wird hier weniger auf objektive Kriterien zurückgegriffen. Stattdessen wird als Maßstab die Wahrnehmung der Bevölkerung herangezogen. Da sich die WM-Aktivitäten der meisten Städte auch darauf konzentrierten, etwas für die eigene Bevölkerung zu erreichen oder das Image der Stadt in den Augen der eigenen Bevölkerung zu verbessern, erscheint dieser Maßstab durchaus geeignet.

Als Datenbasis fungiert dabei die vom Lehrstuhl für Marketing der Universität Hohenheim zwischen 2001 und 2006 durchgeführte empirische Langzeitstudie, in deren Verlauf jährlich großzahlige Bevölkerungsumfragen durchgeführt wurden und die mit einer Befragung unmittelbar nach der WM abschloss. Zudem wurden im Rahmen dieser Untersuchung die Erwartungen der Großstädte bezüglich der Auswirkungen der Weltmeisterschaft in Deutschland durch eine zusätzliche Befragung von deutschen Großstädten ermittelt.

Entsprechend der beschriebenen Zielsetzung sowie dem angeführten Analyserahmen ist der Beitrag wie folgt aufgebaut: Im zweiten Abschnitt stellen wir kurz das Konzept der für diesen Beitrag die Datenbasis liefernden Langzeitstudie vor. Anschließend werden die Erwartungen und Ziele der deutschen Großstädte vor der WM beschrieben (dritter Abschnitt), die sich aus einer im Vorfeld der WM durchgeführten Befragung der Großstädte ergaben. Schließlich wird im vierten Abschnitt untersucht, ob die Städte in den Augen ihrer Bevölkerung diese Ziele ex post erreicht haben. Hierzu analysieren wir die Ergebnisse der Bevölkerungsbefragung im unmittelbaren Anschluss an die WM. Das Ende des Beitrags stellt schließlich ein kurzes Fazit dar.

2   Die Langzeitstudie zur WM 2006

Die angeführte empirische Langzeitstudie „Akzeptanz und Einstellungen der Bevölkerung gegenüber dem Sportgroßereignis WM 2006" wurde vom Lehrstuhl für Marketing der Universität Hohenheim seit 2001 durchgeführt, um bereits im Vorfeld die Einstellungen der Bevölkerung zu dem Sportgroßereignis und insbesondere deren Veränderungen im Zeitablauf ermitteln zu können. Dabei wurden jeweils jährlich in den Monaten Mai und Juni circa 1.500 bis 2.000 Probanden zu wechselnden Schwerpunktthemen befragt. Ein geographischer Schwerpunkt der bevölkerungsrepräsentativen Befragungen lag in den Jahren 2001 und 2002 auf Nordrhein-Westfalen und in den Jahren 2003 bis 2005 auf Baden-Württemberg.

Im Jahr 2006, das Jahr der Fußball-Weltmeisterschaft, wurden insgesamt drei deutschlandweite Studien durchgeführt. Bereits vor Beginn der Weltmeisterschaft wurden die 50 größten Städte Deutschlands (zuzüglich Kaiserslautern als einziger WM-Stadt mit weniger als 100.000 Einwohnern) unter anderem danach befragt, welches Rahmenprogramm diese zur Fußball-Weltmeisterschaft anbieten wollen und welche Ziele damit verfolgt werden bzw. welche Erwartungen bestehen. Direkt vor (Ende Mai 2006) bzw. nach (Mitte Juli 2006) dem WM-Turnier, das vom 9. Juni bis zum 9. Juli 2006 stattfand, fanden zwei Bevölkerungsumfragen mit 1.770 bzw. 904 durchgeführten Interviews statt. Hierbei wurden die Einwohner der beschriebenen deutschen Großstädte einwohnerzahlquotiert nach ihrer Einstellung gegenüber der Fußball-Weltmeisterschaft befragt. Die Befragungsteilnehmer der Langzeitstudie wurden dabei zufällig ausgewählt.

Die Daten wurden telefonisch oder face-to-face mit Hilfe eines standardisierten Fragebogens erhoben.

3 Erwartungen der Städte und Regionen

Die Ergebnisse der bereits vor Beginn der Weltmeisterschaft durchgeführten Städtebefragung zeigen, welche Erwartungen und Ziele Städte und Regionen hinsichtlich ihrer Vermarktungsbemühungen hatten bzw. anstrebten.

Sowohl die WM-Austragungsorte als auch die restlichen deutschen Großstädte verfolgten nach eigenen Angaben, durch das Angebot eines speziellen WM-Rahmenprogramms, vorrangig die Ziele „Aufmerksamkeit/Medienpräsenz", „Stadt als Tourismusziel attraktiv machen", „Imagebildung/-förderung" und „Präsentation der Stadt", was Werte über 5 auf einer Skala von 1 (kein Ziel) bis 6 (Hauptziel) erzeugte. Gerade bei den Nicht-WM-Städten lagen die „Erwirtschaftung von zusätzlichen Finanzmitteln" (2,29) oder „Jobs/Arbeitsplätze schaffen" (2,40) nicht im Fokus des primären Interesses. Es wurden demnach von den befragten Städten im Kern eher „externe" (die Ansprache von Touristen) als „interne" Ziele (die Ansprache der eigenen Einwohner) verfolgt (Abb. 1).

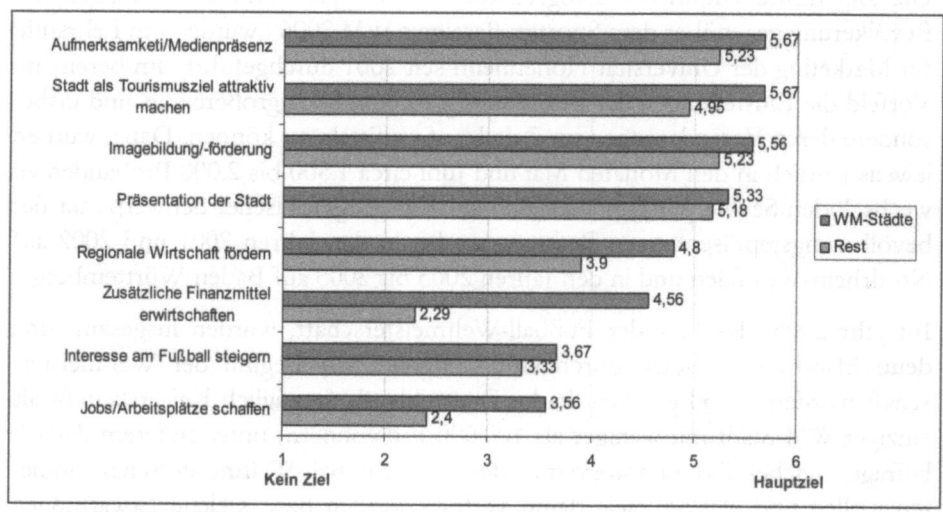

Abb. 1: Ziele der Städte bezüglich des Rahmenprogramms

Um zu untersuchen, durch welche Veranstaltungen die Städte versuchten, die zuvor beschriebenen Ziele zu erreichen, wurden die befragten Städte gebeten einzuschätzen, wie hoch der Zuspruch hinsichtlich der geplanten Aktivitäten innerhalb der Bevölkerung ist. Dabei zeigte sich, dass die meisten Städte, unabhängig davon, ob es sich um eine Stadt handelte, in der WM-Spiele ausgetragen

wurden oder eben nicht, den höchsten Zuspruch bei WM-nahen Events vermuteten. Auffällig ist darüber hinaus, dass WM-Städte den Zuspruch der Bevölkerung über alle Aktivitäten hinweg höher einschätzten, als dies bei Nicht-WM-
Städten der Fall war. Das, wie im Nachhinein resümiert, durchaus erfolgreiche
„Public Viewing" wurde auch von den befragten Städten als vermutlich erfolg-
reichste Veranstaltung eingeschätzt. Für WM-Städte ergab sich bei der Befragung
hinsichtlich deren Publikumswirksamkeit durchschnittlich der höchstmögliche
Wert von 6 auf einer Skala von 1 („sehr gering") bis 6 („sehr hoch"). Daneben
wurden sonstige, d.h. nicht von der FIFA lizenzierte und organisierte Fan-Feste
sowie andere Sportevents als „Besuchermagneten" eingeschätzt. Als durchweg
weniger erfolgreich schätzten gerade auch die Nicht-WM-Städte kulturelle Veranstaltungen wie „Ausstellungen" mit einem Wert von 3,2 und „Vorträ-
ge/Lesungen" mit einem Wert von 2,88 ein (Abb. 2).

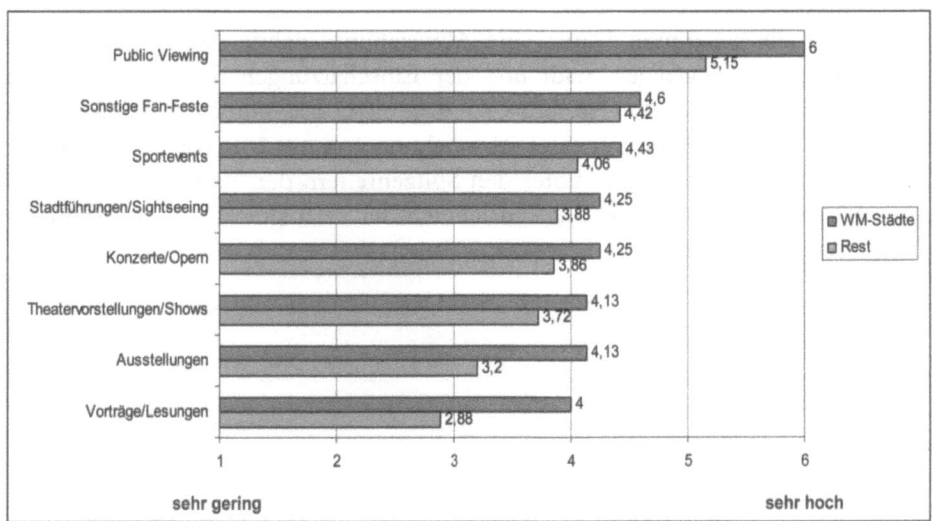

Abb. 2: Erwartungen der Städte hinsichtlich des Zuspruchs der Bevölkerung

Allerdings waren nicht alle Städte bereit, finanzielle Mittel und andere Ressourcen in die Planung und Durchführung eines WM-begleitenden Rahmenprogramms zu investieren. Als Gründe wurden weniger die zu hohen Kosten ange-
geben, sondern vielmehr ein „geringer erwarteter Zuspruch", den immerhin
46,15% der Städte als Hauptgrund für ein Verzicht auf ein spezielles Rahmenprogramm anführten.

4 Gewinner in Städten und Regionen

Bereits vor Beginn der Weltmeisterschaft zeigte sich, dass sich die Bevölkerung hinsichtlich der Ziele, die mit dem Rahmenprogramm der Weltmeisterschaft verfolgt werden sollten, zum Teil andere Schwerpunkte wünschten (Abb. 3). Werden alle Städte aggregiert betrachtet, so wird deutlich, dass die Bevölkerung gerade die Bereiche „Interesse der Bevölkerung am Fußball steigern", „Jobs/ Arbeitsplätze schaffen" und „zusätzliche Finanzmittel erwirtschaften" stärker im Vordergrund gesehen hat, als dies bei den Städten der Fall war. Dagegen wurden alle Ziele, die eher „externe" (Touristen) als „interne" (Bevölkerung) Zielgruppen ansprechen, wie beispielsweise „Imagebildung/-förderung" und „Aufmerksamkeit/Medienpräsenz" hinsichtlich ihrer Bedeutung von der Bevölkerung nicht so hoch eingeschätzt wie von den Städten.

Wird über die genannten Daten eine Abweichungsanalyse zwischen den Einschätzungen der jeweiligen Stadt und der Einschätzungen der in dieser Stadt lebenden Bevölkerung durchgeführt, so zeigt sich, dass unter den WM-Städten besonders Gelsenkirchen mit einer Abweichung von nur 1%, Kaiserslautern mit 4,2% und Stuttgart mit 9,6% unter den Spitzenreitern der Städte lagen, die den Einschätzungen der Bevölkerung hinsichtlich der verfolgten Ziele des Rahmenprogramms entsprachen.

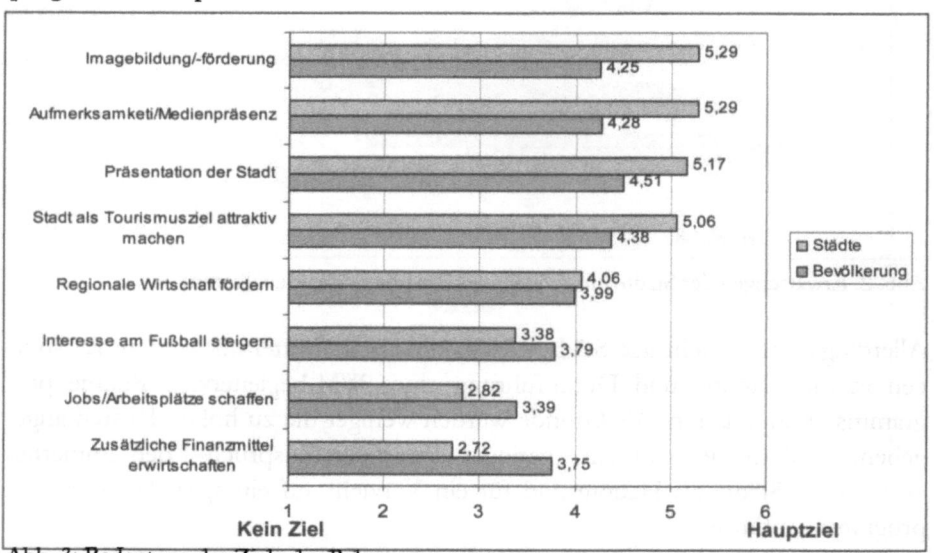

Abb. 3: Bedeutung der Ziele des Rahmenprogramms

Gerade vor dem Hintergrund der von den Städten verfolgten Ziele des Rahmenprogramms und der damit einhergehenden Vielzahl der angebotenen Veranstaltungen ist es von besonderem Interesse, welche Veranstaltungen von der Bevölkerung gut und welche weniger gut angenommen wurden. In der Befragung, die direkt im Anschluss an die Weltmeisterschaft stattgefunden hat, zeigte sich, dass, wie von den meisten Städten erwartet, die „Public Viewing"-Veranstaltungen den größten Zulauf erzielen konnten. Durchschnittlich 3,19-mal sahen die Befragten eine Live-Übertragung in den speziellen Arenen. Ebenfalls bei der Bevölkerung beliebt waren „sonstige Fan-Feste", die über alle Befragten mit einem Zuspruch von 1,66 Besuchen pro Person überdurchschnittlich positiv angenommen wurden (Abb. 4). Insgesamt zeigt sich demnach, dass vor allem Veranstaltungen, die einen direkten Bezug zum Event aufwiesen, von der Bevölkerung häufig besucht wurden. Den anderen Veranstaltungen kam jedoch – entgegen der Erwartungen der Städte – eine nur geringe Bedeutung im Hinblick auf deren Attraktivität zu.

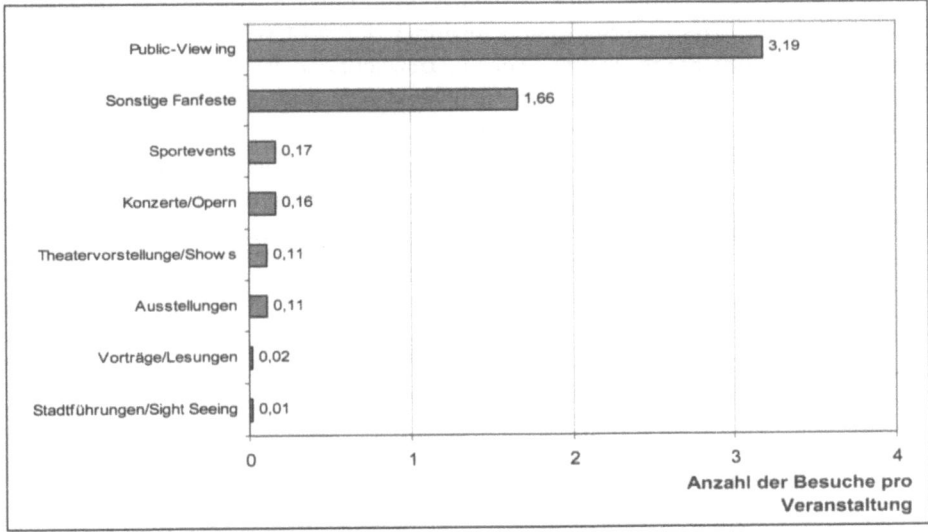

Abb. 4: Anzahl der Veranstaltungsbesuche pro Person

Angesichts der hohen Investitionen, die von den einzelnen Städten bezüglich des angebotenen Rahmenprogramms getätigt wurden, ist es zudem interessant, welche Städte und Regionen von der deutschen Bevölkerung nun zusammenfassend als „Gewinner" der WM eingeschätzt werden. Die Ergebnisse der Bevölkerungsbefragung, die direkt nach der Weltmeisterschaft durchgeführt wurde, zeigen, dass praktisch alle Großstädte Deutschlands von der WM profitieren konnten. Den größten Zuspruch erzielten hierbei insbesondere die WM-Austragungsorte, also die Städte, in denen die WM-Partien stattfanden. Die Bevölkerung dieser WM-Städte bewertete auf die Frage „Wie zufrieden sind Sie insgesamt mit Ihrer Stadt im Hinblick auf die Frage, wie sich diese während der WM dargestellt hat?" ihre Stadt im Durchschnitt wesentlich besser als Einwohner von Nicht-WM-Städten, eben den Städten, in denen keine WM-Spiele ausgetragen wurden. Auf einer Skala von 1 (völlig unzufrieden) bis 6 (sehr zufrieden) erhielten WM-Städte im Durchschnitt die Bewertung 5,16. Nicht-WM-Städte dagegen wurden durchschnittlich mit 4,02 bewertet. Das Zufriedenheitsniveau in Nicht-WM-Städten war damit zwar ebenfalls überdurchschnittlich positiv, zugleich jedoch geringer als in den WM-Städten.

Dieses Ergebnis wird auch dadurch bestätigt, dass eine deutliche Mehrheit der Bevölkerung in den WM-Städten die eigene Stadt als Gewinner der Weltmeisterschaft ansah. Wie Abbildung 5 verdeutlicht, bewerteten im Durchschnitt 82% der Einwohner der WM-Städte ihre Stadt als Gewinner der Fußball-Weltmeisterschaft. Auf die Frage „Sind Sie der Meinung, dass Ihre Stadt insgesamt zu den ‚Gewinnern' bzw. ‚Verlierern' der WM gehört?" zählte indes nur eine geringe Minderheit ihre Stadt zu den Verlierern der WM. Anders sieht das Bild hingegen bei den Nicht-WM-Städten aus. Lediglich 29% der Einwohner der befragten Städte gaben an, dass ihre Stadt ein Gewinner der WM sei und immerhin 14% sahen die jeweilige Stadt als Verlierer an. Bezeichnend ist jedoch mit 57% der Befragten der Anteil derjenigen, die sich bezüglich dieser Frage ihrer Antwort nicht sicher waren. Dieses Antwortverhalten ist vermutlich darauf zurückzuführen, dass ein Großteil der Städte, in denen kein WM-Spiel stattfand, finanziell nicht in der Lage war, öffentliche Public Viewings anzubieten und demnach auch nicht als „Besuchermagnet" fungierten. Eine Bewertung der jeweiligen Stadt fiel den Einwohnern daher wahrscheinlich oftmals schwer.

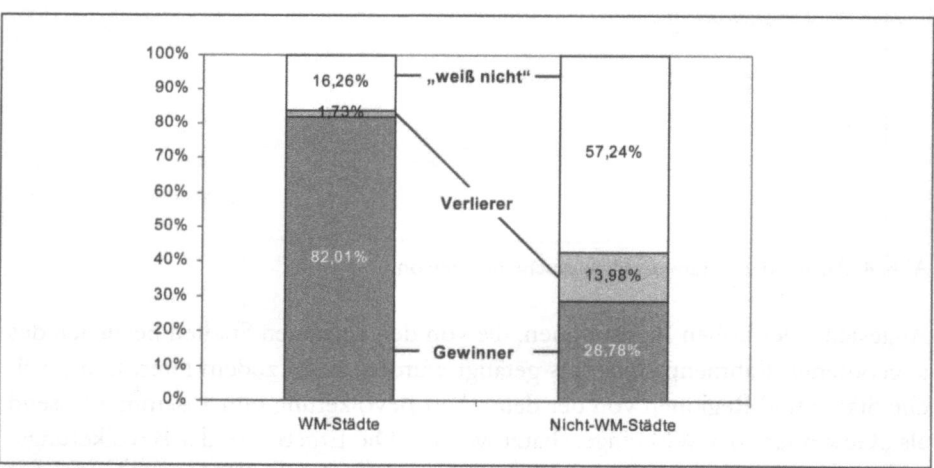

Abb. 5: Gewinner- und Verlierer-Städte

Auch wenn es eindeutig zu sein scheint, dass die WM-Städte zu den Gewinnern der Fußball-Weltmeisterschaft 2006 in Deutschland gehörten, konnten die unterschiedlichen WM-Städte jedoch nicht in gleichen Anteilen an dem Erfolg der WM partizipieren.

Die Städte Kaiserslautern und Stuttgart konnten über 95% ihrer Einwohner davon überzeugen, dass ihre Stadt zu den Gewinnern der WM gehört. Ebenfalls konnten Berlin und Dortmund in deutlichem Maße die eigenen Einwohner von ihrer Stadt begeistern (Abb. 6). Bei anderen Städten fiel der Gewinner-Anteil hingegen geringer aus.

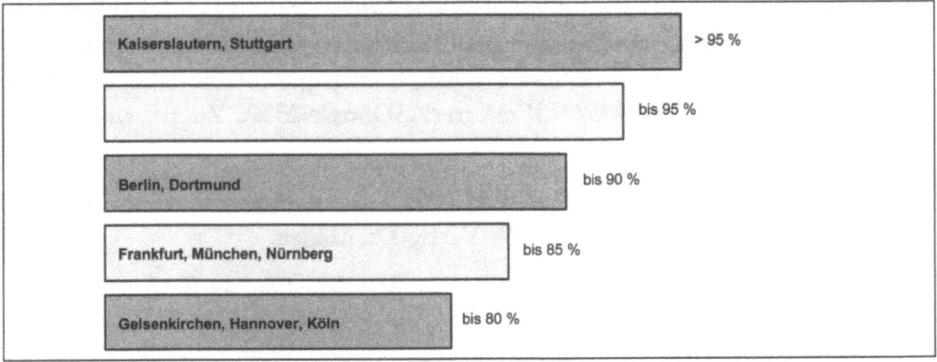

Abb. 6: Die WM-Städte im Vergleich

5   Fazit

Die Frage nach den Gewinnern oder Verlierern der Weltmeisterschaft ist abschließend nicht eindeutig zu klären. Festgehalten werden kann aber, dass nicht nur auf dem Platz einige besser als andere abgeschnitten haben. Einige Städte konnten so – zumindest in den Augen der eigenen Bevölkerung – erheblich von der WM profitieren. Bei anderen traten hingegen nur begrenzte Gewinne auf. Darüber hinaus machen die Befragungsergebnisse deutlich, dass vor allem diejenigen Städte von der Austragung der Weltmeisterschaft in Deutschland profitieren konnten, in denen auch WM-Spiele ausgetragen wurden. Diese konnten sowohl bezüglich ihrer Besucherzahlen als auch im Hinblick auf die Begeisterung der eigenen Einwohner an der positiven Stimmung rund um die WM teilhaben.

Wird das Rahmenprogramm im Speziellen betrachtet, so fällt auf, dass alle Teile des Rahmenprogramms, die inhaltlich sehr nahe an dem Event lagen, wie beispielsweise „Public Viewing" oder „Sonstige Fan-Feste" auch innerhalb der eigenen Bevölkerung Zuspruch erhielten. Hingegen fielen „Fußball-ferne" Veranstaltungen eher durch. Zusammenfassend zeigt sich also, dass die WM keineswegs für alle Kommunen und für alle Aktivitäten gewinnbringend war. Stattdessen profitierten in erster Linie WM-Städte und „Fußball-nahe" Aktivitäten.

Literatur

Deutscher Städte- und Gemeindebund (2006): http://www.dstgb.de/index_in halt/homepage/index.phtml?ionasFrameCheckName=inhalt&ionasFrameCheck Url=http%3A//www.dstgb.de/index_inhalt/homepage/kommunalreport/inhal t/archiv2004/newsitem00945/%3Freferrer%3Dhttp%253A. Zugriff am 14. Dezember 2006.

Menzel, Oliver (2006): *Die Fußball-WM 2006 – Vermarktungsinstrumente und wirtschaftliche Potentiale*. Saarbrücken (2006): Verlag Dr. Müller.

Rauscheder, Winfried (2005): *Chancen für den Mittelstand bei der WM 2006*. München (2005): sv corporate media.

Rosenberger, Walther (2006): Für WM-Partys fehlt Städten das Geld. *Stuttgarter Nachrichten*, Nr. 121, 27. Mai 2006.

o.V. (2006): Applaus für gelungenes Fußball-Fest. *W&V*, 27 (2006), 12-16.

Voeth, Markus/Niederauer, Christian/Tobies, Isabel (2006): *Sportsponsoring bei der „FIFA WM 2006™"* – *Empirische Ergebnisse und Implikationen*, Hohenheimer Arbeits- und Projektberichte zum Marketing Projektbericht Nr. 15. Stuttgart (2006): Förderverein für Marketing e.V.

Voeth, Markus/Tobies, Isabel/Niederauer, Christian. (2006): *Fußball-Weltmeisterschaft 2006: Was die Deutschen denken und dachten*. Stuttgart (2006): Förderverein für Marketing e.V.

Studie zur Bewertung ökonomischer Effekte der Fußball-WM 2006 – Möglichkeiten und Grenzen der Evaluierung – Korreferat zu Voeth/Niederauer/Tobies

René Schleus[*]

1   Einleitung

Die Fußball-Weltmeisterschaft gilt – selbst in Relation zu Olympischen Sommerspielen – als das populärste Groß- und TV-Ereignis weltweit. Nicht nur die Unternehmen im austragenden Land hofften auf positive Effekte der WM. Auch die Städte und Regionen in Deutschland – insbesondere die Austragungsorte – knüpften unterschiedliche Ziele und Erwartungen an dieses Ereignis (42f.).[1]

Markus Voeth, Christian Niederauer und Isabel Tobies gehen in ihrem Beitrag der Frage nach, inwiefern die deutschen Städte von der WM profitieren bzw. ihre eigens gesetzten Ziele erreichen konnten. Die zur Beantwortung dieser Fragestellung vorgestellte Studie gibt hinsichtlich der Wahl der Bewertungskriterien, der Evaluationsinstanz sowie des Zeitpunkts der Untersuchung Anlass zu einer kriti-

---

[*] René Schleus ist Vorstandsassistent und wissenschaftlicher Mitarbeiter am Deutschen Institut für kleine und mittlere Unternehmen in Berlin.

[1] Verweise ohne Angaben des Erscheinungsjahres beziehen sich auf Beiträge in diesem Band.

schen Auseinandersetzung, die in diesem Kommentar von Überlegungen zu den Möglichkeiten und Grenzen der Evaluierung begleitet werden soll.

2   Festlegung der Bewertungskriterien

Zur Identifizierung von WM-„Gewinnern" und -„Verlierern" unter den Städten beschränken sich Voeth et al. auf zwei Kriterien: auf die Zufriedenheit der Bevölkerung mit der Darstellung ihrer eigenen Stadt und auf das Urteil der Bevölkerung, die eigene Stadt als „Gewinner" oder „Verlierer" zu sehen (45f.). Doch genügt diese Beschränkung auf die subjektive Wahrnehmung der Bevölkerung als Maßstab dem Anspruch der Evaluation, ein Urteil nicht nach beliebigen, ad hoc zustande kommenden Kriterien zu fällen (Kromrey 2001: 111)? Lässt sich anhand dieser Kriterien tatsächlich messen und beurteilen, ob die Städte ihre Ziele ex post erreicht haben und damit zu Gewinnern oder Verlieren werden?

Zwar sind eine umfassende, vollständige Evaluierung und eine eindeutige Quantifizierung ökonomischer Effekte der Fußball-WM durch keine Studie realisierbar.[2] Umso notwendiger ist es, Schwerpunkte zu setzen und Kriterien zu definieren, die es – im Sinne des Kontrollparadigmas[3] der Evaluation – erlauben, Effektivität, Effizienz und Akzeptanz der von den Städten angebotenen Veranstaltungen zur WM zuverlässig zu messen. Folgt man dem „traditionellen" Ansatz, der auch hier angemessen scheint, sollten die Bewertungskriterien aus dem zu evaluierenden Programm[4] selbst stammen. Mit anderen Worten: Die Wirkungen des Programms sind vor dem Hintergrund seiner eigenen Ziele zu bewerten (Kromrey 2001: 119). Oder noch konkreter: Welche der von den Städten verfolgten Ziele (42f.) ließen sich – in welchem Umfang – realisieren und welche nicht?

---

[2] Das Deutsche Institut für Wirtschaftsforschung (DIW) stellt hierzu fest: Die WM 2006 bietet dem „[...] Veranstalterland die Chance, sich nach außen hin positiv darzustellen, was förderlich für wirtschaftliche Kontakte mit dem Ausland in der Zukunft sein kann. So etwas kann allerdings auch misslingen, es lässt sich jedenfalls nicht quantifizieren" (DIW 2006). Zu einer ähnlichen Einschätzung gelangt Hickel (2006: 4f.).

[3] Es existiert eine Reihe von Versuchen, die Vielfalt von Evaluationen auf eine überschaubare Zahl von Typen (Paradigmen) zu reduzieren, die jeweils eine spezifische Affinität u.a. zu Designtypen, Methoden und Qualitätskriterien aufweisen (Kromrey 2001: 114f.) Das Kontrollparadigma impliziert – im Gegensatz zum Forschungs- und Entwicklungsparadigma – eine „[...] ex-post-Kontrolle von Ausführung und Auswirkung von zu einem früheren Zeitpunkt geplanten Maßnahmen [...]" (Hübener/Halberstadt 1976: 15).

[4] Unter Programmen sind hier komplexe Handlungsmodelle zu verstehen, die sich auf die Erreichung spezifischer Ziele beziehen und für deren Abwicklung insbesondere finanzielle und personelle Ressourcen bereitgestellt werden (Hellstern/Wollmann 1983: 7).

Die in der vorgestellten Studie vorgenommene Beschränkung auf subjektive Globalurteile unter Ausblendung objektiver Kriterien wird dem Untersuchungsziel nicht gerecht. Eine zuverlässige und aussagekräftige Bewertung, inwiefern es den Städten gelungen ist, Aufmerksamkeit zu erzeugen, die Stadt als Tourismusziel attraktiv(er) zu machen, zusätzliche Finanzmittel zu erwirtschaften oder Arbeitsplätze in den Städten und Regionen zu schaffen, ist nur unter Berücksichtigung (ergänzender) objektiver, ökonomischer Kriterien möglich. Dabei stellt sich im Folgenden die Frage, von wem bzw. von welcher Evaluationsinstanz diese Kriterien zu beurteilen sind.

3 Wahl der Evaluationsinstanz

Voeth et al. beschränken ihre Erhebung auf die Bewertung durch die eigene Bevölkerung der (WM-)Städte mit der Begründung, dass sich „[...] die WM-Aktivitäten der meisten Städte auch darauf konzentrierten, etwas für die eigene Bevölkerung zu erreichen oder das Image in den Augen der eigenen Bevölkerung zu verbessern [...]" (40). Diese Auffassung kann aus folgenden Gründen nur eingeschränkt geteilt werden:

1. Die Städte verfolgen – wie die Autoren selbst feststellen – im Kern eher „externe", d.h. auf die Ansprache von Touristen/Investoren gerichtete Ziele (42), bei denen *nicht* die eigene Bevölkerung im Mittelpunkt steht.

2. Es sind Zweifel angebracht, ob die „Betroffenen" selbst in der Lage sind, die (ökonomische) Wirkung der von (ihren eigenen) Städten ergriffenen Maßnahmen zuverlässig zu beurteilen.

Während sich der erste Einwand aus der Untersuchung selbst ergibt, geht der zweite Einwand auf folgende Überlegungen zurück:

- Die Verlagerung der Evaluierung auf eine programmexterne Instanz – hier die Bevölkerung – scheint auf den ersten Blick zwar plausibel, da die „Nutzer" bzw. Besucher der WM-Veranstaltungen die eigentlichen Experten sind, die den Gegenstand der Untersuchung aus eigener Erfahrung kennen gelernt haben (Kromrey 2001: 119). Allerdings gilt: Sie wissen nur, wie er bei ihnen wirkt. Sie wissen nicht, ob die Anstrengungen der Städte auch bei den Medien, bei nationalen und internationalen Touristen oder bei (ausländischen) Investoren die gewünschte Wirkung hinterlassen. Gerade sie sind aber die primären Zielgruppen der Städte.

- Weiterhin können durch die Befragung einer hinreichend großen Zahl von „Betroffenen" individuelle Abweichungen der einzelnen Urteilenden zwar relativiert werden, verlässliche Indikatoren erhält man jedoch oftmals nicht. Ermittelt wird auf diesem Wege vielmehr die Akzeptanz, auf die der beurteilte Sachverhalt bei den Befragten stößt (ebd.: 126f.).

- Darüber hinaus sei hier infrage gestellt, ob bei einer Gesamtstichprobe von n = 1770 bzw. n = 904 (41) überhaupt von einer hinreichend großen Zahl von Betroffenen (pro Stadt) gesprochen werden kann, wenn man bedenkt, dass die Befragung in insgesamt 51 Städten durchgeführt wurde. Auch repräsentative Aussagen pro Stadt sind daher nicht möglich.[5]

4 Bestimmung des Untersuchungszeitpunkts

Im Sinne einer summativen Evaluation[6] wurden die Befragungen zum Erfolg der Fußball-WM für Städte und Regionen von Voeth et al. nach Beendigung des Turniers durchgeführt (41). Der Zeitpunkt (Mitte Juli 2006, direkt nach der Fußball-WM) scheint jedoch verfrüht, um ein abschließendes Urteil abgeben zu können, zumal die Mehrzahl der von den Städten verfolgten Ziele einen langfristigen bzw. nachhaltigen Charakter zeigt und somit erst zu einem späteren Zeitpunkt evaluiert werden kann.

Ob sich bspw. das Städteimage verbessert oder die regionale Wirtschaft positiv entwickelt hat, wird sich bei einem derart frühen Untersuchungszeitpunkt – wenn überhaupt – nur in Tendenzen zeigen können. Dieser Einwand ist grundsätzlich sowohl für subjektive (1.) als auch objektive Bewertungen (2.) relevant.

1. Die Vermutung liegt nahe, dass die Befragten zum Zeitpunkt der Untersuchung noch unter dem unmittelbaren emotionalen Einfluss der WM standen und eine nüchtern-sachliche Bewertung bezweifelt werden darf.

2. Deutschlandweit hat die Fußball-WM rund 50.000 Stellen geschaffen (Bundesagentur für Arbeit 2006). Ergo: Zum Untersuchungszeitpunkt hätten die Städte – wenn auch in unterschiedlichem Maße – von der WM profitiert und damit eines ihrer Ziele erreicht. Doch wie viele der neu geschaffenen Stellen sind heute, in zwei (in drei) Jahren noch vorhanden? Die „Erfolgsbilanz" vom Juli 2006 stellt sich indes anders dar.[7]

---

[5] Zum Problem der Repräsentativität kleiner Samples vgl. Prein et al. (1994).

[6] Im Gegensatz zur formativen Evaluation, bei der regelmäßige Rückkopplungen in das Projekt vorgesehen sind, verzichtet die summative Evaluation bewusst auf projektbeeinflussende Effekte. Vielmehr gibt sie (ex post) ein zusammenfassendes Urteil ab (Kromrey 2001: 118).

[7] Ein nachhaltiger Arbeitsmarkteffekt der Fußball-WM wird von Experten bezweifelt. Einerseits ist in den ersten Wochen nach dem Turnier ein Großteil der Jobs wieder abgebaut wor-

Unbestritten ist es schwierig, einen optimalen Untersuchungszeitpunkt zu bestimmen, insbesondere dann, wenn nachhaltige Effekte zu bewerten sind.[8] Gleichwohl wären hier differenziertere Ergebnisse wünschenswert gewesen, die nicht den Eindruck eines abschließenden Urteils vermitteln.

5   Fazit

Ob die im Beitrag von Voeth et al. als „Gewinner" bzw. „Verlierer" der Fußball-WM 2006 identifizierten Städte tatsächlich als solche zu bezeichnen sind, ist aufgrund der dargestellten Kritik an der Studie anzuzweifeln. Zu verengt ist der Blickwinkel, was sowohl die der Untersuchung zugrunde liegenden Bewertungskriterien als auch die Gruppe der Befragten betrifft. Zudem scheint der Untersuchungszeitpunkt für ein abschließendes Urteil verfrüht.

Entscheidend für die gesellschaftliche und ökonomische Bedeutung der Fußball-WM für Städte und Regionen ist die Gesamtheit der sozio-ökonomischen Wirkungen, die sowohl politischer, sozialer, wirtschaftlicher, touristischer, ökologischer als auch sozialpsychischer Natur sein können (Kurscheidt 2004: 7).[9] Ziel der Städte und Regionen ist es, wenn auch mit unterschiedlichen Prioritäten und in unterschiedlichem Ausmaß, von diesen Wirkungen zu profitieren.

Ob – und in welchem Umfang – diese Ziele von den einzelnen Städten erreicht wurden und diese dadurch zu „Gewinnern" oder „Verlierern" werden, ist – aufgrund der multidimensionalen Wirkungen – analytisch teilweise nur schwer zu erfassen (Kurscheidt 2004: 8).

Will man den Beitrag von Voeth et al. in die vielseitigen Bemühungen um eine sozio-ökonomische Evaluation der Effekte der Fußball-WM 2006 einordnen, so mag es der Studie nur gelingen, lediglich Antworten auf einzelne – wenn auch interessante – psychologische Aspekte zu liefern. Mehr als eine Antwort darauf, wie die Bevölkerung den Auftritt der eigenen Stadt zur WM erlebt hat bzw. wie

---

den, andererseits – so die Einschätzung des Rheinisch-Westfälischen Instituts für Wirtschaftsforschung (RW) in Essen – seien selbst 50.000 neue Arbeitsplätze als Impuls zu gering, um über eine stärkere Kaufkraft und eine erhöhte Nachfrage zum Aufbau von Unternehmenskapazitäten und damit zur Schaffung neuer Arbeitsplätze zu gelangen (WDR 2006). Zu einer ebenso kritischen Einschätzung gelangt Reimers (2006: 30f.).

[8] Aufgrund der gebotenen Kürze dieses Kommentars sei für grundsätzliche und weiterführende Überlegungen zur Messung von Nachhaltigkeit an dieser Stelle beispielhaft auf einen Beitrag von Illge und Schwarze (2004) verwiesen.

[9] Zur Konkretisierung dieser (Nutzen-) Effekte sei beispielhaft auf die Arbeiten von Heyne und Süßmuth (2006) sowie Kurscheidt (2004) verwiesen.

groß der regionale Stolz ist, liefert die Untersuchung nicht. Hier pauschal von „Gewinnern" und „Verlieren" unter den Städten zu sprechen, wirkt vermessen.

Literatur

Bundesagentur für Arbeit (2006): *BA zieht positive Bilanz – Fußball-Ereignis schafft 50.000 Stellen.* Nürnberg: Presseinfo 048 vom 11. Juli 2006.

Deutsches Institut für Wirtschaftsforschung (2006): *Fußball-WM wird die Konjunktur in Deutschland nicht stimulieren.* Pressemitteilung des DIW vom 17. Mai 2006, http://www.diw.de/programme/jsp/presse.jsp?pcode=487&language=de.

Hellstern, Gerd-Michael/Wollmann, Helmut (1983): *Evaluationsforschung. Ansätze und Methoden.* Basel und Stuttgart (1983): Birkhäuser.

Heyne, Malte/Süßmuth, Bernd (2006): *Wie viel ist den Deutschen die Ausrichtung der Fifa-WM 2006 wert und warum? Eine repräsentative Studie auf Grundlage der Contingent-Valuation-Methode.* Bremen und München (2006).

Hickel, Rudolf (2006): *Die ökonomische Bedeutung der Fußballweltmeisterschaft 2006: Sportliche Werbung für Deutschland, jedoch ohne nachhaltige Belebung der Konjunktur.* Bremen (2006): Universität Bremen.

Hübener, Arend/Halberstadt, Rudolf (1976): *Erfolgskontrolle politischer Planung – Probleme und Ansätze in der Bundesrepublik Deutschland.* Göttingen (1976): Schwartz.

Illge, Lydia/Schwarze, Raimund (2004): Messung von Nachhaltigkeit. *Vierteljahreshefte zur Wirtschaftsforschung,* 73 (2004) 1, 5-9.

Kromrey, Helmut (2001): Evaluation – ein vielschichtiges Konzept. Begriff und Methodik von Evaluierung und Evaluationsforschung. *Sozialwissenschaften und Berufspraxis,* 24 (2001) 2, 105-131.

Kurscheidt, Markus (2004): *Erfassung und Bewertung der wirtschaftlichen Effekte der Fußball-WM 2006.* Berlin und Bochum (2004): Wegweiser, Universität Bochum.

Prein, Gerald et al. (1994): *Strategien zur Sicherung von Repräsentativität und Stichprobenvalidität bei kleinen Samples,* Arbeitspapier Nr. 18. Bremen (1994): Universität Bremen, Sonderforschungsbereich 186, Bereich Methoden und EDV.

Reimers, Philip (2006): Kaum direkte Impulse für die Wirtschaft durch Fußball-WM 2006. *Statistisches Monatsheft Baden-Württemberg,* 11 (2006). Stuttgart: Statistisches Landesamt Baden-Württemberg.

WDR (2006): *WM-Jobs: Nur ein Strohfeuer? Experten bezweifeln nachhaltige Wirkung,* www.wdr.de/themen/wirtschaft/3/wm/060712.jhtml. Zugriff am 12. Juli 2006.

Einflussnahme des Standortmarketings auf die Standortpolitik großer Firmen

Christian Deplewski[*]

1   Einleitung

Die vergangenen Jahre sind geprägt von massiven Änderungen der Randbedingungen für unternehmerische Standortentscheidungen. Die Erweiterung der EU ist aus unternehmerischer Sicht vor allem vor dem Hintergrund des Beitritts zahlreicher Niedriglohnländer von Bedeutung. Die weltweit ansteigende Migration, die sinkenden Transportkosten und der Wegfall nationalstaatlicher Schutzmechanismen, bspw. in Form von Zöllen, bedingen ein völlig neues Umfeld für die Standortwahl. Die örtlichen Bedingungen des betrieblichen Leistungsprozesses „Beschaffung – Produktion – Absatz" verlieren an Bedeutung. Mittlerweile sind alle Stoffe und Waren weltweit jederzeit und kostengleich verfügbar.

---

[*] Christian Deplewski leitet seit über 15 Jahren die Zentralabteilung *Corporate Real Estate and Facilities* der Bosch-Gruppe, unter deren Leitung und nach deren Planung jährlich rund 200.000 m² NGF Gebäudefläche in verschiedensten Teilen der Welt realisiert werden sowie über 1.000 Standorte mit über 10 Mio. m² NGF Gebäudefläche und über 50 Mio. m² Grundstücksfläche betreut werden. Nachfolgend integrierte Slides entstammen dem gleichnamigen Vortrag von Christian Deplewski, den er am 7. November 2006 im Rahmen der Vortragsreihe „Freiburger Anregungen zu Wirtschaft und Gesellschaft– Standortwettbewerb und Standortmarketing" in Freiburg hielt.

Vor dem Hintergrund dieser Veränderungen der Rahmenbedingungen für unternehmerische Standortentscheidungen gewinnen im Hinblick auf die Frage nach dem Einfluss des kommunalen Standortmarketings auf die Standortpolitik großer Firmen zahlreiche Fragen an Bedeutung. Zunächst sind eingangs folgende Fragen zu behandeln:

- Was bestimmt die Standortstrategie großer global agierender Firmen, insbesondere von Industrieunternehmen?

- Wer sind die Handelnden bei der Standortsuche in diesen Firmen?

- Wie ist das Vorgehen bei der Standortsuche?

Speziell im Hinblick auf die Frage nach einer sinnvollen Ausrichtung des kommunalen Standortmarketing gewinnen außerdem folgende Fragen an Bedeutung:

- Welchen Einfluss hat letztlich das kommunale Standortmarketing auf die Standortauswahl großer global tätiger Firmen?

- An welchen Orten muss die Firma wie aufgestellt sein, um sich am Markt zu behaupten?

2 Motive bei der unternehmerischen Standortwahl

Die skizzierten Veränderungen der weltwirtschaftlichen Bedingungen haben zur Folge, dass fast jeder (Teil-)Prozessschritt isoliert erbracht werden und ohne wirtschaftlichen Nachteil – oft sogar mit Kostenvorteilen – überall stattfinden kann. Für die unternehmerische Standortpolitik bedingt diese Situation umfangreiche neue Handlungsräume. Als Motive für eine Veränderung der Aufstellung für Standortveränderungen von Firmen gelten dabei:

- *Kostenmotive*
  Produktionskosten und Arbeitskosten sind Faktoren für eine kostenorientierte Standortentscheidung. Die Unternehmen nutzen die global verfügbaren Standortoptionen, um insbesondere bei diesen Faktoren Kosten einzusparen.

- *Marktmotive*
  Das Marktmotiv resultiert aus dem Ziel, neue Märkte zu erschließen oder vorhandene Märkte besser und schneller zu bedienen, da viele Produkte ohne deren Fertigung vor Ort den Erfordernissen im Zielland nicht gerecht werden.

- *Innovationsmotive*
  Durch Innovationen sollen die Erfolgspotenziale langfristig verbessert und die Wettbewerbsfähigkeit gesteigert werden. In hoch entwickelten Volkswirtschaften gewinnt das Innovationsmotiv zunehmend an Bedeutung, da die dort hohen Arbeitskosten nur noch bei anspruchsvollen Produktionen rentabel sind.

- *Kapazitätsmotive*
  Beim Kapazitätsmotiv handelt es sich um die Notwendigkeit, an einem neuen Standort zusätzliche Kapazitäten zu schaffen. Dies setzt voraus, dass der Stammbetrieb seine produktionsoptimale Betriebsgröße schon erreicht hat oder die Limitierung von Arbeitskräften und/oder Gewerbeflächen einer notwendigen Erweiterung am bestehenden Standort entgegenstehen.

In jedem Falle gilt, das Ziel einer erfolgreichen Standortstrategie ist die rechtzeitige Bereitstellung der richtigen Fläche am richtigen Ort zur Erreichung der Firmenziele. Für Industrieunternehmen bedeutet dies, dass Flächen

- der geforderten Qualität (Art, Nutzung, Versorgung)

- in ausreichender Menge (angemessene Quantität und Flexibilität)

- zum erforderlichen Zeitpunkt, der meist durch den Produktionsstart (Start of Production – SPO) bestimmt wird, kann später sehr teuer sein

- am nachgefragten Standort (Triade, z.B. Kunden, Zulieferer, MA-Potential)

- im unteren Preissegment

geschaffen und bereitgestellt werden müssen.

3 Unternehmerisches Vorgehen bei der Standortsuche

Die Wichtigkeit für das rechtzeitige Bereitstellen der richtigen Fläche in der beschriebenen Form wurde in den großen international tätigen Firmen seit Mitte der Neunziger Jahre mehr und mehr erkannt und die Verantwortung in Real Estate-Abteilungen zusammengefasst. Die Erfahrung, dass Prozesse insbesondere dann zweckmäßig gestaltet und erfolgreich abgewickelt werden können, wenn die Zuständigkeit für einzelne Prozessschritte nicht aufgeteilt, sondern die Verantwortlichkeit für den Gesamtprozess an einer Stelle konzentriert wird, gilt auch für das Corporate-Real-Estate-Management (CREM).

Der Corporate-Real-Estate-Prozess bei Industrieunternehmen besteht in der Regel aus vier Schritten, die im Folgenden ausführlich skizziert werden (Abb. 1).

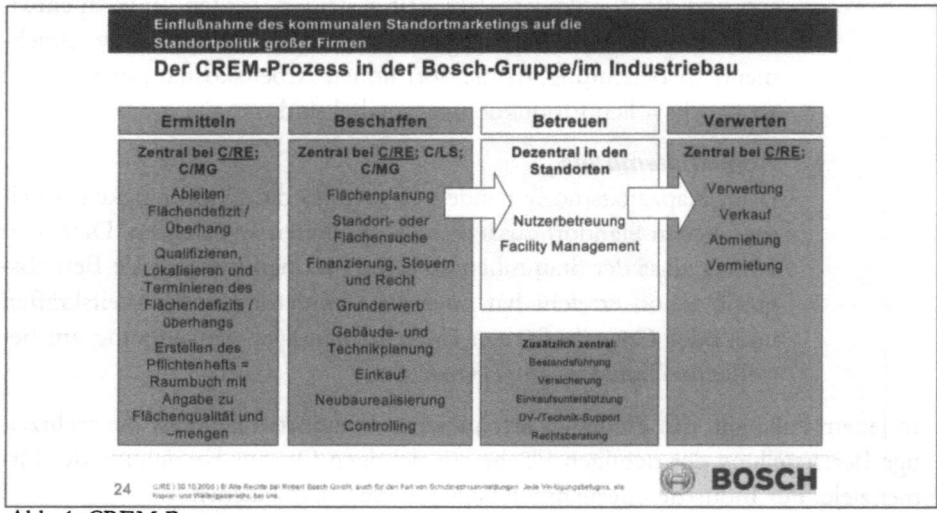

Abb. 1: CREM-Prozess

Vor allem der erste Prozessschritt, das rechtzeitige „Ermitteln", ist ein entscheidender Erfolgsfaktor im CREM für Industrieunternehmen. In diesem Schritt gilt es, zwei bis drei Jahre im Voraus mit hoher Zielgenauigkeit abzuleiten, welche Fläche in welcher Qualität und Menge, wann und wo erforderlich ist, damit genügend Zeit bleibt, diese zu beschaffen. Je verlässlicher und nachhaltiger wertorientiert ein Unternehmen geführt wird, umso vorausschauender kann in dieser Phase gearbeitet werden. Bei kurzfristigem Ertragsdenken ist die Vorausplanung unstetig und schwieriger (Abb. 2).

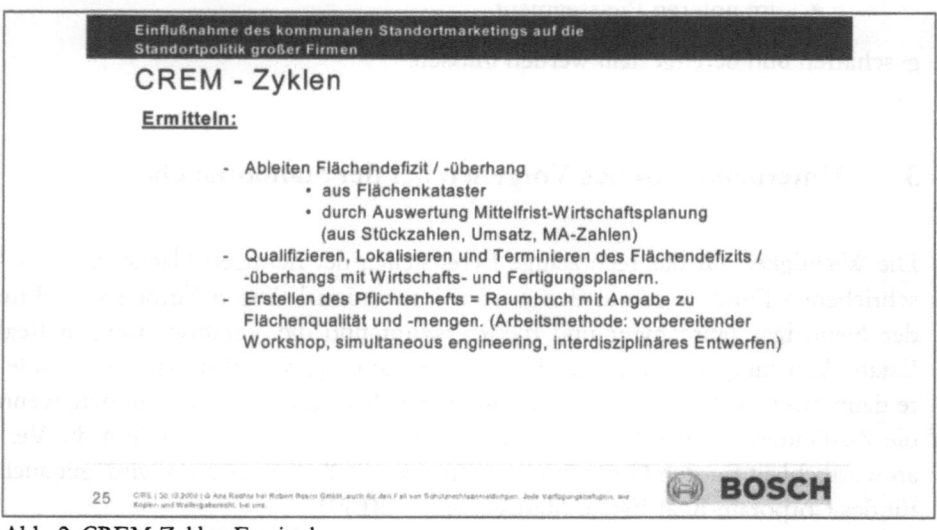

Abb. 2: CREM-Zyklen Ermitteln

Der Gesamtprozess beinhaltet neben dem „Ermitteln" auch den Teilschritt „Beschaffen", der sich durch folgende Tätigkeiten auszeichnet (Abb. 3):

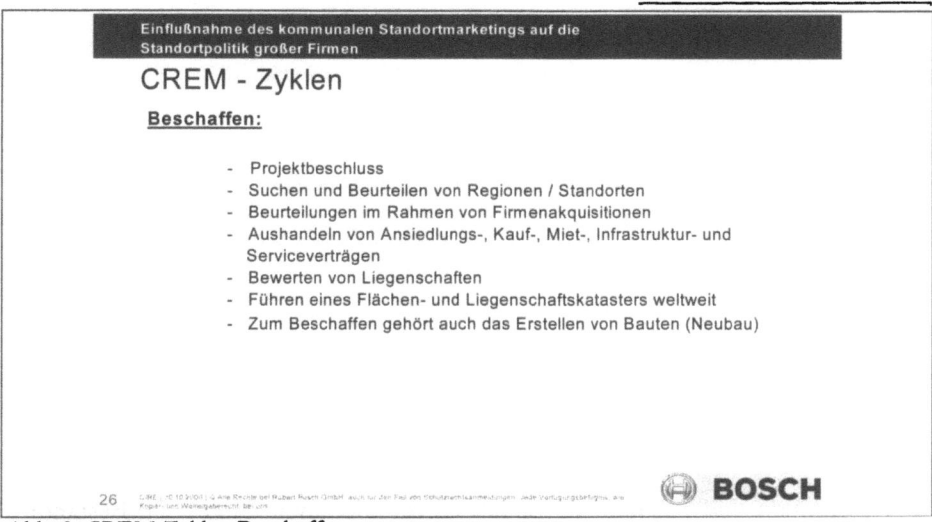

Abb. 3: CREM-Zyklen Beschaffen

Außerdem sind in einem dritten Teilschritt die (zentral zu erbringenden) Leistungen zu betreuen. Hier sind folgende Aufgaben zu erfüllen (Abb. 4):

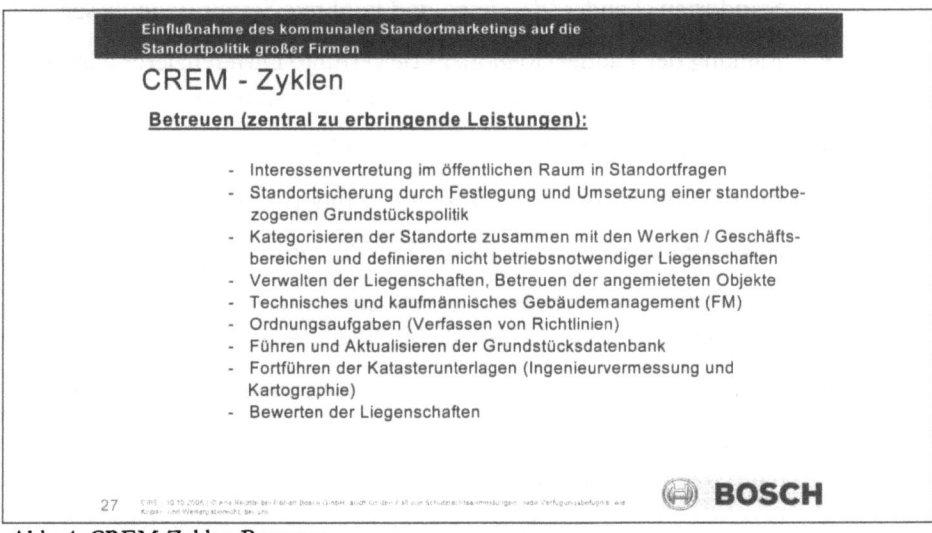

Abb. 4: CREM-Zyklen Betreuen

In einem letzten Prozessschritt sind die entsprechenden Liegenschaften zu verwerten. Dieser bedingt folgende Aufgabenbereiche (Abb. 5).

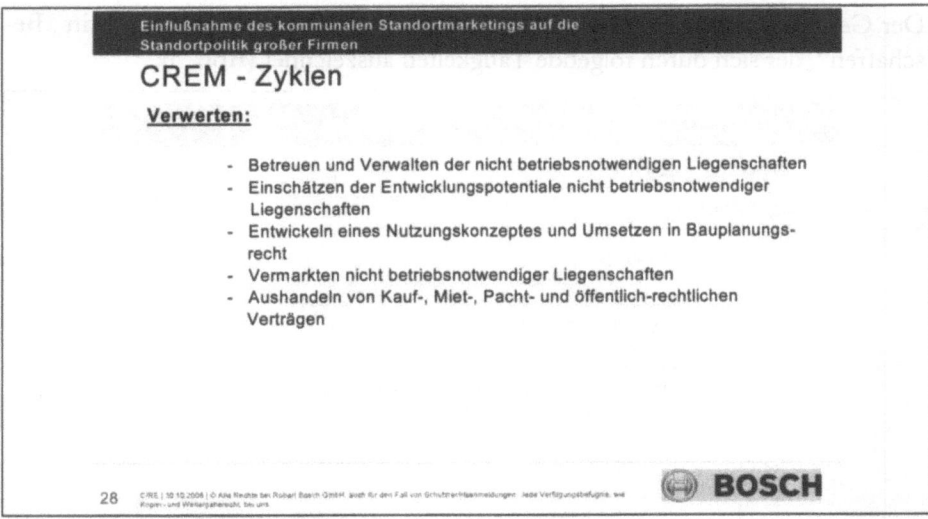

Abb. 5: CREM-Zyklen Verwerten

Die Definition und Suche neuer Standorte ist, wie zuvor dargestellt, Bestandteil des wichtigen ersten Prozessschrittes. Als wichtige Grundlagenarbeit vor Standortsuche sind zu erledigen:

- Vereinbarung einheitlicher Bewertungskriterien für die Auswahl von Standorten (Länder/Regionen und konkrete Standorte in diesen)

- Ranking der Länder/Regionen; Bewertung/Differenzierung im Vergleich zu vorhandenen Firmen, Standorten; jährliche Aktualisierung

- Differenzierung der Eignung zwischen F&E sowie Fertigung

- Beurteilung der Nachhaltigkeit von Standortvorteilen

- Aufzeigen der für unterschiedliche Nutzungen geeigneter Standorte

- Aufzeigen abweichender Rahmenbedingungen bzgl. Grunderwerb, Ansiedlungsverträge, Arbeitsrecht, Steuergesetze, Fördermittel etc.

Als Arbeitsschritte bei Suche/Beschaffung neuer Standorte sind abzuarbeiten:

- Regelmäßige Bewertung von Industrie-Standorten nach vereinbarten Kriterien (vergleichbar Studie OEU)

- Erstellung des Lastenheftes für neue Standorte unter Berücksichtigung der geplanten Erzeugnisse, Fertigungstiefe, Logistik, Personalbedarf, MA-Profile, Zuliefer- und Dienstleistungsunternehmen, Wirtschaftlichkeit, Eckterminen, Zukunftsfähigkeit, Erweiterbarkeit

- Erstellung einer Projektrechnung/Bewertung der Chancen/Risiken

- Prüfung eigener, in dieser Region vorhandener Standorte hinsichtlich Eignung für die gesuchte Fertigung/Entwicklung, Leistungsfähigkeit, Wirtschaftlichkeit, Markt-, Kunden- und Zulieferernähe

- Feststellung des Erfordernisses neuer Standorte aufgrund von Wachstum, Flächenbedarf oder wegen Änderung der Umsatzverteilung, der Märkte, des Wettbewerbs oder der Kundenanforderungen

- Ausarbeitung von Lösungs- und Entwurfsvarianten unter Berücksichtigung des Gesamtaufwands (Bau, Umzug, Hochlauf, Remanenzen) und der laufenden Kosten (Personal, Betrieb, Logistik, Zölle, Steuern), Fördermittel

- Beantragung der Fördermittel zur Unterstützung der geplanten Ansiedlung (Arbeitsplätze, Infrastruktur, Investitionen, MAE, Steuern)

- Grundstückssuche anhand vereinbarter Kriterien, Vergleich von Alternativen in der ermittelten Region

- Vorabstimmung bzw. Einholung der internen und externen Genehmigungen einschließlich Erstellung und Abstimmung des Standortentwicklungsplanes

- Abschluss des Ansiedlungsvertrages zur Absicherung der Standortauswahl hinsichtlich Grunderwerb, Planungsrecht, Erschließung, lokalem Steuerrecht und sonstigen Förderungen

Die Kriterien einschließlich eines erprobten Gewichtungsfaktors für die Bewertung geeigneter Standorte und für die Grundstücksauswahl sind:

- Logistik, Entfernung, Wegezeiten	20 %
- Arbeitsmarkt, Qualifikation, Bevölkerung	23 %
- Industrielles Umfeld, firmeneigene Strukturen im Umfeld	9 %
- Politische und wirtschaftliche Rahmenbedingungen	16 %
- Wirtschaftlichkeit	18 %
- Ver- und Entsorgung Grundstück, Umweltschutz	9 %
- Lebensbedingungen für Vertragsangestellte	5 %

4 Fallbeispiel: Standortsuche für ein Entwicklungszentrum in Deutschland

Der theoretisch beschriebene Prozess der Standortsuche wird im Folgenden anhand eines konkreten Beispiels veranschaulicht. Es handelt sich um eine

Standortsuche für ein Entwicklungszentrum im süddeutschen Raum. Wie die theoretischen Ausführungen bereits deutlich machten, ist zunächst ein Anforderungsprofil an den zu ermittelnden Standort zu erstellen (Abb. 6 und 7).

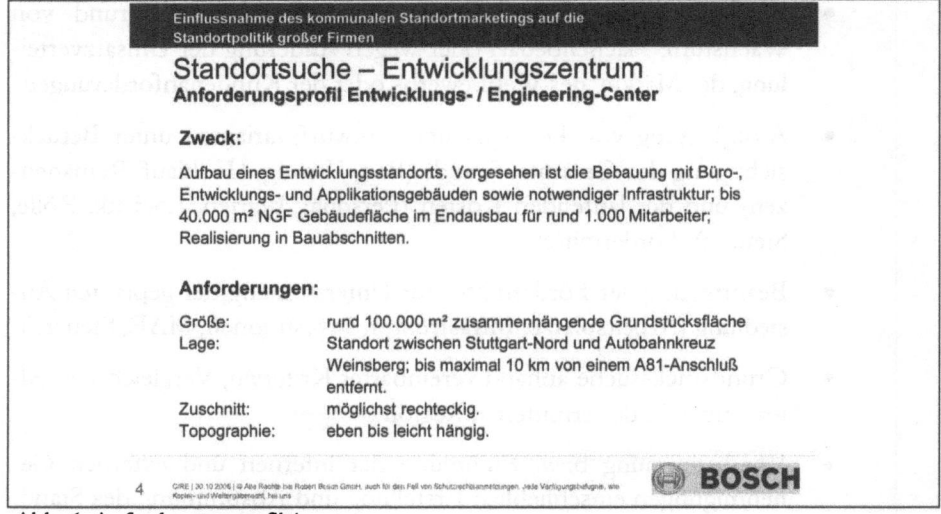

Abb. 6: Anforderungsprofil 1

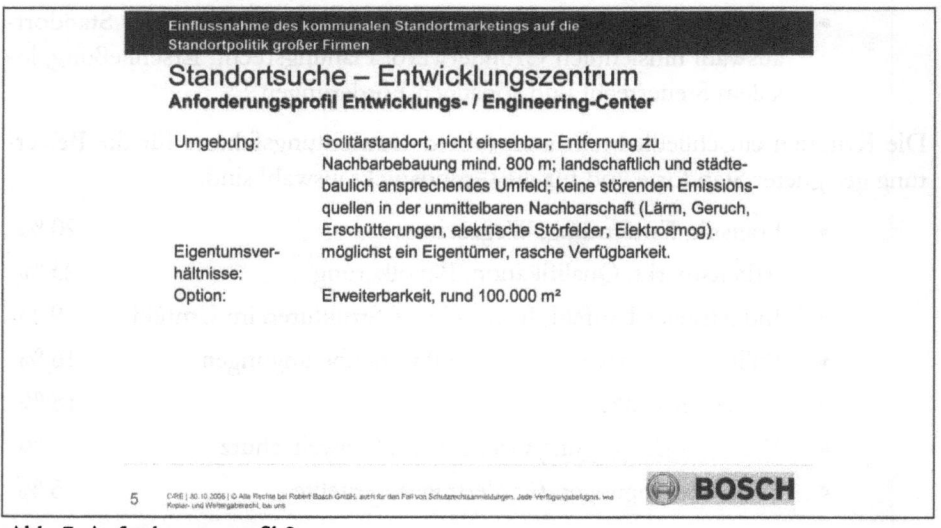

Abb. 7: Anforderungsprofil 2

Die auf Basis der Anforderungsprofile zu erstellende Entscheidungsmatrix bildet den Ausgangspunkt für die Klassifizierung der auszuwählenden Standorte (Abb. 8 und 9).

Einflussnahme des kommunalen Standortmarketings auf die Standortpolitik großer Firmen

Standortsuche – Entwicklungszentrum

Entscheidungsmatrix – Auszug aus Si

Leitlinie:	Alt.1	Alt.2	Alt.3	Alt.4	Alt.5	Alt.6
Prozeßkette durchgängig ohne Unterbrechung, optimaler SE-Prozeß incl. Vertrieb	++	0	++	0	- -	+
GB an einem Standort und möglichst räumlich konzentriert	++	+	++	+	-	+
GB-übergreifende Themen berücksichtigen (z.B. Cartronic)	-	0	-	-	0	0
Summe:	3	1	3	0	-3	2

Bewertet wurde Auswirkung auf RB relativ zum heutigen Stand

2 BOSCH

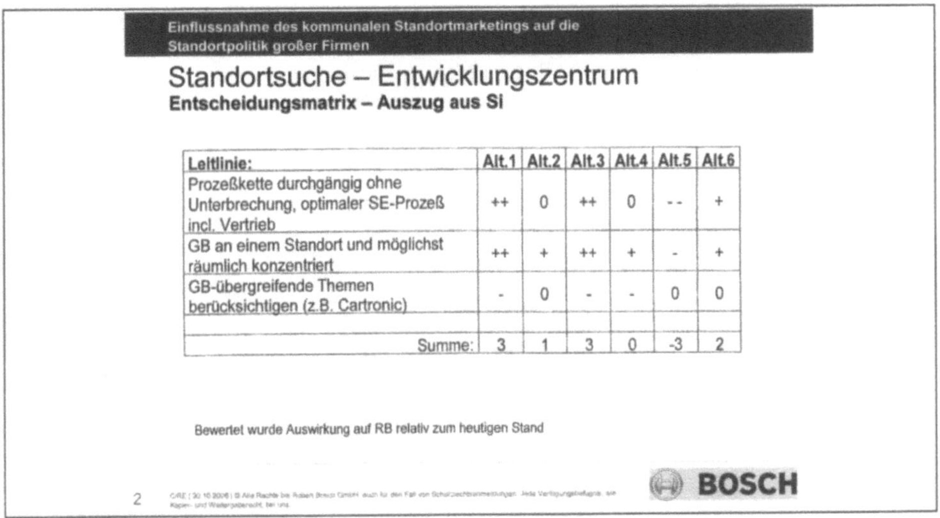

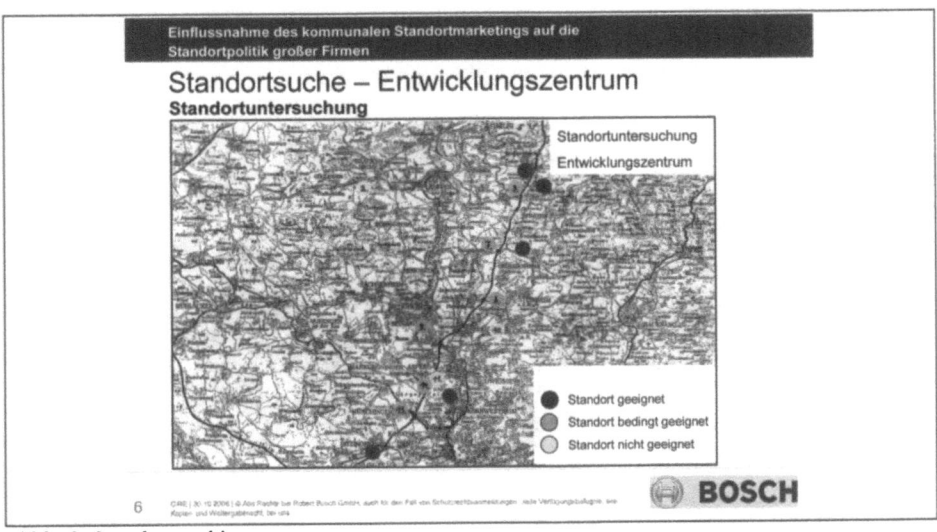

Abb. 8: Entscheidungsmatrix

Abb. 9: Standortranking

Die bei diesem Standortranking als „geeignet" eingestuften Standorte werden in einem zweiten Schritt einer detaillierten Analyse und Bewertungsphase unterworfen. Dieser Prozess wird im Folgenden beispielhaft für einen Standort nahe Heilbronn veranschaulicht. Neben der Entfernung zu den Hauptkunden (Abb. 10) sind vor allem die infrastrukturelle Verkehrsanbindung (Abb. 11), die Wettbewerbsituation auf den Märkten für die gesuchten Arbeitskräfte (Abb. 12) sowie die Distanz zu spezifischen Ausbildungsstätten (Abb. 13) für die Gesamtbewertung des jeweiligen Standortes Ausschlag gebend.

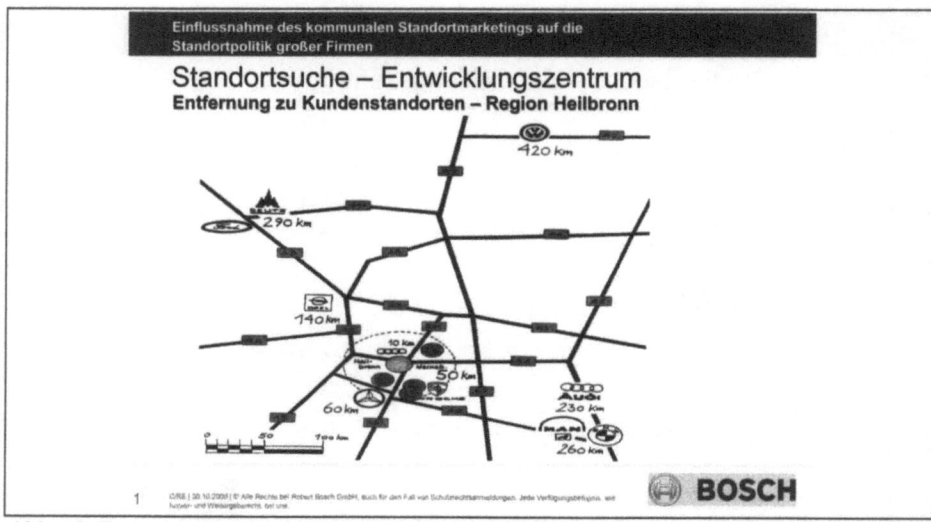

Abb. 10: Bewertungskriterium 1: Entfernung zu den Kundenstandorten

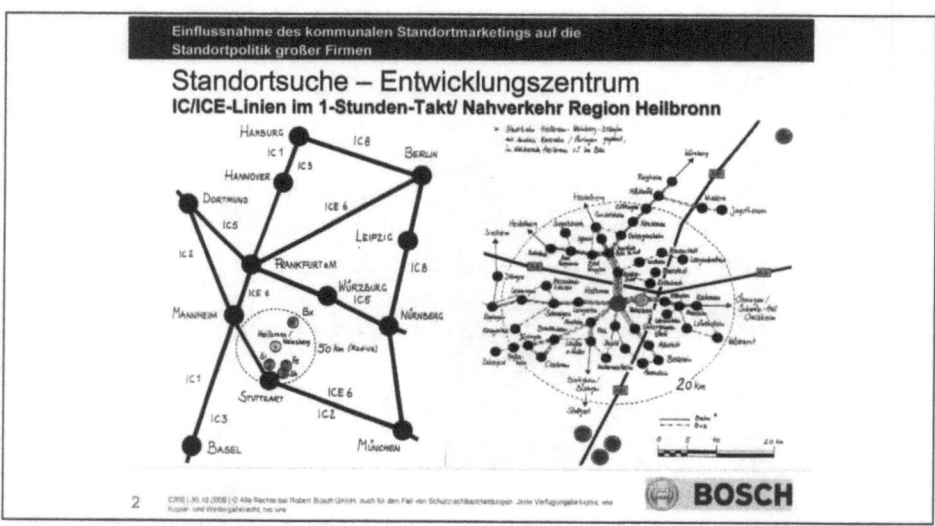

Abb. 11: Bewertungskriterium 2: Zuganbindung des Standortes

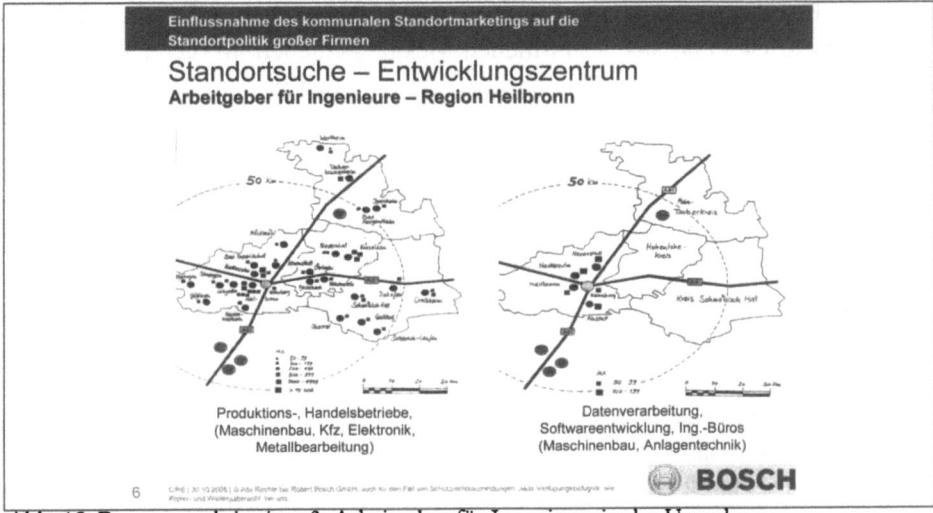

Abb. 12: Bewertungskriterium 3: Arbeitgeber für Ingenieure in der Umgebung

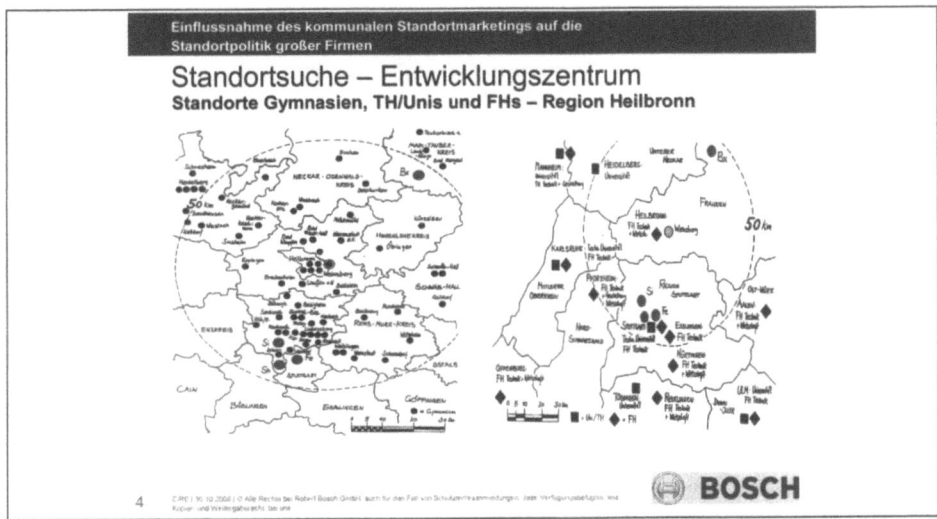

Abb. 13: Bewertungskriterium 4: Distanz zu spezifischen Ausbildungsstätten

Im letzten Kapitel wird nachfolgend kurz auf den Einfluss des kommunalen Standortmarketings auf die unternehmerischen Standortentscheidungen eingegangen.

5 Einfluss des kommunalen Standortmarketings

Betrachtet man noch einmal den gesamten Vorgang der Standortsuche, wird deutlich, dass alle frühen Teilschritte in der Phase 1, und zwar die Ermittlung:

„welche Flächenqualität in welcher Menge zu welchem Zeitpunkt" sich allein aus den Firmenzielen und aus der Firmenentwicklung ergeben. In dieser Phase spielt das kommunale Standortmarketing keine Rolle. Auch in dem darauf folgenden Teilschritt, der Ermittlung des richtigen Standortes, geht es mehr um wirtschaftliche und politische Attraktion, um Arbeitskosten, Rechtssicherheit, Zölle, Steuern, Fördermittel; um die Erreichbarkeit dieser Region, Logistikkosten; Markt-Kunden- und Zulieferernähe. Dies spielt sich alles auf der Ebene der Staats- oder Länderpolitik ab, wo das kommunale Standortmarketing noch nicht greift.

Erst bei der Grundstücksauswahl innerhalb einer Region kommt kommunales Standortmarketing zum Tragen, allerdings nicht mit den allgemein bekannten Werkzeugen wie Werbeanzeigen, Hochglanzprospekte, Messeauftritte usw., sondern mit qualifizierter fachlicher Beratung betreffend alle Punkte der vor abgedruckten Kriterienliste. Für als Massendrucksache anonym zugesandtes Werbematerial zum Standortmarketing besteht nach unserer Erfahrung bei großen Firmen keine Verwendung.

Einflussnahme des Standortmarketings auf die Standortpolitik großer Firmen – Korreferat zu Christian Deplewski

1 Einleitung

Deplewski hat sich der Frage einer möglichen Einflussnahme des kommunalen Standortmarketings auf die Standortpolitik großer Industrieunternehmen am Beispiel der Robert Bosch GmbH angenommen – eine in der Regionalökonomie und in der benachbarten Betriebswirtschaftslehre überaus aktuelle Thematik.

Der wohl wichtigste Grund für Standort- bzw. Citymarketing ist der verschärfte – zunehmend global geführte – Wettbewerb zwischen Städten und Regionen als Wirtschafts- und Wohnstandort, bei dem neben der materiellen Infrastruktur die Wohn-, Umwelt- und die Freizeitqualität sowie das Ambiente, das Image oder lokale Besonderheiten des Standortes und der Region verstärkt von Bedeutung sind. Das Standortmarketing ist damit ein wichtiges Instrument der lokalen und regionalen Wirtschaftsförderung, die sich heute angesichts des globalen Standortwettbewerbs um die wenigen Neuansiedlungen stärker auf die Bestandspflege und die Mobilisierung endogener Entwicklungspotenziale konzentriert.

---

[*] Ernst-Jürgen Schröder ist Professor am Institut für Kulturgeographie der Albert-Ludwigs-Universität Freiburg im Breisgau.

Deplewski nennt eingangs folgende vier Grundsätze bei der unternehmerischen Standortpolitik, die für jedes industrielle Großunternehmen gelten: Kosten-, Markt-, Innovations- und Kapazitätsmotive (56f.)[1]. In Deutschland dürften bei Standortveränderungen die beiden letztgenannten Gründe im Vordergrund stehen, wenn sich am bestehenden Standort keine produktionsnotwendigen Erweiterungen oder wettbewerbssteigernden Innovationen umsetzen lassen, während solche aus Kostengründen oder zur Markterschließung allenfalls mit der Gewährung von Subventionen und der Erschließung des osteuropäischen Marktes in den neuen Bundesländern eine Rolle spielen dürften. Diese Kernaufgabe „des rechtzeitigen Bestellens der richtigen Fläche" obliegt seit Mitte der 90er Jahre in sämtlichen großen internationalen Firmen dem zu diesem Zweck eingerichteten so genannten „Corporate-Real-Estate-Management (CREM)" (58), dem wichtigsten Adressaten erfolgreicher kommunaler Wirtschaftspolitik.

2 Essentials eines erfolgreichen Standortmarketings

Ergänzend sei zunächst auf Begriff und Grundsätze eines erfolgreichen Standortmarketings hingewiesen. Standortmarketing bedeutet die Ausweitung des Marketingbegriffs von Profit-Organisationen – und hierbei zunächst auf die Vermarktung unternehmerischer Produkte und Dienstleistungen beschränkt – auch auf Non-Profit-Organisationen wie staatliche, kulturelle und soziale Institutionen („Marketing-Broadening"), die ebenso wie klassische Dienstleistungsunternehmen im Wettbewerb um den Kunden stehen (Strittmatter 2002: 18). Entsprechend ist das mehrstufige Modell einer Marketingkonzeption auf den lokalen und regionalen Wirtschaftsstandort zu übertragen (ebd.: 32ff.):

1. Situationsanalyse der regionalen Wettbewerbsposition im Sinne eines Stärken- und Schwächenprofils

2. Formulierung eines operativen Zielsystems zur Umsetzung des festgelegten Leitbildes (Corporate Identity)

3. Strategienfindung als mittel- bis langfristig zielgerichteter Handlungsrahmen

4. Maßnahmen und Implementierung/Umsetzung des Standortmarketings einschließlich Organisationsoptionen

5. Erfolgskontrolle bzw. Marketing-Controlling

---

[1] Zitate oder Verweise ohne Angaben des Erscheinungsjahres beziehen sich auf den Beitrag in diesem Band. Statistische Zahlen entstammen der Regionaldatenbank des Statistischen Landesamtes Baden-Württemberg und persönlichen Erhebungen.

Die auf Stufe 4 im Mittelpunkt stehenden klassischen Instrumente des Marketing-Mix (Produkt-, Preis-, Distributions- und Kommunikationspolitik) werden auf das Standortmarketing angepasst im Sinne einer kommunalen Standort-, Akquisitions- und Kommunikationspolitik. Will im Sinne einer auf global agierende Industrieunternehmen als Investoren ausgerichteten Kundenpolitik heißen, für diese zur Erreichung ihrer Firmenziele ausreichende Flächen der gewünschten Qualität rechtzeitig zu angemessenen Preisen bereitzustellen oder zu schaffen und dies unter der Prämisse eines zunehmend national und international verschärften Wettbewerbs (59). Dennoch reduziert sich das Standort- oder Citymarketing nicht auf eine reine Flächenpolitik, sondern ist vielmehr im Sinne des aufgezeigten Aufgabenspektrums breit angelegt. Überhaupt verlagert sich in entwickelten Volkswirtschaften der Schwerpunkt des Standort- oder Citymarketing von den harten Standortanforderungen eher auf die weichen im Sinne der „Wohlfühlstadt" mit leistungsfähigen Bildungs- und Kultureinrichtungen wie attraktiven Einkaufs- und Wohnzentren (Kirchhoff/Müller-Godeffroy 1991: 23ff.). Hierzu gehört auch heute die Schaffung eines „kreativen Milieus" für Produkt- und Prozessinnovationen, denn nur innovative und gründerfreundliche Regionen können die Herausforderungen des beschleunigten Strukturwandels im Rahmen der Globalisierung bewältigen und neue Wachstums- und Beschäftigungsfelder erschließen (Eichhorn/Schröder 2001: 27).

3 Belege für effizientes Standortmarketing in Baden-Württemberg

Deplewski skizziert zunächst die vier Schritte eines erfolgreich verlaufenden CREM-Prozesses bei der unternehmerischen Standortfindung, an dessen erster Stelle das rechtzeitige *Ermitteln* des Flächenbedarfs und dies zwei bis drei Jahre im Voraus steht (58). Es folgt die Phase der *Beschaffung*, der Standort- und Flächensuche und hier sind kommunales Standortmarketing und Wirtschaftsförderung gefordert. Kriterien der vergleichenden Standortbewertung sind für Bosch der Arbeitsmarkt (23%), die Verkehrsanbindung (20%), eine wirtschaftliche Produktion (18%), die politischen Rahmenbedingungen (16%), das industrielle Umfeld (9%), Ver- und Entsorgung (9%) und das Lebensumfeld für die Mitarbeiter (5%) (61). Die beiden letzten Stufen der *Betreuung* und *Bewertung* umfassen im Wesentlichen Facility-Management und den Verkauf und die Vermietung nicht betriebsnotwendiger Liegenschaften. Im weiteren konkretisiert Deplewski den bislang theoretisch beschriebenen Prozess der Standortsuche an zwei jüngeren Ansiedlungen der Robert Bosch GmbH in Baden-Württemberg, an denen er als Direktor des Liegenschaftsmanagements federführend mitgewirkt hat und den Standortgemeinden erfolgreiches Standortmarketing bescheinigen konnte.

Zum einem handelt es sich um die Gemeinde Abstatt (2006: 4.503 Einwohner (EW)) nahe Heilbronn, der 2004 die Ansiedlung eines neuen Bosch-Entwicklungszentrums für Kraftfahrzeugtechnik mit im Endausbau 2.000 Mitarbeitern auf einem 27 ha großen Grundstück gelungen ist (Abb. 1). Diese rund 200 Mio. € umfassende Investition ist ein klares Bekenntnis zum Forschungs- und Entwicklungs- wie High-Tech-Standort Baden-Württemberg. Trotz unübersehbarer Schwächen im deutschen Steuersystem und Überregulierungen auf dem Arbeitsmarkt ist sich Bosch wie andere in- und ausländische Großunternehmen der Stärken des „Inshoring"-Standortes Deutschland bewusst, die in der hohen Qualität der Arbeitskräfte und der Infrastruktur, in der Verfügbarkeit von Vor- und Zwischenprodukten und in der geographisch zentralen Lage in der zunehmend globalen Vernetzung, insbesondere im Hinblick auf die Erschließung der Märkte Osteuropas liegen. Standortentscheidend für die Wahl des Mikrostandortes Abstatt waren letztendlich die Größe des solitär gelegenen, immissionsfreien und jederzeit erweiterbaren Grundstückes und der Anschluss an die A 81 Stuttgart-Weinsberger Kreuz unter den Kriterien der reibungslosen Personalrekrutierung und der Nähe zu den Kunden im Stuttgarter Raum sowie zur eigenen Teststrecke bei Boxberg. Diese entstand übrigens jüngst (neben der von Forchheim nach Boxberg verlegten Landesanstalt für Schweinezucht) auf dem Gelände, auf dem vor zwanzig Jahren ein von der damaligen Daimler-Benz AG geplante Teststrecke an den Anwohnerprotesten gescheitert war.

Abb. 1: Bosch-Entwicklungszentrum in Abstatt   Foto: Robert Bosch GmbH

Zweites Beispiel ist die Stadt Reutlingen (2006: 112.431 EW), wo die Robert Bosch GmbH im Frühjahr 2007 binnen von nur zwei Monaten die Genehmigung für ein neues Halbleiterwerk und ein Messzentrum im Gesamtumfang von 600 Mio. € auf seinem Stammareal in der Tübinger Strasse erhielt (Abb. 2). Dort stehen auch noch die gründerzeitlichen Bauten des einst größten Textilunternehmens der Stadt, der Ulrich Gminder GmbH, die 1964 von der Robert Bosch GmbH übernommen wurde. Dies markiert auch den Beginn der zentralen Ansiedlung des Geschäftsbereich der Automobilelektronik der Bosch Gruppe mit heute 6.400 Beschäftigten in Reutlingen, der den Niedergang der einstigen Hochburg der Textilindustrie und des (Textil-)Maschinenbaus und den damit verbunden Rückgang der sozialversicherungspflichtig Industriebeschäftigten von 28.973 (1974) auf 18.677 (2006) entscheidend abgefedert hat. Noch um 1954 waren über 10.000 Menschen allein in der Textilindustrie beschäftigt (Baden-Württemberg: 164.000), 2006 sind es weniger als 500 (Baden-Württemberg ca. 30.000). Die Stadtverwaltung ihrerseits hat diesen einschneidenden Strukturwandel vorausschauend aktiv begleitet und konnte durch Neuansiedlungen vor allem im tertiären Sektor die Zahl der Gesamtbeschäftigten sogar von 46.239 (1974) auf 47.281 (2006) steigern. Entscheidend war hierbei die bereits 1976 erfolgte Ausweisung des 185 ha großen interkommunalen Industriegebietes „Reutlingen-West/Kusterdingen" (des ersten in Baden-Württemberg überhaupt), in dem insgesamt 6.000 neue Arbeitsplätze (u.a. in einem Zweigwerk der Robert-Bosch GmbH und einem Ersatzteillager von Daimler Chrysler) entstanden sind. Ohne diese Gewerbefläche in Verbindung mit einem erfolgreichen Standortmarketing wäre der Strukturwandel nicht zu bewältigen gewesen.

Abb. 2: Bosch-Standort in Reutlingen   Foto: Manfred Grohe

Zum Abschluss soll noch ergänzend ein Beispiel einer missglückten Großansied-
lung aus der Nachbarsstadt Tübingen (2006: 83.740 EW), die zwar als alte Uni-
versitäts- und begehrte Wohnstadt am Rande der Europäischen Metropolregion
Stuttgart einen in Sachen weicher Standortfaktoren bestens ausgestatten Wirtschaftsstandort darstellt, aber dennoch mit einem gewerbefeindlichen Image
aufgrund der besonderen Sozialstruktur der akademischen Bevölkerung behaftet
ist, aufgezeigt werden. Auch Deplewski bezeichnet Tübingen als einen für Bosch
höchst attraktiven Wirtschaftsstandort und dies nicht nur angesichts der besonderen Beziehungen der Robert Bosch GmbH zu Tübingen, als hier die Bosch-
Tochter Paula mit dem Kunstmaler Georg Zundel (in erster Ehe mit der Sozia-
listin Clara Zetkin verheiratet) auf dem von ihm erbauten „Berghof" (als Land-
gut, Atelier sowie späterer Brutstätte mehrerer Stiftungen zur Konfliktforschung
und Völkerverständigung) lebte.

In Tübingen, dessen Beschäftigtenzahl sich durch die von jeher starke Dienstleis-
tungsorientierung von 30.207 (1974) auf 36.015 (2006) erhöhte, beabsichtigte der
Pharmakonzern Boehringer Ingelheim auf dem Gelände der ehemaligen Bundes-
forschungsanstalt für Viruskrankheiten der Tiere ein Forschungszentrum für
Impfstoffe in unmittelbarer Nachbarschaft zu dem seit 2003 dort bestehenden
Technologiepark Tübingen-Reutlingen zu errichten (Abb. 3).

Abb. 3: Technologiepark Tübingen-Reutlingen in Tübingen   Foto: Manfred Grohe

Investor und Betreiber dieses ebenfalls interkommunalen Technologieparks mit
den Standorten Tübingen (Biotechnologie) und Reutlingen (Hochtechnologie)
mit zur Zeit zusammen 260 Arbeitsplätzen ist die Landeskreditbank Baden-
Württemberg. Das biotechnologische Gründerzentrum in Tübingen mit 8.600

qm vermietbarer Fläche (durch die 1999 gegründete Technologieförderung Tübingen-Reutlingen GmbH als Generalmieterin und damit Risikoträgerin) und dazu gehörendem Areal von ca. 7 ha auf der „Oberen Viehweide" für Erweiterungen liegt im Bereich der Max-Planck-Institute und in unmittelbarer Nähe zur Universität. Als hochschulnahes Unternehmen hätte Boehringer Ingelheim bestens in dieses kreative Umfeld mit geplantem Stadtbahnanschluss gepasst und einen Magneten für den Wirtschaftsstandort Tübingen bedeutet wie ideal die Wirtschaftsstruktur ergänzt. Bedauerlicherweise zog das Unternehmen Ende 2006 sein Ansiedlungsvorhaben vor dem Hintergrund sich abzeichnender Proteste einer gegenüber Pharmaunternehmen hochsensiblen Bürgerschaft zurück, was bei einer frühzeitigen konzertierten Aktion aller mit der Wirtschaftsförderung befassten Akteure möglicherweise zu verhindern gewesen wäre.

4   Fazit

Nicht nur größere Städte, sondern auch Kleinstädte sehen sich zunehmend einem Standortwettbewerb um Investitionen, Arbeitsplätze, Touristen, Kaufkraftzuflüsse, Bevölkerung und Fördermittel ausgeliefert. Gerade bei der Standortprofilierung um Großinvestoren spielen Vermarktungsaktivitäten im Sinne eines professionellen Standortmarketings eine große Rolle. Die Region als räumliche Mesoebene unterhalb von Nationalstaat und Bundesländern ist hierbei der ideale Akteur, als einzelne Städte und Kreise im globalen Standortwettbewerb immer weniger die unternehmerischen Standortanforderungen erfüllen können und über eine zu geringe Leistungskraft und Außenwirkung im Sinne einer unverwechselbaren eigenen Identität (Corporate Identity) verfügen.

Literatur

Eichhorn, Peter/Schröder, Ernst-Jürgen (2001): Der Förderauftrag von Sparkassen angesichts globaler Wirtschaftsentwicklung, in: Peter Eichhorn/Ulrich Kirchhoff (Hrsg.): *Öffentliche Banken, Zeitschrift für öffentliche und gemeinwirtschaftliche Unternehmen*, Beiheft 27, 20-40.

Kirchhoff, Ulrich/Müller-Godeffroy, Heinrich (1991): *Lokale Wirtschafts- und Innovationsförderung*. Stuttgart (1991): Deutscher Sparkassenverlag.

Strittmatter, Rolf (2002): *Regionenmarketing in der Europäischen Union - Determinanten einer strategischen Marketingkonzeption für die 'Vier Motoren für Europa' (Baden-Württemberg, Katalonien, Lombardei, Rhône-Alpes)*, Diss. Freiburg im Breisgau (2002).

Struktur- und Regionaldatenbank des Statistischen Landesamtes Baden-Württemberg, www.statistik.baden-wuerttemberg.de, Zugriff am 1. Juni 2007.

Teil II: Ordnungspolitische Aspekte
des Standortwettbewerbs

Das deutsche Modell in Zeiten der Globalisierung

Norbert Berthold*

1   Einleitung

Gesundbeter haben wieder Hochkonjunktur. Die wirtschaftliche Entwicklung sei zu einem guten Teil reine Psychologie. Allein der Glaube der wirtschaftlichen Akteure an eine bessere Zukunft versetze Berge. Es sei notwendig, den Menschen klar zu machen, es gehe ihnen eigentlich viel besser als sie glaubten. Eine stärker dosierte konjunkturelle Medizin könne hier Wunder wirken. Diese keynesianischen Pillen sind jedoch seit Maastricht aus guten Gründen verschreibungspflichtig. Die nationalen Medizinmänner dürfen sie nur in kleinen Dosen verabreichen. Das aber hemme die wirtschaftliche Entwicklung überall in Europa, auch in Deutschland, so die Gesundbeter. Wirtschaftlich aufwärts gehe es erst wieder, wenn der Stabilitäts- und Wachstumspakt reformiert sei. Die politischen Totengräber der Europäischen Union haben den Pakt inzwischen beerdigt.

* Professor Dr. Norbert Berthold ist Inhaber des Lehrstuhls für Volkswirtschaftslehre, Wirtschaftsordnung und Sozialpolitik an der Bayerischen Julius-Maximilians-Universität Würzburg. Der Beitrag ist in ähnlicher Form in „Den Reformen Perspektive geben" bei der Walter-Raymond-Stiftung der BDA erschienen.

Das alles ist konjunkturelle Illusion, die Realität sieht anders aus. Seit über einem Vierteljahrhundert erreicht die Arbeitslosigkeit immer neue, traurige Rekorde. Vor allem gering Qualifizierte leiden darunter, sie sind immer öfter ohne Chance auf eine reguläre Beschäftigung. Das ist die Klientel einer wachsenden neuen Armut und politischer Unruhe. Und wir sind noch schlechter als die offizielle Arbeitslosenstatistik zeigt. Gut sind wir nur darin, Arbeitslosigkeit zu verstecken. Die massenhaft hohe Arbeitslosigkeit legt auch offen, dass unsere umlagefinanzierten Systeme der sozialen Sicherung auf Treibsand gebaut sind. Sie wandeln allesamt schon heute immer öfter am Rande des finanziellen Abgrundes. Da die Kosten der sozialen Sicherung die Arbeit verteuern, ist ein Teufelskreismechanismus von finanziellen Defiziten und Arbeitslosigkeit unvermeidlich.

Auch auf dem Feld der föderalen Ordnung knirscht es. Der kooperative Föderalismus ist ins Gerede gekommen. Er verwischt politische Verantwortung, beeinträchtigt die Entscheidungs- und Handlungsfähigkeit der Politik, hat eine zentralistische Schlagseite und trifft die Vorstellungen der Bürger immer seltener. Es nimmt nicht wunder, wenn der Weg der deutschen Politik schon seit längerem mit Reformblockaden gepflastert ist. Daran hat auch die Föderalismuskommission nichts ändern können, sie ist kläglich gescheitert. Alles zusammen, die Misere auf dem Arbeitsmarkt, das finanzielle Desaster der Sozialversicherung und die organisierte Verantwortungslosigkeit der föderalen Ordnung spiegelt sich wie in einem Brennglas im wirtschaftlichen Wachstum. Deutschland zählt zu den wirtschaftlich wichtigsten Ländern, die seit langem am langsamsten wachsen.

Deutschland hat kein konjunkturelles, es hat ein strukturelles Problem, Deutschland ist in einer institutionellen Verflechtungsfalle gefangen. Wenn es wirtschaftlich wieder aufwärts gehen soll, hilft keine konjunkturelle Medizin, die macht den Patienten nur noch kränker. Aufwärts geht es erst wieder, wenn sich strukturell Grundlegendes ändert. Das institutionelle Arrangement ist von Grund auf zu erneuern, es muss wieder auf Markt und Wettbewerb getrimmt und darf nicht weiter von Umverteilung dominiert werden. Da die einzelnen institutionellen Elemente eng aufeinander abgestimmt und miteinander verflochten sind, müssen alle relevanten Institutionen auf den Prüfstand. Das gilt für den Arbeitsmarkt, es trifft für den Bereich des Sozialen und die föderale Ordnung zu. Wer Deutschland wieder voranbringen will, muss überall ansetzen, möglichst gleichzeitig.

2 Warum hat sich Deutschland in einer institutionellen Verflechtungsfalle verfangen?

Wenn ein Land wirtschaftlich ernsthaft in Schwierigkeiten ist, sind die Anpassungslasten, die es verarbeiten muss, offensichtlich größer als die eigene Kapazität, mit ihnen fertig zu werden. Das gilt für alle Länder, die in die internationale Arbeitsteilung eingebunden sind, ganz besonders aber für Deutschland. Die wirtschaftlichen Lasten, die es in den letzten 25 Jahren schultern musste, waren erheblich. Europa- und weltweit offenere Märkte haben mit dazu beigetragen, den Prozess der wirtschaftlichen Veränderung zu beschleunigen. Vor allem die neuen Bundesländer traf es nach der Wiedervereinigung hart. Das wirtschaftliche Umfeld ist volatiler geworden, die unternehmerischen Risiken sind gestiegen, die wirtschaftliche Entwicklung verläuft seither heterogener. Das gilt nicht nur für Sektoren und Unternehmen, es trifft auch für die Arbeit zu.

Wer bei steigenden Anpassungslasten wirtschaftlich nicht auf der Strecke bleiben will, muss alles daran setzen, die Anpassungskapazität zu erhöhen. Das erfordert mehr Flexibilität und Mobilität. Die richtige Antwort auf die höhere wirtschaftliche Volatilität, die sektoralen und regionalen Verschiebungen und die veränderte Nachfrage nach unterschiedlichen Qualitäten von Arbeit sind flexiblere relative Preise, sektoral, regional und qualifikatorisch. Das ist allerdings nicht mehr als ein Anfang. Mit flexiblen relativen Preisen kann man zwar Zeit kaufen, sich an veränderte wirtschaftliche Gegebenheiten anzupassen, mehr aber auch nicht. Eher über kurz als lang müssen die Produktionsfaktoren allerdings die Bereiche ohne Zukunft verlassen und in die zukunftsträchtigen wandern. An einer höheren sektoralen, regionalen und beruflichen Mobilität führt kein Weg vorbei.

Korporatismus und marktwirtschaftliche Ordnung

Wie flexibel und mobil wirtschaftliche Akteure auf veränderte wirtschaftliche Gegebenheiten reagieren, hängt wesentlich vom installierten institutionellen Arrangement ab. Globalisierung, europäische Integration und deutsche Wiedervereinigung sind der institutionelle Lackmustest. Die Erfahrung lehrt, eine offene Gesellschaft, die auf Markt und Wettbewerb setzt, sieht solche Anpassungsprozesse weniger als Risiko, sie nutzt sie als Chance. Mehr Wohlstand für alle stellt sich ein, wenn der Staat einen adäquaten ordnungspolitischen Rahmen schafft. Er muss dafür Sorge tragen, dass private Eigentumsrechte wirksam geschützt werden und der Zugang zu den Märkten auch wirklich offen gehalten wird. Das schlechte Abschneiden Deutschlands deutet darauf hin, dass dies nicht der Fall ist (Gwartney/Lawson 2004). Institutionen und ökonomische Wirklichkeit passen nicht mehr zueinander.

Dieser ‚institutionelle mismatch' entstand nicht von heute auf morgen. Er entwickelte sich in einem langen, schleichenden Prozess, geprägt vom Verlust an wirtschaftlicher Freiheit, ausgelöst durch umverteilungspolitische Irrtümer und konjunkturpolitischen Steuerungswahn. Seine korporatistischen Wurzeln reichen tief (Berthold/Hank 1999; Wissenschaftlicher Beirat beim Bundesministerium für Wirtschaft und Technologie 2000). Ein ausgeprägtes Misstrauen gegen Markt und Wettbewerb ist eine gute Basis, eine starke Präferenz für Gleichheit verstärkt diese Entwicklung. Die Koordination der Interessen über ökonomische Märkte hat in einem solchen Umfeld einen schweren Stand gegen den Ausgleich organisierter Interessen über politische Märkte. Die Institutionen werden weniger an der ökonomischen Effizienz, sondern an den Zielen organisierter Interessen ausgerichtet. Dabei bleibt nicht nur der Wohlstand, oft auch die Gerechtigkeit auf der Strecke.

Eine Gesellschaft, die von Wettbewerb wenig hält, ist ein idealer Nährboden für den korporatistischen Bazillus. In einem solchen Umfeld existieren Renten, auf die es Interessengruppen abgesehen haben (ausführlich Berthold 2001a). Wenn es an Wettbewerb zwischen Unternehmen mangelt, entstehen Monopolrenten. International wenig offene Gütermärkte begünstigten lange Zeit solche Renten. ‚Quasi-Renten' entstehen, wenn die Arbeitsplatzbesitzer über Marktmacht verfügen. Hohe Kosten des Arbeitsplatzwechsels, kurzfristig irreversible Komplementaritäten von Arbeit und Kapital, aber auch gut organisierte Arbeitnehmer begünstigen solche Renten. Starke Gewerkschaften verstärken diese Entwicklung, da sie ihr Gewicht im politischen Prozess nutzen, um Regulierungen durchzusetzen, die Arbeitsmärkte noch weniger wettbewerblich gestalten und so Renten schaffen.

Die Existenz von Renten ist das eine, sie auch wirklich abschöpfen zu können, das andere. Dazu sind nur gut organisierte Interessengruppen in der Lage. Solche entstehen vor allem im Bereich Arbeit und Soziales umso leichter, je ‚formierter' die Arbeitswelt ist. Der lange Zeit dominierende metallverarbeitende industrielle Sektor mit seinen Großunternehmen, seiner fordistischen Produktionsweise und den tonangebenden Facharbeitern, die sich gewerkschaftlich organisierten, war ein Eldorado korporatistischer Aktivitäten. Dieses marktwidrige Agieren wurde erleichtert, weil die Interessen innerhalb der Gruppe der Arbeitnehmer und der Arbeitgeber relativ homogen waren. Das alles erlaubte einheitliche Lösungen, die zentral ausgeführt werden konnten. Damit waren die Voraussetzungen ideal, existierende Renten auch abschöpfen zu können.

Auch korporatistische Lösungen sind nicht ohne Kosten, zumeist sind es allokative, oft auch distributive. Solche Arrangements sind nur stabil, wenn sie einen Dritten haben, der bereit ist, die Zeche zu zahlen. Die Beteiligten, Tarifpartner und ihre staatlichen Gehilfen, fanden diesen Dritten in den lange Zeit relativ wehrlosen zukünftigen Generationen, denen sie die Kosten dieser ‚Rentenpolitik' aufbürdeten. Mit den umlagefinanzierten Systemen der sozialen Sicherung und der Haftungsgemeinschaft des kooperativen fiskalischen Föderalismus existieren solche Institutionen. Für alle Fälle nutzte der Staat auch über Maastricht hinaus die Möglichkeit, die Lasten korporatistischer Aktivitäten über explizite staatliche Verschuldung zukünftigen Generationen aufzubürden.

Gesellschaften, die für Korporatismus anfällig sind, landen über kurz oder lang in einer institutionellen Verflechtungsfalle. ‚Gresham's law' gilt auch hier: Korporatistische Lösungen verdrängen marktliche. Dabei werden nicht-marktliche Aktivitäten zentral organisiert. Das gilt nicht nur für die Tarifverhandlungen, es trifft auch für den Sozialstaat und die föderale Ordnung zu. Ein ‚institutioneller mismatch' ist unvermeidlich. Die veränderte ökonomische Wirklichkeit erfordert dezentrale Lösungen, das korporatistische Arrangement ist aber überhaupt nur temporär stabil, wenn es möglichst zentral agiert. Das inadäquate institutionelle Arrangement liegt wie Mehltau auf der wirtschaftlichen Entwicklung. Sich aus diesem inflexiblen polit-ökonomischen Gleichgewicht zu befreien und sich für ein flexibles zu entscheiden, fällt ausgesprochen schwer.

Arbeit, Soziales und Föderales

Die anhaltend hohe, massenhafte Arbeitslosigkeit, eine sich verschärfende Krise des Sozialstaates und eine föderale Ordnung, die immer öfter Reformen blockiert, haben eines gemeinsam: Überall wird Wettbewerb ausgehebelt, überall wird Verantwortung verwischt, überall dominieren Kooperation und Korporatismus. Das ist in Zeiten der Globalisierung weder effizient noch gerecht, wie die Entwicklung der Arbeitslosigkeit zeigt. Weltweit offenere Güter- und Faktormärkte haben auf den Arbeitsmärkten zumindest dreierlei verändert: Erstens ist die Nachfrage nach Arbeit instabiler, zweitens hat sich die Struktur der Arbeitsnachfrage verändert, drittens ist die Nachfrage nach Arbeit elastischer. Die eigentlich Leidtragenden dieser Entwicklung sind die gering Qualifizierten.

Das muss nicht so sein. Sowohl gegen die volatilere wirtschaftliche Umwelt als auch die veränderten sektoralen, regionalen und beruflichen Strukturen und die größere Elastizität der Arbeitsnachfrage gibt es probate Mittel: flexible Reallöhne, flexible Lohnstrukturen, mobile Arbeit. Von alledem ist allerdings wenig zu sehen. Das hat einen guten Grund: Auf den Arbeitsmärkten ist Wettbewerb allenfalls eine Restgröße (Berthold 2001b). Die Arbeitsmärkte sind wettbewerbliche Ausnahmebereiche. Dort hat nicht der Wettbewerb das Sagen, dort dominiert ein Tarifkartell. Und das wird vom Staat gestützt. Gesetzliche und arbeitsrechtliche Regelungen, wie die betriebliche Regelungssperre, das Günstigkeitsprinzip, die Möglichkeit der Allgemeinverbindlicherklärung oder die lange Nachwirkung von Tarifverträgen schirmen das Kartell von möglichem Restwettbewerb ab.

Die Mächtigen am Arbeitsmarkt, die Arbeitsplatzbesitzer und ihre gewerkschaftlichen Vertreter, haben dort solange das Sagen, wie es ihnen gelingt, die beschäftigungspolitischen Lasten auf Dritte abzuwälzen. Dabei hilft ihnen beim gegenwärtigen institutionellen Arrangement zumeist der Staat als Sozialstaat. Die Tarifpartner nutzen einen seit den späten 60er und frühen 70er Jahren ausgebauten, zentral agierenden Sozialstaat, über den sie erhebliche Teile der Anpassungslasten des strukturellen Wandels auf Dritte überwälzen. Das war die offizielle Arbeitsmarktpolitik der alten Bundesregierung unter Norbert Blüm. Diese Strategie, Lasten zumeist auf zukünftige Generationen zu verlagern, weicht die Budgetrestriktion der Tarifpartner auf. Die Lohn- und Tarifpolitik orientiert sich weniger an den tatsächlichen Gegebenheiten auf den Arbeitsmärkten. Inflexible Löhne, starre Lohnstrukturen, immobile Arbeit und Arbeitslosigkeit sind unvermeidlich.

Der Sozialstaat hat nicht nur mit Lasten zu kämpfen, weil er Opfer der Tarifpartner wird. Auch politische Entscheidungsträger, die eigenen Mitglieder und seine Finanzierungsstruktur setzen ihm schwer zu[1]. Die Politik bürdet ihm immer neue umverteilungspolitische Lasten auf, die Mitglieder üben sich in ‚moral hazard', die Finanzierung über den Faktor Arbeit erodiert die ökonomische Basis. Exogene Schocks wie Globalisierung, demographische Entwicklung und massenhafte Arbeitslosigkeit verstärken die hausgemachten Probleme. Allerdings: Der Sozialstaat schwächt sein finanzielles Immunsystem durch eigene Aktivitäten weiter. Er verlagert seine Produktion auf die zentrale soziale Gerechtigkeit, die Herstellung sozialer Sicherheit gerät ins Hintertreffen. Das alles schwächt nicht nur seine Anpassungskapazität, auch die unserer Volkswirtschaft leidet.

Damit nicht genug: Die Tarifpartner nutzen auch den kooperativen Föderalismus, das dritte Element des institutionellen Arrangements, um den Staat in beschäftigungspolitische Geiselhaft zu nehmen (Berthold 1998). Die Angst der Politiker um ihre Wiederwahl und der politische Einfluss der Tarifpartner helfen, die politischen Entscheidungsträger leichter für arbeitsmarktpolitische Aktivitäten zu gewinnen. Eine intransparente föderale Ordnung, die politische Verantwortung verwischt und Wettbewerb behindert, begünstigt die Lastverschiebung auf Dritte. Ein rigides Steuerkartell von Bund und Ländern, vielfältige Mischfinanzierungen und ein prohibitiver Länderfinanzausgleich verhindern nationalen Steuerwettbewerb, verstärken die fiskalische Haftungsgemeinschaft der Gebietskörperschaften und begünstigen einen teilweise „fremdfinanzierten" Subventionswettlauf der Bundesländer. Der kooperative Föderalismus hilft, einen Teil der beschäftigungspolitischen Lasten zu sozialisieren.

Der Exekutivföderalismus basiert auf einer starken Präferenz der Bürger für soziale Gerechtigkeit. Die sollte nach allgemeiner Vorstellung zentral angeboten werden. Es nimmt nicht wunder, dass der Sozialstaat die treibende Kraft der Zentralisierung der föderalen Ordnung ist. Die zentralistische Schlagseite zeigt sich in bundeseinheitlichen arbeitsmarkt- und sozialpolitisch motivierten Regulierungen, einer weitgehend einheitlichen Sozialhilfe und regional identischen

---

[1] Zu einer ausführlichen Analyse des selbstzerstörerischen Prozesses des Sozialstaates vgl. Berthold (1997).

Leistungen der Arbeitslosenversicherung. Damit gerät die föderale Ordnung immer mehr in einen Widerspruch zu einer veränderten Realität, die nur effizient gemeistert werden kann, wenn das institutionelle Arrangement dezentraler wird. Die Anpassungskapazität auf dem Arbeitsmarkt leidet, regionale, sektorale und qualifikatorische Lohnstrukturen sind wenig differenziert und inflexibel.

Die föderale Ordnung ist der Schlüssel, der institutionellen Misere zu entkommen und den Reformstau aufzulösen. Notwendige Reformen werden nur auf den Weg gebracht, wenn es gelingt, das Land wieder reformfähig zu machen. Das hängt entscheidend von der föderalen Ordnung ab, ob sie Reformen begünstigt oder behindert. Allein eine lernende föderale Ordnung kann die notwendigen Reformimpulse geben. Das ist nur bei einem dezentral organisierten föderalen Gemeinwesen mit institutionellem Wettbewerb der Fall (Feld 2004). Bei einer föderalen Ordnung wie dem kooperativen Föderalismus, die Wettbewerb weitgehend ausschaltet, trifft dies nicht zu. Wenn Deutschland wirtschaftlich wieder auf einen grünen Zweig kommen will, muss es dafür Sorge tragen, eine föderale Ordnung zu installieren, die Reformen zulässt. Was Not tut, ist eine Reform der Reformfähigkeit.

3 Welche Schritte sind notwendig, die institutionellen Verkrustungen aufzubrechen?

Auf die neue wirtschaftliche Umwelt sollte ursachenadäquat reagiert werden. Die Versuchung ist aber groß, an Symptomen zu kurieren und wirtschaftliche Veränderungen zu blockieren. Das ist ohne Intervention und Protektion nicht zu haben, die Quellen des Wohlstandes versiegen, alle verlieren. Aber auch der Versuch, strukturelle Veränderungen mit konjunkturellen Mitteln zu bekämpfen, ist zum Scheitern verurteilt. Es gelingt nicht, exogene strukturelle Schocks konjunkturell zurückzuschocken. Notwendig ist zweierlei: Zum einen muss alles getan werden, politisch verursachte Schocks so gut es geht zu vermeiden. Mehr regelgebundenes, weniger diskretionäres Verhalten der Politik wäre adäquat. Zum anderen muss aber vor allem dafür Sorge getragen werden, die Märkte funktionsfähiger zu gestalten und damit die Anpassungskapazität zu erhöhen.

Der Befund ist eindeutig: Deutschland hat sich in einer institutionellen Verflechtungsfalle verfangen. Auch die Gründe sind klar: Es mangelt an Wettbewerb, überall. Wie anderswo im alten Europa auch haben die Deutschen eine starke Präferenz für Gleichheit, vor allem für Ergebnisgleichheit. An Gutmenschen herrscht kein Mangel. Da ihnen der Wettbewerb zumeist im Weg steht, wird marktliche Koordination immer öfter durch politische Steuerung ersetzt. Das installierte Geflecht auf dem Arbeitsmarkt, im Bereich des Sozialen und der föderalen Ordnung erstickt Wettbewerb und wirtschaftliche Aktivität. Die Fähigkeiten der wirtschaftlichen Akteure, sich schnell und flexibel an die neuen Gegebenheiten anzupassen, werden behindert. Man lässt Unternehmer nicht unternehmen, die Arbeitnehmer nicht arbeiten und die Politiker keine gute Politik machen.

Das ändert sich erst wieder, wenn die Institutionen der neuen wirtschaftlichen Realität angepasst werden. Auf eine volatilere wirtschaftliche Umwelt gibt es nur eine adäquate Antwort, mehr Flexibilität auf Güter- und Faktormärkten. Der wirtschaftlich größeren Heterogenität lässt sich erfolgreich nur mit mehr institutionellem Wettbewerb begegnen. Wer der Verwischung (beschäftigungs-)politischer Verantwortung wirksam vorbeugen will, muss Handlung und Haftung wieder stärker zur Deckung bringen. Das alles verlangt offenere ökonomische und politische Märkte, mehr Wettbewerb auf diesen Märkten, weniger Wettbewerbsbeschränkungen durch Kooperation und Korporatismus. Dann erodieren die ökonomischen Renten, die Mächtigen am Arbeitsmarkt verlieren ihren Einfluss, zukünftige Generationen werfen schon heute ihren Schatten, es wird mehr Ungleichheit akzeptiert, inter-personell und inter-regional.

Mehr Markt und Wettbewerb

Erst wenn auf dem Arbeitsmarkt wieder Markt und Wettbewerb herrschen, kann der Kampf gegen die Arbeitslosigkeit gewonnen werden. Das erfordert vieles, vor allem aber eine wettbewerblichere Tarifautonomie. Der hohe Zentralisierungsgrad der Tarifauseinandersetzungen muss verringert, das Tarifkartell geknackt werden. Die betrieblichen Bündnisse für Arbeit allerdings, die wie Pilze aus dem Boden schießen, müssen legalisiert und wirksame gesetzliche Öffnungsklauseln installiert werden. Dabei müssen die Betriebsparteien das letzte Sagen haben, ein Vetorecht der Tarifpartner darf es nicht geben (Berthold/Brischke/Stettes 2003). Damit auf dem Arbeitsmarkt der Wettbewerb funktionsfähig ist, muss die betriebliche Regelungssperre fallen, die Günstigkeit anders interpretiert, die Tarifgebundenheit aufgelockert, die Allgemeinverbindlichkeit abgeschafft und die Nachwirkung von Tarifverträgen verkürzt werden. Kündigungen sind zu erleichtern, befristete Arbeitsverträge zu erweitern, Leiharbeit zu fördern, ertragsabhängige Entlohnungen zu forcieren.

Von Arbeitslosigkeit besonders hart betroffen sind ältere Arbeitnehmer, Frauen und gering Qualifizierte. Diese Gruppen brauchen besondere Hilfe, eine Hilfe zur Selbsthilfe. Ältere Arbeitnehmer haben nur eine Chance auf einen regulären Arbeitsplatz im ersten Arbeitsmarkt, wenn sich ihre Arbeit für Unternehmen wieder rechnet (Funk 2004). Das ist nur der Fall, wenn sich Arbeitsproduktivität und Entlohnung entsprechen. Damit muss von der Entlohnung nach Seniorität abgerückt, der Kündigungsschutz für ältere Arbeitnehmer gelockert, nicht verschärft werden. Aber auch die Anreize älterer Arbeitnehmer, eine Arbeit aufzunehmen, müssen gestärkt werden. Das macht es notwendig, die Leistungen der Arbeitslosenversicherung altersabhängig degressiv auszugestalten und die Abschläge bei der Frühverrentung versicherungsadäquat zu berechnen.

Die Arbeitslosigkeit unter Frauen ist hoch, deren Erwerbsquote international eher gering. Das ist misslich, weil die Nachfrage nach Hochqualifizierten weiter steigen wird. Das Potential der Frauen kann nur erschlossen werden, wenn es gelingt, Beruf und Familie besser unter einen Hut zu bringen. Ein flexiblerer Arbeitsmarkt ist eine wichtige Voraussetzung. Nur so können genügend Teilzeitarbeitsplätze bereitgestellt, flexiblere Beschäftigung ermöglicht und ein problemloserer Wiedereinstieg in den Arbeitsmarkt realisiert werden (Berthold/Fehn 2002; Berthold 2002). Gleichzeitig ist auch eine Reform der Systeme der sozialen Sicherung unabdingbar. Geringere Steuern und Abgaben verringern auch die Preise für private Dienstleistungen, gerade auch für Kinder. Die Nachfrage auf privaten Märkten nimmt zu, die häusliche Produktion wird unattraktiver, Beruf und Familie lassen sich leichter vereinbaren.

Wirklich desolat ist die Lage auf den Arbeitsmärkten für einfache Arbeit. Die Nachfrage nach gering Qualifizierten wird im Zuge der Globalisierung hierzulande weiter sinken. Diese Entwicklung lässt sich nur in Grenzen halten, wenn ein Niedriglohnsektor installiert wird. Eine reguläre Beschäftigung findet einfache Arbeit nur, wenn sich Lohn und Produktivität entsprechen. Alles was die Mindestlöhne senkt, schafft mehr Arbeit. Das macht es notwendig, die faktischen Mindestlöhne Arbeitslosengeld II und Sozialgeld zu reformieren. Die Höhe der Leistungen muss verringert, die Transferentzugsrate erhöht und die Zumutbarkeit verschärft werden (Berthold/v. Berchem 2003). Aber auch die Arbeitsmarktpolitik muss vom Kopf auf die Füße gestellt werden. Der zentralistische Weg des ALG II ist ein Irrweg, dezentrale Lösungen vor Ort sind ein Gebot der Stunde. Wichtig ist schließlich, dass die Gewerkschaften ihre ungerechte tarifliche Sockellohnpolitik aufgeben und die Politik der Versuchung widersteht, gesetzliche Mindestlöhne einzuführen.

Das alles läuft ins Leere, wenn es nicht gelingt, die Kanäle zu verstopfen, über die beschäftigungspolitische Lasten auf Dritte abgewälzt werden. Eine grundlegende Reform des Sozialstaates ist das eine. Mehr Privatisierung, mehr Wettbewerb und mehr Dezentralisierung sind die Mittel. Das gilt für die Systeme der sozialen Sicherung ebenso wie für die aktive Arbeitsmarktpolitik. Mindestens ebenso wichtig ist allerdings, dass die Kanäle verstopft werden, über die ein kooperativer Föderalismus finanzielle Lasten auf zukünftige Generationen verlagert. Notwendig ist eine Reform hin zu mehr wettbewerblichem Föderalismus. Wenn es gelingt, diese Kanäle nachhaltig zuzuschütten, können die Tarifpartner auf den Arbeitsmärkten auch nicht mehr so viel beschäftigungspolitischen Unsinn anrichten. Der Beschäftigung und der Entwicklung des Wohlstandes täte es gut.

Kanäle zuschütten

Eine institutionelle Reform darf vor dem Sozialstaat nicht Halt machen. Das gilt nicht nur, weil er weder effizient noch gerecht ist, er ist auch ein wichtiges Element im institutionellen Ensemble. Er begünstigt marktwidrige Umtriebe auf den Arbeitsmärkten, er ist aber auch treibende Kraft, die föderale Ordnung zu zentralisieren. Eine grundlegende Reform ist unvermeidlich, der drohende finanzielle Kollaps zwingt dazu. Der Sozialstaat der Zukunft sollte sich auf sein Kerngeschäft konzentrieren (Berthold 2005). Er sollte nur dort aktiv sein, wo er besser ist als der Markt. Das ist bei der sozialen Sicherheit wohl nur noch der Fall, wenn es darum geht, die Individuen gegen das Risiko der Arbeitslosigkeit abzusichern. Auf dem Felde der sozialen Gerechtigkeit ist er dem Markt im Kampf gegen die Armut weiter überlegen. Wirklich schlagkräftig bleibt er allerdings nur, wenn er die soziale Gerechtigkeit vor Ort produziert, dezentrale Lösungen sind effizienter als zentrale.

Der Sozialstaat hat seine komparativen Vorteile verloren, wenn es darum geht, die Individuen gegen die Risiken von Krankheit, Pflegebedürftigkeit und Alter abzusichern. Das können Kapital- und Versicherungsmärkte besser. Die Privatisierung auf dem Felde der Kranken-, Pflege- und Rentenversicherung sollte beschleunigt werden. Eine stärkere Kapitalfundierung der Systeme der sozialen Sicherung drängt nicht nur die Umlagefinanzierung zurück. Sie hilft auch gegen Tarifpartner, Politiker, eigene Mitglieder, finanzielle Teufelskreise und demographische Schocks. Das alles kommt auch den Arbeitsmärkten zugute. Die Finanzierung der Sozialsysteme wird von den Arbeitskosten abgekoppelt, die Tarifpartner können vor allem die Rentenversicherung nicht mehr als Lastesel benutzen, beschäftigungspolitische Lasten auf zukünftige Generationen abzuwälzen.

Auch die Arbeitslosenversicherung ist reformbedürftig (Berthold/v. Berchem 2004). Notwendig ist mehr Versicherung und weniger Umverteilung, am besten ausgelagert in das Steuer-Transfer-System. Das Versicherungsgeschäft wird vom operativen Geschäft der Beratung, Vermittlung und Qualifizierung getrennt. Die Arbeitslosenversicherung wird von der Bundesagentur unabhängig. Sie schließt Versicherungsverträge mit den Arbeitnehmern über Geld- und Sachleistungen, sie administriert die Versicherung selbst. Beratung, Vermittlung und Qualifizierung können von privaten aber auch staatlichen Anbietern erbracht werden. Das können Arbeitsämter oder Kommunen sein. Die Arbeitslosenversicherung erstattet die Kosten. Eine so organisierte Arbeitslosenversicherung bringt nicht nur mehr institutionellen Wettbewerb ins System, sie verengt auch den Kanal, über den die Tarifpartner versuchen könnten, beschäftigungspolitische Lasten auf Dritte abzuwälzen.

Der Sozialstaat hat im Kampf gegen die Armut nur Erfolg, wenn er auf ein neues Paradigma der Gerechtigkeit setzt. Staatliche Hilfe der Zukunft wird wieder eine Hilfe zur Selbsthilfe sein. Wer als arbeitsfähiger Arbeitsloser in Not geraten ist, wird vom Staat nur unterstützt, wenn er arbeitet. Die Grundsicherung wird effizienter organisiert werden. Das angelsächsische Modell der ‚earned income tax' wird kaum zum Zuge kommen. Eine Reform der Grundsicherung mit niedrigen Sätzen, geringeren Transferentzugsraten, schärferen Zumutbarkeitsregeln und mehr Sachleistungen ist aber unumgänglich. Und noch eines ist unabdingbar: Die Solidarität muss weniger zentral, sie muss stärker lokal organisiert werden. Die Kommunen müssen die Grundsicherung in eigener Regie gestalten, die faktischen Mindestlöhne müssen sich an den regionalen Gegebenheiten auf den Arbeitsmärkten vor Ort orientieren, nur dann geht die Arbeitslosigkeit zurück[2].

Nur eine föderale Ordnung, die stärker auf Wettbewerb setzt, hat Platz in einem neuen institutionellen Arrangement, das aus der Verflechtungsfalle herausführt. Auch im politischen Bereich muss wieder gelten, wer handelt, haftet auch. Nur dann wird Verantwortung weniger verwischt, der Leviathan gezähmt und die Kräfte der Zentralisierung in Schach gehalten. Das macht es notwendig, die Kompetenzen zu entflechten. Rahmengesetze sollten entfallen, die konkurrierende Gesetzgebung sollte abgeschafft werden. Mehr institutionelle Kongruenz erfordert auch eine adäquate Finanzordnung. Die finanzielle Autonomie von Ländern und Kommunen sollte gestärkt werden, anstelle des Verbundsystems sollte eine Zuschlagslösung eingeführt werden. Die Gemeinschaftsaufgaben und Mischfinanzierungen sollten abgeschafft, Subventionsgesetze beseitigt werden.

Es ist allerdings eine Illusion zu glauben, der Politik könnte es gelingen, ganze Kompetenzblöcke zu verschieben und ein Trennsystem einzuführen. Der erfolgversprechendere Weg geht über regionale Experimente vor allem im Wirtschafts-, Arbeits- und Sozialrecht. Eine Zugriffsgesetzgebung der Bundesländer könnte diesen Weg ebnen (Scharpf 1999; Berthold 2003). Das setzt allerdings voraus, dass sich Deutschland von der Illusion gleichwertiger Lebensverhältnisse verabschiedet. Die regionalen Experimente schaffen Ländern und Kommunen mehr Handlungsspielräume, sie sind der Motor eines verstärkten horizontalen Wettbewerbs. In Abhängigkeit von den Problemen vor Ort werden unterschiedliche Lösungen ausprobiert, wenn sie gelingen, werden sie von anderen nachgeahmt, wenn sie misslingen, werden sie eingestellt. Ein Bundesarbeits- und ein

---

[2] Hartz IV geht in eine ganz andere Richtung. Das Arbeitslosengeld II ist zwar niedriger als die bisherige durchschnittliche Arbeitslosenhilfe aber oft höher als die alte Sozialhilfe. Der faktische Mindestlohn für die meisten Langzeitarbeitslosen ist deshalb gestiegen. Was noch schwerer wiegt ist allerdings, dass die Zentralisierung nicht ab-, sondern zugenommen hat. Die dezentralen kommunalen Beschäftigungsprogramme wurden zerstört, die Arbeitsgemeinschaften sind zentralistisch organisiert, die 69 Optionsmodelle sind ein Tropfen auf den heißen Stein.

Bundessozialgericht sind nicht mehr notwendig, sie behindern den Wettbewerb als Entdeckungsverfahren nur.

Um zu verhindern, dass Lasten auch weiter auf Dritte abgewälzt werden, ist ein sanktionsbewehrter Haftungsausschluss notwendig. Das ‚bündische Prinzip' muss neu interpretiert werden. Die finanzielle Hilfe von Bund und Bundesländer sollte sich, wie in anderen entwickelten Ländern auch, nur noch auf absolute Notfälle beschränken[3]. Der Länderfinanzausgleich sollte aber auch anreizverträglicher ausgestaltet und transparenter sein. Das reicht allerdings nicht: Die wichtigeren Kanäle der inter-regionalen Umverteilung, wie der implizite Finanzausgleich in den Systemen der sozialen Sicherung, der heimliche Finanzausgleich über die aktive Arbeitsmarktpolitik (Koller/Schiebel/Stichter-Werner 2003) oder der kaschierte Finanzausgleich über die Regional- und Strukturpolitik sollten verstopft werden. Das würde die institutionelle Kongruenz fördern und den wettbewerblichen Föderalismus ans Laufen bringen.

4   Kann es in demokratischen Ordnungen gelingen, der institutionellen Verflechtungsfalle zu entkommen?

Was zu tun ist, scheint klar, wie es im politischen Prozess umgesetzt werden soll, allerdings nicht. Darüber wissen nicht nur Ökonomen relativ wenig (Castanheira u.a. 2004; Straubhaar u.a. 2004). Eines zeigt das institutionelle Arrangement allerdings: Die Elemente Arbeit, Soziales und Föderales sind eng aufeinander abgestimmt. Damit wären eigentlich reformatorische Aktivitäten notwendig, die am besten an allen kritischen Fronten gleichzeitig angreifen, nicht punktuelle Reformen. Eine solche Strategie wäre nicht nur zielorientierter, Reformen überall gleichzeitig verstärkten die positiven Effekte der wirtschaftlichen Entwicklung. Kosten und Erträge von Reformen fielen zeitlich weniger stark auseinander. Die Gefahr des politischen Selbstmordes wäre geringer, die Bereitschaft der Politiker nähme zu, das ganze Ensemble des institutionellen Arrangements von Grund auf zu sanieren.

Weder Wähler noch Politiker haben ernsthaft darüber nachgedacht, wie Reformen politisch umgesetzt werden können. Noch glauben nämlich beide, der neu-

---

[3] Das klingt gut, ob es das allerdings auch in der Realität sein wird, steht auf einem anderen Blatt. Die Erfahrung mit ‚No-bail-out-Klauseln' zeigt, dass sie oft nicht so ausgestaltet werden können, dass sie im politischen Prozess eingehalten werden. Der Fall Maastricht zeigt das noch einmal eindringlich. Wo sie aber einigermaßen glaubwürdig sind, besteht eine Tendenz, die Verschuldung von den untergeordneten Gebietskörperschaften auf übergeordnete zu verlagern (McKinnon 1997, 204). Das wäre in Europa allerdings eindeutig kontraproduktiv, wenn die EU auf diesem Weg an eigene Verschuldungsmöglichkeiten kommen würde.

en Realität ein Schnippchen schlagen zu können. Viele in Politik, Verbänden und Gewerkschaften hoffen noch immer, die wirtschaftliche Lage ließe sich mit alten Medikamenten kurieren, mit konjunkturellen, protektionistischen und korporatistischen. Aber weder konjunkturelle Mittel, für deren Einsatz die Politik gerade den Stabilitäts- und Wachstumspakt beerdigt hat, noch protektionistische Instrumente, für die eine neue Dienstleistungsrichtlinie in Europa den Weg ebnen soll, sind geeignet, aus der institutionellen Verflechtungsfalle zu kommen. Auch der Vorschlag, auf korporatistische Bündnisse für Arbeit, auf neue Kungelrunden, zu setzen, ist ungeeignet. Der Bock würde endgültig zum Gärtner.

Die Zeiten korporatistischer Aktivitäten sind ein für allemal vorbei. Mit der Globalisierung hat sich der Wettbewerb verschärft, die ökonomischen Renten auf Güter- und Faktormärkten erodieren, die Anreize gehen zurück, sich korporatistisch zu verhalten. Gleichzeitig wandelt sich die Arbeitswelt. Eine organisatorische Revolution rüttelt an den Grundfesten der fordistischen Produktion. Arbeit und Kapital werden heterogener, sie lassen sich weniger gut organisieren. Das Arbeitsmarktfundament des Korporatismus bröckelt. International mobiles Kapital stärkt die Widerstandskraft zukünftiger Generationen. Die Kapitalmärkte strafen die Volkswirtschaften, die weiter auf umlagefinanzierte Sozialsysteme setzen, mit höheren Zinsen. Damit erhöhen sie die Kosten korporatistischen Treibens und verengen die Kanäle der Lastverschiebung. Die Globalisierung ist der ‚weiße Ritter' der Kämpfer um neue Institutionen, sie sichert unseren Wohlstand.

Was die Globalisierung nicht schafft, erledigt die Demographie. Die zunehmende Alterung spielt schon mittelfristig den Libero des institutionellen Arrangements aus, die umlagefinanzierten Systeme der sozialen Sicherung. Vor allem die staatlich organisierte Alterssicherung, über die beschäftigungspolitische Lasten auf zukünftige Generationen verlagert wurden, wird nach dem demographischen Schock ein anderes Gesicht haben. Mehr individuelle Eigenvorsorge auf privaten Kapitalmärkten verschüttet den Hauptkanal der Lastverschiebung. Damit werden die notwendigen institutionellen Reformen überall ans Laufen gebracht, ein Domino-Effekt entsteht. Die Tarifpartner werden sich an den tatsächlichen Gegebenheiten auf den Arbeitsmärkten vor Ort orientieren. Der Anreiz, zentralistisch zu regulieren, wird sinken, die föderale Ordnung wird wettbewerblicher.

Die eigentlich spannende Frage ist, ob die Reformen auf einen Schlag erfolgen, wenn ein bestimmter Punkt überschritten ist oder werden sie schrittweise angegangen, abhängig von der Schwere der Probleme. Alle Erfahrungen in reformfreudigeren Ländern zeigen, überall wurde schrittweise vorgegangen. Das wird auch hierzulande nicht anders sein. Der institutionelle Wandel ist längst in Gang. Er tritt allerdings eher heimlich auf. Hinter einer noch weitgehend unveränderten institutionellen Fassade tut sich vieles (Hassel 2004). Auf den Arbeitsmärkten mischen betriebliche Bündnisse für Arbeit die Tarifautonomie auf, Individuen sorgen längst auf privaten Kapitalmärkten für ihr Alter vor, Länder und Kommunen betreiben seit langem eigene aktive Arbeitsmarktpolitiken. Wie weit der

Weg zu neuen Institutionen allerdings noch ist, zeigt das Ausmaß der Schwarzarbeit.

Politik, Verbände und Gewerkschaften blockieren den heimlichen institutionellen Wandel so gut es geht. Der gewerkschaftliche Kampf gegen betriebliche Bündnisse, der staatliche Ausbau der Grundsicherung in den Systemen der sozialen Sicherung, die faktische Austrocknung dezentraler aktiver Arbeitsmarktpolitik durch Hartz IV sind nur einige Beispiele. Es wäre schon viel für den Reformprozess gewonnen, wenn diese Akteure den institutionellen Wandel nicht behindern würden. Die Politik könnte allerdings helfen, den Prozess zu beschleunigen. Ein einfaches, kostengünstiges Mittel bestünde darin, regionale Experimentierklauseln zuzulassen. Das würde den institutionellen Wettbewerb schärfen und neue Problemlösungen aufzeigen. Deutschland würde entscheidende Reformimpulse erhalten, wenn die Föderalismuskommission in diesem Sinne erfolgreich wäre. Die Reform des Föderalismus ist in der Tat die Mutter aller Reformen.

Literatur

Berthold, Norbert (1997): *Der Sozialstaat im Zeitalter der Globalisierung.* Tübingen (1997): Mohr Siebeck.

Berthold, Norbert (1998): Der Föderalismus und die Arbeitslosigkeit: Eine vernachlässigte Beziehung. *List Forum für Wirtschafts- und Finanzpolitik,* 24 (1998), 345-366.

Berthold, Norbert (2001a): Das Bündnis für Arbeit – Ein Weg aus der institutionellen Verflechtungsfalle? *Perspektiven der Wirtschaftspolitik,* 2 (2001), 385-388.

Berthold, Norbert (2001b): Flächentarif und Arbeitslosigkeit – Wie wichtig sind institutionelle Arrangements?, in: Wolfgang Franz et al. (Hrsg.): *Wirtschaftspolitische Herausforderungen an der Jahrhundertwende.* Wirtschaftswissenschaftliches Seminar Ottobeuren 30. Tübingen (2001): Mohr Siebeck, 43-71

Berthold, Norbert (2002): Ordnungspolitik ist die beste Familienpolitik. *Neue Züricher Zeitung,* 26. Oktober 2002, 27.

Berthold, Norbert (2003): Zeit für Experimente. *Frankfurter Allgemeine Zeitung,* 18. Oktober 2003.

Berthold, Norbert (2005): Mehr Effizienz und Gerechtigkeit: Wege zur Entflechtung des Sozialstaates. *Perspektiven der Wirtschaftspolitik,* 6 (2005), 233-254.

Berthold, Norbert/Berchem, Sascha von (2003): Die Sozialhilfe zwischen Effizienz und Gerechtigkeit – wie kann der Spagat gelingen?, in: Norbert Berthold/ Elke Gundel (Hrsg.): *Theorie der sozialen Ordnungspolitik.* Stuttgart (2003): Lucius & Lucius, 137-157.

Berthold, Norbert/Berchem, Sascha von (2004): Reform der Arbeitslosenversicherung – Markt, Staat oder beides? *Zeitschrift für Wirtschaftspolitik*, 53 (2004), 287-314.

Berthold, Norbert/Brischke, Marita/Stettes, Oliver (2003): *Betriebliche Bündnisse für Arbeit – Eine empirische Erhebung für den deutschen Maschinen- und Anlagebau.* Würzburg (2003): Wirtschaftswissenschaftliche Beiträge des Lehrstuhls für Volkswirtschaftslehre, Wirtschaftsordnung und Sozialpolitik. Nr. 68.

Berthold, Norbert/Fehn, Rainer (2002): Familienpolitik: Ordnungspolitische Leitplanken im dichten Nebel des Verteilungskampfes. *Vierteljahreshefte zur Wirtschaftsforschung*, 71 (2002), 26-42.

Berthold, Norbert/Hank, Rainer (1999): *Bündnis für Arbeit: Korporatismus statt Wettbewerb.* Tübingen (1999): Mohr Siebeck.

Castanheira, M. et al. (2004): *How to Gain Political Support for Reforms?*, Paper presented at the Conference 'Structural Reform without Prejudices'. Lecce, 19. Juni 2004.

Feld, Lars P. (2004): *Fiskalischer Föderalismus in der Schweiz – Vorbild für die Reform der deutschen Finanzverfassung?* Gütersloh (2004): Bertelsmann Stiftung/ Berlin (2004): Konrad-Adenauer-Stiftung.

Funk, Lothar (2004): *Mehr Beschäftigung für Ältere. Lehren aus dem Ausland.* Köln (2004): Institut der deutschen Wirtschaft.

Gwartney, James D./Lawson, Robert (2004): *Economic Freedom of the World. 2004 Annual Report.* Vancouver B.C. (2004): Fraser Institute.

Hassel, Anke (2004): *Ganz ohne Ruck – wie das deutsche Modell sich wandelt.* Antrittsvorlesung, Ruhr-Universität Bochum, 4. Februar 2004.

Koller, Martin/Schiebel, Winfried/Stichter-Werner, Albert (2003): *Der heimliche Finanzausgleich.* IAB Kurzbericht, Nr. 16, 5. September 2003.

McKinnon, Ronald (1997): Alternative exchange-rate regimes, the EMU, and Sweden: the fiscal constraint. *Swedish Economic Policy Review*, 4 (1997) 1, 189-234.

Scharpf, Fritz W. (1999): Föderale Politikverflechtung: Was muß man ertragen? Was kann man ändern?, in: Konrad Morath (Hrsg.): *Reform des Föderalismus.* Köln (1999): Institut der deutschen Wirtschaft, 34-35.

Straubhaar, Thomas u.a. (2004): *Ökonomik der Reform – Wege zu mehr Wachstum in der Schweiz/Deutschland.* Zürich (2004): Orell Füssli.

Wissenschaftlicher Beirat beim Bundesministerium für Wirtschaft und Technologie (2000): *Aktuelle Formen des Korporatismus.* Berlin (2000): BMWA-Dokumentation 479.

Standortwettbewerb und Besteuerung – Zur Notwendigkeit regulierender Spielregeln für den Fiskalwettbewerb

Gerhard Schick[*]

1   Einleitung

Konkurrenz ist ein ganz natürliches Phänomen. Die Ressourcen sind knapp, das muss den Grünen niemand erklären. Und daraus entsteht angesichts der unbegrenzten Wünsche der Menschen eine natürliche Konkurrenzbeziehung. Ich verstehe Wettbewerb als eine Konkurrenzbeziehung, in der nicht die Konkurrierenden im direkten Wettstreit, sondern Dritte die Auswahl darüber treffen, wer Erfolg hat. Darin liegt das Qualitätssteigernde des Wettbewerbs, er schafft bei sinnvollen Rahmenbedingungen Anreize für gute, für bessere Angebote. Im Parteienwettbewerb sind es Wählerinnen und Wähler, die die Auswahl treffen, auf den Gütermärkten die Kundinnen und Kunden, auf den Finanzmärkten Anlegerinnen und Anleger und so weiter.

---

[*] Dr. Gerhard Schick ist Mitglied von Bündnis90/Die Grünen sowie des Bundestages. Er ist ordentliches Mitglied im parlamentarischen Beirat für nachhaltige Entwicklung und im Finanzausschuss. Gleichzeitig ist Dr. Gerhard Schick stellvertretendes Mitglied für die Angelegenheiten der Europäischen Union sowie für Wirtschaft und Technologie.

Ebenso ist es mit der Standortkonkurrenz. Es hat sie immer gegeben: zwischen den verschiedenen Handelsplätzen im Mittelalter, zwischen den Produktionsstandorten in der Industriegesellschaft, heute vermehrt auch zwischen den Finanzplätzen. Wer clever ist, wie der Große Kurfürst im 17. Jahrhundert in Brandenburg, hat Ausländer, in diesem Fall die Hugenotten angelockt, damit sie der Wirtschaft einen Impuls geben. Wer borniert ist – Sie wissen, das Wort kommt vom französischen Wort „borne", Grenzstein, wer also über seinen eigenen Grenzstein nicht hinauszudenken bereit ist – macht es wie Deutschland heute und schafft für den Zuzug qualifizierter Kräfte möglichst hohe Hürden und sorgt mit fremdenfeindlichen Übergriffen für Angst und Schrecken bei allen Migranten, damit die Fachkräfte-Lücken auf dem deutschen Arbeitsmarkt zum Schaden der deutschen Wirtschaft offen bleiben und nicht von Ausländern geschlossen werden.

Ein Standort, der clever ist, stellt sich auf kommende Ressourcenknappheit ein. Er setzt eine Strategie „Weg vom Öl" schon dann um, wenn andere noch in der fossilen Wirtschaft stecken, um dann, wenn die anderen es endlich auch merken, dass die Preise für Erdöl ansteigen, schon die nötigen Technologien liefern zu können. Im Bereich der solaren Energieerzeugung haben wir das geschafft, beim Automobil werden Arbeitnehmer und Aktionäre noch schmerzlich erfahren, dass die deutsche Automobilwirtschaft in Sachen Nachhaltigkeit jahrelang auf der Bremse stand. Andere werden es nun, da die Grenzwerte beim CO_2-Ausstoß festgelegt werden, leichter haben, die entsprechenden Modelle zu liefern.

Was will ich mit diesen Sätzen sagen? Standortkonkurrenz ist etwas Selbstverständliches und die Grünen haben, auf ihre und wie ich meine, auf sehr vorausschauende Weise, auch immer Standortpolitik gemacht. Sie haben aber auch dort Regeln eingefordert, wo die Standortkonkurrenz aufgrund einer schlechten Wettbewerbsordnung zu negativen Auswirkungen für alle führt. Ich möchte da als Beispiel nur den Flächenverbrauch nennen. Jeden Tag verbrauchen wir über 90 Hektar Boden in Deutschland. Das ist auch eine Konsequenz des Standortwettbewerbs zwischen den Kommunen. Wir können uns eine solche Verschwendung der knappen Ressource Boden nicht leisten. 30 Hektar pro Tag sind als Ziel in der Nachhaltigkeitsstrategie der Bundesregierung festgeschrieben. Dieses Ziel verfehlen wir bei weitem. Wo sollen denn künftige Generationen noch Entwicklungspotentiale haben, wenn wir heute schon alles verbauen? Da brauchen wir andere, bessere Regeln.

Doch ich will heute nicht über die ökologischen Fragen sprechen, sondern zu den Fragen des Steuerwettbewerbs. Zunächst für Europa, dann für Deutschland. Ich möchte dabei zum einen auf Forschungsarbeiten aus meiner Freiburger Zeit zurückgreifen (Gerken/Märkt/Schick 2000; 2001), die ich weitergeführt habe (Gerken et al. 2002), zum anderen auf meine Erfahrung bei der Gesetzgebung, die ich seit gut einem Jahr im Finanzausschuss des Deutschen Bundestags gemacht habe.

2 Steuerwettbewerb

Steuerwettbewerb ist Standortwettbewerb mit den Mitteln des Steuerrechts. Das Problem an Diskussionen über den Steuerwettbewerb ist häufig, dass man nur an die Einnahmenseite des Staates denkt. Dabei werden dann die Interessenlage der Standortkunden einerseits und das Instrumentarium der Staaten andererseits verwechselt. Bürger und Unternehmen wollen möglichst niedrige Steuern für ein gegebenes Bündel von Standortleistungen, oder – das ökonomische Prinzip andersherum formuliert – sie wollen möglichst umfangreiche Standortleistungen für eine gegebene Höhe der Steuerlast. Man kann sich nicht nur eine Seite anschauen.

Ich will es noch einmal anders beschreiben, weil daran mein Staatsverständnis deutlich wird. In einem Gespräch mit einer Finanzrichterin wurde ich unlängst vor dem Hintergrund zahlreicher Steuergesetze mit rückwirkender Geltung gefragt, warum denn der Gesetzgeber immer nur das fiskalische Interesse im Auge habe und nicht auf das Interesse der Bürger und Unternehmen schaue. Ich habe geantwortet, dass ich die Kritik an rückwirkenden Steuergesetzen teile, aber nicht die Gegenüberstellung von fiskalischem Interesse einerseits und Interessen der Bürgerinnen und Bürger andererseits. Bürgerinnen und Bürger haben verschiedene Interessen: Zum einen haben sie ein Interesse an einem verständlichen, einfach zu befolgenden Steuerrecht, das sie wenig belastet. Zum anderen haben sie ein Interesse daran, dass der Staat in der Lage ist, öffentliche Güter solide finanziert anzubieten. Es geht also nicht um Fiskus versus Bürger, sondern um die Interessen der Bürgerinnen und Bürger als Steuerzahler versus die Interessen der Bürgerinnen und Bürger als Nutzer öffentlicher Güter. Das ist die Abwägung, die wir im Finanzausschuss vornehmen müssen. Ob die Ausschussmehrheit sie zurzeit immer richtig vornimmt, muss ich an dieser Stelle nicht bewerten.

Eine zentrale Frage in der Steuerwettbewerbsdiskussion ist die, ob es ein „race to the bottom" gibt. Ich werde Sie hoffentlich nicht erstaunen, wenn ich Ihnen nun voller Überzeugung sage: Ja, es gibt ein „race to the bottom". Und gleichzeitig sage: Nein, es gibt kein „race to the bottom". Man muss nämlich genauer hinschauen, über welche Phänomene man genau spricht:

    1.   Steueroptimierung von Unternehmen

Wir können empirisch beobachten, dass bestimmte Gruppen von Steuerpflichtigen ziemlich wenig zur Finanzierung des Gemeinwesens beitragen. Die Tatsache, dass große Konzerne ihre Steuerlast durch Steueroptimierung ganz erheblich drücken können, ist ja inzwischen nicht mehr nur in Kreisen von Globalisierungskritikern bekannt, sondern Allgemeingut geworden. Wenn ich mit mittelständischen Unternehmerinnen und Unternehmern spreche, dann sagen die mir, dass sie sehr gerne eine Steuerquote wie die von Hewlett Packard hätten. Die Kampagne von Attac zur steuerlichen Abschreibung im Mannesmann/Vodafone-Fall haben Sie wahrscheinlich mitbekommen. Ein nettes Faktum ist auch die Eigenkapitalquote von Ikea, die unter 1 Prozent liegt. Das geht natürlich nur, weil das an anderen Ikea-Standorten ausgeglichen wird. Aber man kann sich vorstellen, dass bei dieser Eigenkapitalquote so arg viel Eigenkapitalrendite in Deutschland nicht versteuert wird, obwohl wir doch alle fleißig schwedische Regale kaufen. Die hier in Deutschland erwirtschafteten Gewinne werden in relevantem Umfang steuerlich ins Ausland verlagert. 65 Mrd. Euro betragen diese Gewinnverlagerungen laut BMF. Da gibt es also ein „race to the bottom" zu einem „Phantomniveau" von Besteuerung, das weder in Deutschland noch häufig in den jeweiligen Sitzstaaten der Tochtergesellschaften so im Steuertarif vorgesehen ist, sondern sich aus dem Zusammenspiel unterschiedlicher nationaler oder zwischenstaatlicher Steuerrechtsnormen ergibt. Und dieses „race to the bottom" verzerrt massiv den unternehmerischen Wettbewerb, weil kleinere, standortgebundene Unternehmen diese Möglichkeiten der Steuergestaltung nicht haben.

Ermöglicht wird die Steuergestaltung unter anderem durch zahlreiche Sonderregelungen im Steuerrecht der einzelnen Staaten. Luxemburg mit seinen Sonderregelungen für Holdings, die jetzt zum Glück auf europäischer Ebene unter Druck geraten, ist da ein gutes Beispiel, ebenso Belgien mit seinen Sonderregelungen für Cash Management Center, Irland wegen der fehlenden Aktivitätsklausel im deutsch-irischen Doppelbesteuerungsabkommen, Großbritannien wegen Sonderregelungen auf den Kanalinseln, die Schweiz durch die kantonalen Holdingprivilegien.

2. Steuerflucht bei privaten Kapitalerträgen

Ein „race to the bottom" gibt es auch bei der Besteuerung privater Kapitalerträge. Deutsche legen in Luxemburg an und Luxemburger in Deutschland. Es profitieren die österreichischen und Schweizer Banken. Das Phänomen ist seit Jahren bekannt und in seinem Umfang erschreckend. Genaue Quantitäten sind natürlich nicht bekannt, weil es sich um Steuerhinterziehung, also um Illegales handelt.

In vielen Staaten werden vor diesem Hintergrund Abgeltungssteuern eingeführt, also Sondernormen für die Einkunftsart Kapitalerträge, um steuerrechtlich die Privilegierung von Kapitaleinkommen nachzuvollziehen, die im Vollzug bereits Realität ist. Ich halte das nicht für eine Lösung, sondern für eine Kapitulation.

Wer bei dem Druck, den Steuerflucht auf unsere Steuersätze ausübt, mit Wettbewerb argumentiert, ist schon auf der falschen Seite. Denn Wettbewerb bezieht sich auf die Konkurrenz innerhalb gegebener Regeln, nicht auf das Brechen von Regeln. Ich muss Ihnen sagen, wenn ich die Phänomene mal so zusammennehme – illegale Putzhilfen, die wir Deutschen engagieren, die ganze Schwarzarbeit am Bau und eben die Steuerhinterziehung – dann sind wir schon ein Volk der Trittbrettfahrer und es kann doch nicht verwundern, dass – um im Bild zu bleiben – die Straßenbahnen nicht mehr finanzierbar sind. Aber das nur am Rande.

3. Allgemeines Steueraufkommen

Empirisch nicht haltbar scheint die These zu sein, dass insgesamt das Steueraufkommen erodiert. Trotz sinkender Steuersätze hat sich der Anteil des Steueraufkommens am Bruttoinlandsprodukt in fast allen Staaten als robust erwiesen, nicht zuletzt, weil teilweise die Bemessungsgrundlage auch deutlich ausgeweitet worden ist (womit wir uns in Deutschland leider immer sehr schwer tun) und weil die Besteuerung verschoben wurde von den Unternehmenssteuern auf weniger dem Steuerwettbewerb ausgesetzte Steuern. Wir können das ja in Deutschland gerade schön erleben, wo gleichzeitig die Mehrwertsteuer kräftig um drei Prozentpunkte angehoben wurde, während bei den Unternehmenssteuern zunächst ein Minus von über 8 Milliarden Euro jährlich und dann eine langfristig jährliche Nettoentlastung von 5 Milliarden Euro angestrebt wird. Um es konkret zu machen: Etwa ein Punkt der Mehrwertsteuererhöhung, über die sich die Deutschen am 1. Januar 2007 freuen dürfen, geht auf das Konto des Steuerwettbewerbs bei Unternehmenssteuern.

Vielleicht überrascht es Sie, dass ich bei einer Diskussion um Steuerwettbewerb den üblichen Vergleich der Steuersätze, den Sie in jeder Tageszeitung finden, nicht einmal nenne. Das liegt daran, dass ich die Probleme eben nicht in unterschiedlichen Steuersätzen sehe und dass ich glaube, dass diese Steuerbelastungsvergleiche uns herzlich wenig darüber sagen, wie Steuerwettbewerb eigentlich stattfindet. Wir haben häufig bei Steuerwettbewerb das Bild vom Wochenmarkt im Kopf, wo wir bei weitgehend homogenen Produkten wie geschmacklosen Tomaten nach dem günstigsten Preis schauen. Ich vergleiche Steuerwettbewerb eher mit dem Wettbewerb bei hochkomplexen Anlagen und Maschinen. Natürlich findet auch da Preiswettbewerb statt, aber wenn Sie nur auf die Preise schauen, können Sie nicht erklären, was wirklich passiert. Da halte ich mich ganz an Eucken (1990 [1952]: 23, der schrieb: „Wer Modelle frei konstruiert und nicht die Formen in der Wirklichkeit sucht, treibt ein Spiel – nicht mehr. Wird etwa ein Modell der Konkurrenz so bezeichnet, dass alle Güter und alle Anbieter in jeder Hinsicht homogen sein sollen, so ist von vornherein darauf verzichtet, die reale Konkurrenz, wie sie in der wirtschaftlichen Wirklichkeit existiert, zu bezeichnen."

Mir ist in den letzten Jahren aufgrund meiner politischen Tätigkeit immer deutlicher geworden, dass der Steuerwettbewerb uns zu zwei unguten Entwicklungen führt:

- Zum einen führt er zu einer Ungleichbehandlung verschiedener Steuerpflichtiger: Große Unternehmen haben eine geringere Steuerlast als kleinere, abhängig Beschäftigte haben eine höhere Steuerlast als Kapitaleigner, soweit letztere die Möglichkeiten des internationalen Steuerrechts legal oder illegal nutzen. Diese Ungleichbehandlungen kann ich nicht akzeptieren, weder aus einer rechtsstaatlichen noch aus einer wirtschaftspolitischen Perspektive.

- Zum anderen entsteht im Steuerwettbewerb aus der Interaktion der Steuergesetzgeber, wo die einen versuchen, den anderen Steuersubstrat wegzunehmen, und die anderen versuchen, ihr Steueraufkommen durch immer neue Normen zu schützen, ein qualitativ schlechtes Steuerrecht. Ständige gesetzliche Änderungen, widersprechende Rechtsprechung, neuerliche Korrektur: Das ist den Unternehmen und den Bürgerinnen und Bürgern nicht zuzumuten.

Aus beidem leiten sich Ziele für eine Wettbewerbsordnung für den Steuerwettbewerb ab: Wir müssen eine gleichmäßige Besteuerung sichern und ein verlässliches, qualitativ besseres Steuerrecht erreichen. Insbesondere auf diesen zweiten Aspekt will ich nun eingehen.

3 Europa und das Steuerrecht

Der Status Quo

Die Versuche, unser Steuerrecht wettbewerbstauglich zu machen, sind meist defensiver Natur. Sie erfolgen unilateral im nationalen Steuerrecht, bilateral in Doppelbesteuerungsabkommen oder multilateral auf europäischer Ebene. Zwischenrein funken dann regelmäßig der Europäische Gerichtshof und das Bundesverfassungsgericht. Ich will im Folgenden die verschiedenen Möglichkeiten der Steueroptimierung und die staatliche Reaktion darauf kurz schildern:

1. Fremdkapitalfinanzierung

Eine Möglichkeit, Steuern zu sparen, liegt darin, das Eigenkapital aus den inländischen Gesellschaften herauszuziehen und diese mit Krediten ausländischer Tochtergesellschaften zu finanzieren – Formen der Gesellschafterfremdfinanzierung. Wie groß die Begeisterung über § 8a Körperschaftsteuergesetz ist, der versucht, dieses einzuschränken, ist bekannt. Nun ist in der gegenwärtigen Diskussion über die Unternehmensteuer zum einen der Vorschlag gemacht worden, bei der Körperschaftsteuer wie bei der Gewerbesteuer durch die Hinzurechnung von Fremdkapitalzinsen eine solche Verlagerung unattraktiv zu machen. Der Vorschlag ist am geballten Widerstand der Wirtschaftsverbände gescheitert. Nun soll es eine Zinsschranke richten, die sich an den US-amerikanischen „earnings-stripping"-Regeln orientiert. Auch diese Zinsschranke gilt als kompliziert.

2. Funktionsverlagerung

Eine weitere Möglichkeit, Steuern zu sparen, liegt darin, den Aufwand für die Erstellung bestimmter Produkte oder auch immaterieller Wirtschaftsgüter wie Patente in Deutschland geltend zu machen, den Gewinn aber im Ausland bei niedrigeren Steuersätzen anfallen zu lassen. Notwendig ist dabei eine Funktions-verlagerung im richtigen Zeitpunkt, nämlich dann, wenn eine bestimmte Tätig-keit anfängt, Erträge abzuwerfen. Die große Koalition hat sich nun darauf ver-ständigt, im Rahmen der Unternehmensteuerreform solche Funktionsverlage-rungen steuerlich nicht mehr zu akzeptieren. Wie das in der Praxis rechtlich sau-ber dargestellt werden soll, ist mir schleierhaft. Ich wünsche da der Regierung gute Verrichtung.

3. Wegzugsbesteuerung

Wir haben vor kurzem im Finanzausschuss ein Gesetz verabschiedet, von dem die meisten Menschen wohl nie etwas gehört haben und das mit „SEStEG" (So-cieté Européenne Steuerliches Einführungsgesetz) bezeichnet wurde. Es geht um das Gesetz über steuerliche Begleitmaßnahmen zur Einführung der Europäi-schen Gesellschaft und zur Änderung weiterer steuerrechtlicher Vorschriften, das letztlich einen Versuch darstellt, das deutsche Steuerrecht europatauglicher zu machen. Besondere Schwierigkeiten bereiten bisher den Unternehmen Re-strukturierung, Fusion, Verkauf von Unternehmensteilen oder Wechsel des Un-ternehmenssitzes im Binnenmarkt. Während diese Transaktionen innerhalb Deutschlands häufig steuerneutral erfolgen können, kommt es im grenzüber-schreitenden Verkehr zur Aufdeckung von stillen Reserven und folglich zu einer steuerlichen Belastung. Der Grund dafür ist, dass man vor Grenzübertritt von Unternehmensteilen versucht, den deutschen Steueranspruch durch eine Weg-zugsbesteuerung zu sichern. Denn sonst würden die in Deutschland erzielten Werte in Deutschland nicht besteuert. Das Problem liegt nun darin, dass der Europäische Gerichtshof im Urteil Hughes de Lasteyrie du Saillant gegen fran-zösisches Finanzministerium (EuGH – C-9/02) die französische Form der Weg-zugsbesteuerung für europarechtswidrig erklärt hat. Daraus waren Konsequen-zen zu ziehen. Und im Finanzausschuss hatten wir nun die Abwägung zwischen zwei unerwünschten Lösungen zu ziehen.

- *Möglichkeit 1:* Die europarechtlich sichere Lösung hätte darin bestan-den, weder eine sofortige Versteuerung noch eine Festsetzung der

Steuer mit Stundung festzulegen, sondern erst zu besteuern, wenn der Gewinn realisiert wird. Dadurch wäre die Kapitalverkehrsfreiheit im Binnenmarkt gesichert. Allerdings hätte häufig der deutsche Fiskus keine Chance gehabt, die ihm zustehenden Steuern im Ausland einzutreiben, weil die Amtshilfe nicht funktioniert. Laut Finanzministerium können nur etwa zwei Prozent des Steueraufkommens, das Deutschland in anderen Staaten einfordert, auch realisiert werden

- *Möglichkeit 2:* Sofortige Versteuerung mit dem Risiko, dass der Europäische Gerichtshof diese Regelung für europarechtswidrig erklärt. Damit entsteht auch ein neuerliches Risiko für den Fiskus.

Die Bundesregierung hat sich mit dem Bundesrat auf eine Stundungslösung verständigt, der wir auch zugestimmt haben. Was will ich mit diesem Beispiel sagen: Wir haben aufgrund der Binnenmarkt-Rechtsprechung des Europäischen Gerichtshofs und des Steuerwettbewerbs häufig nur noch die Lösung zwischen zwei völlig unbefriedigenden Regelungen.

4. Passive Einkünfte

Das EuGH-Urteil Cadburry Schweppes vom 12. September 2006 (EuGH – C-196/04), bei dem es um beherrschte ausländische Gesellschaften ging, bedeutet möglicherweise das Aus für die deutsche Hinzurechnungsbesteuerung i §§ 7ff. Außensteuergesetz. Der Grundgedanke der Hinzurechnungsbesteuerung besteht darin, systemwidrig Einkünfte ausländischer Töchter bei der inländischen Mutter zu besteuern. Das Parken niedrig besteuerter Gewinne im Ausland soll verhindert werden. Der EuGH vergleicht zwei inländische Mütter, eine mit inländischer und eine mit ausländischer Tochtergesellschaft und sieht in der Diskriminierung ausländischer Niederlassungen eigener Staatsangehöriger durch den Herkunftsstaat einen Verstoß gegen das Diskriminierungsverbot. Bei der Prüfung, ob eine beherrschte ausländische Gesellschaft einer wirklichen Tätigkeit nachgeht, müssen die nationalen Behörden, so der EuGH, objektive und von dritter Seite nachprüfbare Anhaltspunkte und nicht nur subjektive Überlegungen berücksichtigen.

5. Verlustrechnung

Die Mutter-Tochter-Richtlinie regelt nicht die Verlustverrechnung. Entsprechend versuchen die einzelnen Staaten zu verhindern, dass Verluste ausländischer Tochtergesellschaften gegen inländische Gewinne gegengerechnet werden und die inländische Steuerzahlung senken. Im Urteil Marks & Spencer (EuGH – C-446/03), das Großbritannien betrifft, hat der Europäische Gerichtshof allerdings vorgeschrieben, dass Verluste zur Verrechnung zugelassen werden müssen, soweit sie nicht im Sitzstaat der Tochter verrechnet werden können. Die Frage, wo die Tochter ihren Sitz hat, darf nicht die entscheidende Frage sein. Der Versuch, Steuergestaltungen durch nationale Gesetzgebung zu unterbinden, gerät dadurch unter Druck.

Mein Resumée aus diesen einzelnen Beispielen ist: Durch den Versuch, die Steuerbasis im Steuerwettbewerb, der im Wesentlichen ein Wettstreit um Steuerbemessungsgrundlage ist, zu sichern, wird das Steuerrecht bürokratischer. Kleine und mittlere Unternehmen sehen sich nach wie vor großen steuerrechtlichen Hürden gegenüber, wenn sie im Binnenmarkt aktiv werden wollen. Die Anforderungen des Europäischen Gerichtshofs in Bezug auf Niederlassungsfreiheit und Kapitalverkehrsfreiheit stehen in einem unauflöslichen Konflikt mit den Versuchen der Staaten, ihr Steueraufkommen zu sichern. Daraus entsteht eine ständige Rechtsunsicherheit für die Unternehmen, aber auch für den Fiskus. Wir brauchen also eine andere Lösung.

Wettbewerbsordnung für den europäischen Steuerwettbewerb bei Unternehmensteuern

Bei unseren Forschungsarbeiten am Walter Eucken Institut haben wir als Grundlage für einen produktiven Steuerwettbewerb das Austauschprinzip formuliert. Es enthält die Aussage, dass das Steuersystem nicht so gestaltet sein darf, dass ein Individuum, das die öffentlichen Leistungen nutzen kann, systematisch nicht besteuert wird. Es richtet sich damit gegen so genannte „weiße Einkommen", also völlig unbesteuerte Einkünfte, die daraus resultieren, dass der Sitzstaat einer Tochtergesellschaft auf die Besteuerung verzichtet und der Ansässigkeitsstaat der Muttergesellschaft oder der Aktionäre anschließend nicht mehr besteuern kann. Außerdem haben wir darauf abgestellt, dass unterschiedliche Einkunftsarten und Steuerpflichtige gleich zu behandeln seien, damit aus dem Steuerwettbewerb keine Diskriminierung entsteht.

Für die Unternehmensteuer haben wir damals eine einheitliche und konsolidierte Körperschaftsteuerbemessungsgrundlage für die Europäische Union vorgeschlagen. 2001 hat die Europäische Kommission sich diesen Vorschlag zu Eigen gemacht und vier Varianten zur Diskussion gestellt:

1. *Besteuerung nach dem Recht des Sitzstaates der Muttergesellschaft oder Hauptverwaltung (Home State Taxation):*
   Diese Alternative sieht vor, dass sich diejenigen Mitgliedstaaten, deren Steuerrecht schon heute große Ähnlichkeiten aufweist, darauf verständigen, ihr Steuerrecht gegenseitig anzuerkennen, also eine Art Herkunftslandprinzip, wie es bei der Dienstleistungsrichtlinie diskutiert wurde. Andere Staaten besteuern wie bisher. Es besteht also eine Freiwilligkeit für die Staaten. Auch die Unternehmen erhalten ein Wahlrecht: Sie können entweder wie bisher versteuern oder das Steuerrecht des Landes

wählen, in dem die Muttergesellschaft ihren Sitz hat (falls dieses Land an der Home State Taxation teilnimmt). Unabhängig davon, wie das Unternehmen dieses Wahlrecht ausübt, könnte jeder Staat demnach wie bisher sein eigenes Steuerrecht behalten und auf seinen Anteil am Gesamtgewinn den eigenen Steuersatz anwenden. Steuerwettbewerb bliebe also möglich. Problematisch ist dabei, dass der unproduktive Wettbewerb um den Sitz von großen Unternehmen weitergeht und sogar noch an Bedeutung gewinnt, wenn die Staaten die Bemessungsgrundlage ihrer Unternehmensbesteuerung nach der gegenseitigen Anerkennung gezielt aushöhlen. Dadurch wird es für Unternehmen attraktiv, die Muttergesellschaft in dieses Land zu verlegen und so für die Gewinne der Tochterunternehmen in allen Mitgliedstaaten geringere Steuern zu bezahlen. Schließlich können die Staaten durch „großzügige" Unternehmensprüfungen die bei ihnen ansässigen Muttergesellschaften steuerlich bevorzugen und so Muttergesellschaften anlocken. Dabei würden allen betroffenen Mitgliedstaaten Steuereinnahmen entzogen – ein wenig produktiver Steuerwettbewerb. Hinzu kommt, dass beim Verkauf eines Unternehmensteils an eine Gesellschaft mit Sitz in einem anderen Mitgliedstaat die Buchführung auf das Steuerrecht des neuen Mitgliedstaats umgestellt werden müsste. Restrukturierungen werden daher eher erschwert als erleichtert.

2. *Besteuerung nach einer gemeinsamen (konsolidierten) Steuerbemessungsgrundlage (common (consolidated) tax base):*
    Bei dieser Variante würde die EU ein eigenständiges Steuerrecht neben das Steuerrecht der Mitgliedstaaten stellen. Damit würde der Weg weiter beschritten, der mit der Europäischen Aktiengesellschaft gegangen wurde: Statt das Recht der Mitgliedstaaten zu harmonisieren, würde die Union auf die harmonisierende Wirkung einer europaweit gültigen Alternative setzen. Für die Unternehmen besteht also ein Wahlrecht zwischen der bisherigen separaten Besteuerung in jedem einzelnen Mitgliedstaat und der Ermittlung einer konsolidierten europäischen Bemessungsgrundlage. Prüfung und Feststellung der Bemessungsgrundlage würden wie bei der Home State Taxation die Finanzbehörden am Sitzstaat der Muttergesellschaft übernehmen. In gleicher Weise bestünde daher auch die Gefahr der einseitigen Prüfung und Kontrolle durch den Sitzstaat der Muttergesellschaft. Da über die Bemessungsgrundlage auf europäischer Ebene entschieden wird, werden jedoch unproduktive Veränderungen der Bemessungsgrundlage verhindert. Insofern bietet die Besteuerung nach einer gemeinsamen konsolidierten Bemessungsgrundlage Vorteile gegenüber der Home State Taxation. Allerdings wird das von der Kommission angestrebte Ziel, die Komplexität des Unternehmens-

teuerrechts in Europa zu verringern, verfehlt, wenn den 25 Systemen ein weiteres hinzugefügt wird.

3. *Europäische Körperschaftsteuer (European Union Company Income Taxation):*
   Bei der einheitlichen europäischen Körperschaftsteuer würde zusätzlich zur Bemessungsgrundlage auch der Steuertarif auf europäischer Ebene festgelegt. Der Vorschlag der Kommission sieht auch eine Verwaltung durch die Europäische Union vor. Wie in den USA und Kanada bestünden also im föderalen System der Europäischen Union parallele Steuerverwaltungen von zentraler und dezentraler Ebene. Einseitige Prüfungen zu Lasten anderer Mitgliedstaaten sind bei dieser Variante also ausgeschlossen. Die Einnahmen kämen ganz oder überwiegend der EU zu. Mit diesem Vorschlag würde der Steuerwettbewerb bei den Unternehmensteuern in der Union ausgeschaltet. Unternehmen würden ihre Standortentscheidungen völlig unabhängig von der steuerlichen Belastung wählen. Entscheidend wären allein andere Standortqualitäten. Nach meiner Ansicht ginge die Union mit diesem Schritt über das notwendige Maß an Harmonisierung hinaus. Denn problematisch ist in der Union nicht der Wettbewerb mit Steuersätzen, sondern der Wettbewerb mit der Bemessungsgrundlage.

4. *Harmonisierung der Steuerbemessungsgrundlage (Single Compulsory Harmonised Tax Base):*
   Im Unterschied zu den anderen Varianten wäre die Harmonisierung der Steuerbemessungsgrundlage der Mitgliedstaaten bei der vierten Variante für diese zwingend, so dass in der Union nur noch ein einziges Unternehmensteuerrecht Anwendung fände. Auch solche Körperschaften, die nur in einem einzigen Mitgliedstaat tätig sind, wären folglich betroffen. Den Mitgliedstaaten bliebe allerdings die Festlegung des Steuersatzes überlassen. Dieser würde auf den Anteil am konsolidierten Gewinn berechnet, der dem einzelnen Mitgliedstaat zusteht. Der Steuerwettbewerb würde also durch die Harmonisierung nicht eingeschränkt.

Gemeinsam ist allen vier Vorschlägen, dass die Besteuerung auf einer konsolidierten Bemessungsgrundlage aufbaut. Dazu sind vier Fragen zu klären:

1. *Wie sieht diese Bemessungsgrundlage aus?*
   Dazu arbeiten gerade in Brüssel eine Reihe von Arbeitsgruppen. Besonders schwierig ist dabei, den Gegensatz zwischen alten und neuen Mitgliedern bezüglich der Breite der Bemessungsgrundlage zu überbrücken. Diese soll sich an IFRS orientieren, aber nicht darauf aufbauen.

2. *Was ist die relevante Unternehmung (unitary business)?*
   Wenn ein Unternehmen ausschließlich Tochterunternehmen mit einer Beteiligung von 100 Prozent hat, stellt die Abgrenzung des relevanten

Unternehmens keine Schwierigkeit dar. Alle Tochterunternehmen werden mit dem Mutterunternehmen zu einem einzigen Steuersubjekt zusammengefasst, dessen Gesamtgewinn ermittelt wird. Häufig sind aber Beteiligungen zwischen 0 und 100 Prozent. Bei einem Joint-Venture von zwei Unternehmen, die jeweils 50 Prozent des Kapitals beigesteuert haben, stellt sich die Frage, ob dieses Joint-Venture einem der beiden, beiden zu 50 Prozent oder keinem von beidem zuzurechnen ist. Hier bedarf es eindeutiger Abgrenzungskriterien.

3. *Auf welchen Wirtschaftsraum wird die konsolidierte Bemessungsgrundlage bezogen?*
Heute gibt es für jeden Nationalstaat eine Bemessungsgrundlage. Die Konsolidierung könnte nun auf das Territorium der Europäischen Union beschränkt werden (water's edge-Prinzip) oder weltweit angewendet werden. Vorgesehen ist von der Union bislang nur das water's-edge-Prinzip, um Schwierigkeiten mit anderen Staaten zu vermeiden. Damit bleibt die Komplexität des internationalen Steuerrechts, soweit es über die Union hinausgeht, erhalten. Ebenso bleiben Gewinnverlagerungen über Drittstaaten möglich. Schließlich stellt sich die Frage, wie mit den bestehenden bilateralen Doppelbesteuerungsabkommen umgegangen wird, die mit Drittstaaten bestehen und möglicherweise in Konflikt mit dem europaweiten Steuerrecht geraten könnten. Vor diesem Hintergrund wird die Frage einer Vereinheitlichung der Doppelbesteuerungsabkommen erneut diskutiert werden müssen.

4. *Wie wird der Gewinn, der in der konsolidierten Bemessungsgrundlage ausgewiesen wird, auf die einzelnen Mitgliedstaaten aufgeteilt?*
Wenn portugiesische und deutsche Erträge ungetrennt am Beginn der steuerlichen Gewinnermittlung stehen, muss eine Aufteilung des Gewinns auf die Mitgliedstaaten anders als bisher erfolgen. Der insgesamt ermittelte Gewinn muss nach einem Verteilungsschlüssel (formula apportionment) den beteiligten Mitgliedstaaten zugewiesen werden. Wichtig ist dabei, dass sich der Verteilungsschlüssel an der Verteilung der Wertschöpfung auf die einzelnen Standorte bezieht und somit die Nutzung öffentlicher Leistungen an den verschiedenen Standorten abbildet. Indikatoren der betrieblichen Wertschöpfung sind die Bruttolohnsumme in den einzelnen Betrieben, die für die Sozialabgaben und die Lohnsteuer betriebsspezifisch leicht ermittelbar ist, die Höhe des Kapitaleinsatzes, der in der Handelsbilanz ausgewiesen wird, oder die Höhe des Umsatzes. Letzterer wird im Rahmen der Umsatzsteuererhebung sowieso ermittelt. Beim „formula apportionment" könnte daher auf eine oder mehrere dieser Größen abgestellt werden.

Bereits jetzt haben sieben Staaten deutlich gemacht, dass sie, wenn die Kommission 2008 wie geplant eine Richtlinie vorlegen sollte, dagegen stimmen werden:

Estland, Großbritannien, Irland, Lettland, Litauen, Malta und die Slowakei. Das macht deutlich, dass man zu einer guten Wettbewerbsordnung nur kommt, wenn die Verfassung des Gemeinwesens eine vernünftige Abstimmungsregel für solche Fragen vorsieht. Die Einstimmigkeit bei Steuerfragen erfüllt dieses Kriterium nicht. Ich meine, es ist trotz des Widerstands einzelner Staaten richtig, an dem Projekt eines europaweit einheitlichen, europarechtskompatiblen Unternehmensteuerrechts weiterzuarbeiten, weil es erlaubt, den Steuerwettbewerb auf eine stabile Grundlage zu stellen, Bürokratie abzubauen und die Rechtssicherheit zu erhöhen. Notfalls wird man dieses Projekt in Form einer „verstärkten Zusammenarbeit" vorantreiben müssen. Dann ist es jedoch wichtig, dass die Gruppe derer, die nicht mitmacht, daraus keinen Vorteil zieht, indem sie noch leichter als bisher Bemessungsgrundlage aus den anderen Staaten abziehen kann.

4 Deutschland und die Durchsetzung des Steuerrechts

Steuer"wettbewerb" mit den Mitteln der Steuerverwaltung

In Deutschland bezüglich des Wettbewerbs zwischen den Bundesländern könnte man meinen, all diese Probleme hätten wir nicht. Wir haben über alle Bundesländer hinweg ein einheitliches Steuerrecht und einheitliche Steuersätze. Eine einzige Ausnahme gibt es seit September 2006, da bei der Föderalismusreform den Ländern zur Erhöhung ihrer Handlungsfähigkeit auf der Einnahmenseite des Haushalts zugestanden wurde, bei der Grunderwerbsteuer den Steuersatz selbst festlegen.

Trotz dieser fast hundertprozentigen Harmonisierung gibt es Steuerwettbewerb, und zwar bei der Durchsetzung des Steuerrechts: Der Bundesrechnungshof hat in seinem jüngsten Jahresbericht den Finanzämtern vorgeworfen, Einkommensmillionäre unzureichend zu prüfen und so erhebliche Steuerausfälle in Kauf zu nehmen. Der Fiskus prüft im Schnitt jährlich nur 15 Prozent der Einkunftsmillionäre. Dabei gibt es gravierende Unterschiede zwischen den Bundesländern. Eine konsequentere Prüfung sei „allemal lohnend", sagt Rechnungshof-Präsident Dieter Engels. Denn jede Sonderprüfung ergibt Mehreinnahmen von durchschnittlich 135.000 Euro. Aber das eine Land prüft jährlich 60 Prozent der Einkunftsmillionäre, ein anderes nur rund 10 Prozent. Es sei nicht von der Hand zu weisen, schreibt der Bundesrechnungshof, dass die Länder weniger forsch vorgingen, die als Geberländer in den Finanzausgleich einzahlten und daher wenig Anreiz hätten, Mehreinnahmen zu erzielen. Auch bei der insgesamt viel zu seltenen Umsatzsteuer-Sonderprüfung gibt es wohl erhebliche Differenzen – in einem Land erfolgt sie rechnerisch alle 35 Jahre, in einem anderen nur alle 77 Jahre. Der Rechnungshof fordert deshalb im Zuge der weiteren Föderalismusreform ein wirkliches Weisungsrecht, um eine einheitliche Erhebung durchzusetzen.

Das ist ja alles nicht neu. Aber so deutlich wurde es noch selten nachgewiesen. Ich bin dem Rechnungshof dafür sehr dankbar. Hier wird deutlich, dass es beim Steuerwettbewerb zwischen den Bundesländern nicht um einen Standortwettbewerb mit dem Instrumentarium des Steuer*rechts* geht, sondern um einen Standortwettbewerb mit dem Instrumentarium des Steuer*unrechts*. Wo die Rechtsdurchsetzung derart deutlich für Standortinteressen instrumentalisiert wird, geht die Legitimation des Rechtsstaats kaputt. Hier müssen wir dringend etwas ändern.

Bundessteuerverwaltung

Es gibt zwei Möglichkeiten, aus diesem unguten „Wettbewerb" herauszukommen. Die eine Möglichkeit liegt darin, den Länderfinanzausgleich und damit die Anreizstruktur für die Länder zu ändern. Das hört sich gut an. Ich kenne allerdings unter den vielen Vorschlägen für eine Reform des Länderfinanzausgleichs keinen einzigen, der die Anreize in relevanter Größenordnung ändern würde, ohne für die schwächsten Bundesländer das sofortige Aus zu bedeuten. Allein eine Umstellung auf einen Wirtschaftskraftausgleich (Schick 2004) könnte Abhilfe schaffen, dafür ist aber mehr nötig, als nur den Länderfinanzausgleich zu ändern.

Die zweite Möglichkeit ist die Zuordnung der Zuständigkeit für die Steuerverwaltung auf den Bund, also eine Bundessteuerverwaltung an Stelle der 16 verschiedenen Landesfinanzverwaltungen, wie wir sie heute haben. Damit würden zumindest Schwierigkeiten wie die Einführung einer bundeseinheitlichen Software, um eine Zusammenarbeit der Finanzämter zu erleichtern, in überschaubaren Zeiträumen überwunden werden können. Die letzten 15 Jahre haben uns mit dem nie zu Ende geführten Projekt FISCUS gezeigt, dass das bei der derzeitigen Struktur nicht funktioniert. Nun soll das neue Projekt Konsens unter den veränderten Bedingungen nach der Föderalismusreform von 2006 Fortschritte bringen, die in diesem Einzelbereich dem Bund eine stärkere Rolle zuspricht. Mit einer zentralen Zuständigkeit des Bundes könnten wir hier deutlich weiter sein.

Um gleich dem Vorwurf des Zentralismus vorzubeugen: Ich meine, dass man durchaus den Ländern auf der Einnahmenseite, also bei der Gestaltung von Steuerrecht und Steuersätzen weit größere Gestaltungsspielräume geben kann, als das heute der Fall ist. Aber ein solcher Wettbewerb wird nur dann produktiv sein, wenn er innerhalb von sinnvollen Regeln abläuft, und dazu gehört für mich, dass die Durchsetzung des Steuerrechts nicht für Standortpolitik instrumentalisiert wird.

5 Resümee – Meine Anregungen zur Verbesserung der Rahmenordnung für den Steuerwettbewerb in Europa und in Deutschland

Die Ergebnisse des Wettbewerbs sind so gut wie die Rahmenordnung, unter der dieser Wettbewerb stattfindet. Die derzeitige Rahmenordnung für den Steuerwettbewerb in Europa ist die unintendierte Folge von Handlungen der verschiedenen Staaten, sei es national, bilateral oder multilateral. Das Ergebnis ist ein unproduktiver Wettstreit um Schwarzgeld und Gewinnverlagerungen. Für den europäischen Binnenmarkt wird es Zeit, eine Wettbewerbsordnung herbeizuführen, die den Steuerwettbewerb produktiv macht. Das Kommissionsprojekt, ein europäisches Unternehmensteuerrecht zu schaffen und eine konsolidierte Bemessungsgrundlage über einen Verteilungsschlüssel auf die Staaten aufzuteilen, in denen ein Unternehmen Betriebsstätten unterhält, könnte eine solche Wettbewerbsordnung herbeiführen. Die Bundesregierung sollte die EU-Ratspräsidentschaft im ersten Halbjahr 2007 intensiv nutzen, um dieses Projekt voranzutreiben.

Für Deutschland ist es dringend erforderlich, die Durchsetzung des Steuerrechts aus dem Standortwettbewerb herauszunehmen und dafür mehr Steuerwettbewerb dadurch zuzulassen, dass die Bundesländer eigene Besteuerungsrechte bekommen. Die geplante zweite Stufe der Föderalismusreform bietet dafür die Gelegenheit, nachdem das bei der ersten Stufe verpasst wurde.

Literatur

Eucken, Walter (1990 [1952]): *Grundsätze der Wirtschaftspolitik* [1952], 6. Auflage. Tübingen (1990): Mohr Siebeck.

Gerken, Lüder/Märkt, Jörg/Schick, Gerhard (2000): *Internationaler Steuerwettbewerb*. Tübingen (2000): Mohr Siebeck.

Gerken, Lüder/Märkt, Jörg/Schick, Gerhard (2001): Double Income Taxation as a Response to Tax Competition. *Intereconomics*, 36 (2001) 5, 244-254.

Gerken, Lüder/Märkt, Jörg/Schick, Gerhard/Renner, Andreas (2002): *Eine freiheitliche supranationale Föderation. Zur Aufgabenverteilung in Europa*. Baden-Baden (2002): Nomos.

Schick, Gerhard (2004): Steuerautonomie und Wirtschaftskraftausgleich. *Wirtschaftsdienst*, 84 (2004) 4, 230-235.

Standortwettbewerb und Besteuerung – Zur Notwendigkeit einer Modifikation nationalstaatlicher Spielzüge – Korreferat zu Gerhard Schick

Marc Seiler[*]

1   Einleitung

Standortwettbewerb ist kein neues Phänomen, findet er doch seit vielen Jahrhunderten um die Gunst der unterschiedlichsten Adressaten statt. Dennoch hat die Diskussion um dessen Folgen angesichts der EU-Osterweiterung im *zwischenstaatlichen* und durch die Föderalismusreform im *innerdeutschen* Kontext jüngst an Schärfe gewonnen. Dabei ist in der Literatur mittlerweile ein Bewertungsmuster zu erkennen: Zahlreiche, vorwiegend der *wohlfahrtsökonomischen* Denktradition zugehörige Verfasser lehnen Fiskalwettbewerb bereits deshalb ab, weil *unveränderbare Eigenschaften* dieses Wettbewerbstyps eine negative Bewertung nahe legten (z.B. Sinn 2003: 5ff.; Scharpf 1998). Bei *polit- und institutionenökonomisch* argumentierenden Verfassern hat sich die auch von Schick in seinem Beitrag vertretene Einschätzung, Standortkonkurrenz sei prinzipiell wünschenswert, leide aber unter *fehlenden* oder *falsch justierten* Spielregeln, größtenteils durchgesetzt.

---

[*] Marc Seiler ist externer Doktorand am Institut für Öffentliche Finanzen, Wettbewerb und Institutionen der Humboldt-Universität Berlin.

Will man deshalb Ideen zum Aufbau eines Regelrahmens für den Fiskalwettbewerb generieren, empfiehlt sich folgendes Vorgehen: Geht man davon aus, dass der Fiskalwettbewerb an ineffizienten Spielregeln *krankt*, müssen die im Hinblick auf die zu behandelnde „Erkrankung" relevanten Symptome identifiziert, die Ursachen gefunden und diese mit Hilfe adäquater institutioneller Gegenmaßnahmen bekämpft werden. Der Beitrag von Schick liefert zahlreiche Beispiele für die *Symptome* des unregulierten Fiskalwettbewerbs. Da in diesem Bereich der Argumentation übereinstimmend gefolgt wird (Abschnitt 2), dienen die nachfolgenden Ausführungen primär einer Schilderung der aus vertragstheoretischer Perspektive abweichenden Beurteilung, was die *Ursachen* für die sozial in unerwünschten Formen auftretenden Wettbewerbsprozesse angeht (Abschnitt 3). Auch die Suche nach einem *effizienten Regelwerk* betreffend wird eine abweichende Einschätzung vertreten (Abschnitt 4). Die Ausführungen beschränken sich dabei auf den Bereich der zwischenstaatlichen Konkurrenz. Das Korreferat schließt mit einer Zusammenfassung der Ergebnisse (Abschnitt 5).

2 Symptome eines unregulierten Fiskalwettbewerbs

Die Gefahr eines *Race to the Bottom* sieht Schick (95f.)[1] vor allem im Bereich der unternehmerischen Steueroptimierung als begründet an. Unabhängig davon, ob sich das vom BMF auf 65 Mrd. Euro geschätzte Gewinnverlagerungsvolumen (96) in der Tat auf diesem Niveau bewegt,[2] ist das Ausmaß der unternehmerischen Gewinnverlagerung in jedem Fall als beträchtlich anzusehen.[3] Sind Unternehmen in der Lage, durch Verrechnungspreispolitik und eine der Steuerumgehung dienenden Gestaltung der innerbetrieblichen Leistungsbeziehungen Gewinne in erheblichem Maße zu verlagern, bedeutet dies eine *Verletzung des Kongruenzgedankens* (ergänzend Blankart 2005). Tritt das Problem massiver Steuerumgehung auf der Nachfrageseite auf, hat das im Ausland steuerpflichtige Unternehmen weiterhin die Möglichkeit, das öffentliche Leistungsangebot im Hochsteuerstaat zu nutzen, ohne hierfür einen Finanzierungsbeitrag leisten zu müssen.

Profiteur der Steuerumgehung ist sowohl das Unternehmen, das so den Nachsteuergewinn maximiert, als auch der Niedrigsteuerstaat, der *ohne finanzielle Mehr-*

---

[1] Verweise ohne Angaben des Erscheinungsjahres beziehen sich auf Beiträge in diesem Band.

[2] Berthold Welling – Steuerabteilungsleiter des BDI – geht durch Herausrechnung der nicht körperschaftsteuerpflichtigen Gewinne von Wirtschaftsverbänden und staatlichen Eigenbetrieben von einem Verlagerungsvolumen von nur rund 10 Mrd. Euro aus (o.V. 2006: 4).

[3] Huizinga/Laeven (2005) beziffern das Verlagerungsvolumen *für Deutschland* auf ein Drittel der Gewinne. Bartelsman/Beetsma (2003) gehen in ihren Schätzungen *für die Vereinigten Staaten* davon aus, dass im Jahr 2000 18 % der ausgewiesenen Gewinne verlagert würden.

aufwendungen auf der Leistungsseite steuerliche Mehreinnahmen realisieren kann. Dieses *symbiotische Wechselverhältnis* begründet einen ineffizienten Wettbewerb um reine Bemessungsgrundlagen. Sowohl Unternehmen als auch Staaten sind gezwungen, an dieser Form der Konkurrenz teilzunehmen, wollen sie im unternehmerischen bzw. zwischenstaatlichen Wettbewerb bestehen. In den von Schick (95f.) skizzierten Bereichen ist also in der Tat ein *Race to the Bottom* zu befürchten.

Das Trittbrettfahrdilemma veranschaulicht Jörg Märkt (2002: 282) anhand einer marktlichen Analogie: Fehlender Bezug zwischen Inanspruchnahme öffentlicher Leistungen und entrichtetem Steuerbeitrag sei gleichbedeutend mit dem marktlichen Fall, dass ein Gast im Berliner Nobelhotel „Adlon" absteigt, die Begleichung der Übernachtungskosten jedoch an der Rezeption einer dort ansässigen Jugendherberge vornimmt. An diesem Vergleich wird das Ausmaß der „Tragödie" deutlich: Es ist nicht allein so, dass für qualitativ hochwertige Leistungen ein unangemessen niedriger Preis entrichtet wird. Vielmehr vermag der Anbieter der hochwertigen Leistung nicht einmal diesen geringen Preis zu realisieren. Er wird von einem, was den betreffenden Tauschvertrag angeht, unbeteiligten Dritten realisiert, dem aus der Leistungsinanspruchnahme *überhaupt keine* Kosten entstehen.

Solche Anreizstrukturen machen echten Leistungswettbewerb unmöglich. Sie begründen ein fiskalisches Handlungsdilemma. Der Steuerpreis verliert seine Signalfunktion. In Gewinnbesteuerungsstaaten bildet der *Steuerpreis* nicht länger die *unternehmerische Zahlungsbereitschaft für das öffentliche Leistungsangebot* ab, weil auch der *Anteil der umgeh- oder hinterziehbaren Steuerlast* in die Ansiedlungsentscheidung der Unternehmen mit einfließt. Auf der anderen Seite stehen die Gewinner des verzerrten Preismechanismus: „Steueroasen" können durch geschickte Steuerpreissetzung sowohl die *unternehmerische Zahlungsbereitschaft für den* meist wenig wertvollen *öffentlichen Leistungspool* als auch die unternehmerische Zahlungsbereitschaft *für die sich aus der Ansiedlung ergebenden Option zur Steuerumgehung* abschöpfen.

3   Ursachen „sozial unproduktiver" Wettbewerbsprozesse

Schick (107) führt den ineffizienten Wettstreit um verlagerte Gewinne auf einen falsch justierten Regelrahmen zurück. Unternehmerische Steuerumgehung und fiskalische Gegenstrategien machten eine Wettbewerbsordnung für den Fiskalwettbewerb erforderlich (101f.). Wenngleich es sicher richtig ist, dass Fiskalwettbewerb zum Teil in sozial unerwünschten Bahnen auftritt und in dieser Ausprägung dessen wünschenswerten Eigenschaften (stellv. Vanberg 1994: 27ff.; Wohlgemuth 1995) einbüßt, erscheint in diesem Zusammenhang fraglich, ob tatsächlich „schlechte" *Spielregeln* die Funktionsdefekte verantwortlich zu machen sind, oder ob beobachtbare unternehmerische Handlungsformen nicht vielmehr auf nicht wettbewerbstaugliche *Spielzüge* der Staaten zurückzuführen sind, letztere also die Ursachen für ineffiziente Wettbewerbsprozesse darstellen.

Um diese Frage beantworten zu können, ist zunächst die Existenz „unfairer" und mithilfe des Regelwerks zu sanktionierender Besteuerungspraktiken zu prüfen. Schick (98) verurteilt zum einen eine *steuerliche Ungleichbehandlung verschiedener Steuerpflichtiger.* Zum anderen stelle der *fiskalische Versuch, „den anderen Steuersubstrat wegzunehmen"*, eine durch das Regelwerk zu sanktionierende Besteuerungspraktik dar. Doch sind diese Verhaltensformen in der Tat als „unfair" zu klassifizieren und als Ursache für die Existenz konstitutionellen Reformbedarfs anzusehen?

Aus vertragstheoretischer Sicht lautet die Antwort sicher: mitnichten. Zu Recht betont Schick (95), dass die reine Betrachtung der steuerlichen Einnahmenseite zu kurz greift, eine Berücksichtigung der Ausgabenseite unabdingbar ist. Für die Identifizierung „unfairer" Besteuerungspraktiken ist daneben von Bedeutung, dass angesichts der hohen Komplexität fiskalischer Arrangements die Analogie zu *normalen Gütermärkten* eingeschränkt, jene zu *Industriegütermärkten* aber stark ausgeprägt ist. Gerade auf Märkten für Industriegüter ist neben der Ausgestaltung der Spezialleistung auch deren Preis meist Gegenstand von Verhandlungen. Nach Clark (1975: 152) sind Marktunvollkommenheiten wie Produktdifferenzierung, Anpassungsverzögerungen und mangelhafte Transparenz geradezu als Voraussetzung für die Funktionsfähigkeit des Wettbewerbs anzusehen.

Vor dem Hintergrund, dass Schick selbst betont (97), dass Fiskalkonkurrenz *gerade nicht* als Wettbewerb mit weitgehend homogenen Produkten funktioniert, sich vielmehr durch hochkomplexe Strukturen und Tauschobjekte auszeichnet, ist die Verurteilung einer Ungleichbehandlung verschiedener Steuerpflichtiger bemerkenswert. Aus vertragstheoretischer Perspektive ist Steuerpreisdifferenzierung als schlichtes Pendant zum angebotsseitigen Instrument der Preisdifferenzierung auf privaten Märkten anzusehen. Dass große und mobile Unternehmen sich naturgemäß durch eine stärkere Abwanderungsoption und deshalb auch eine bessere Verhandlungsmacht auszeichnen, dies letztlich Formen der steuerlichen Ungleichbehandlung unterschiedlich großer Unternehmen begründet, ist nicht – wie Schick (96ff.) dies einstuft – als Problemkomponente, vielmehr als schlichte Konsequenz der Verhandlungen über die „Ansiedlungskonditionen" anzusehen.[4]

Ein Verbot steuerlicher Ungleichbehandlung schwächte die Effizienz des wettbewerblichen Austauschmechanismus in Form einer institutionell eingeschränkten Eignung des Standortmarktes als „Arena freiwilligen Tauschs" (Vanberg 2003: 6). Spezifische steuerliche Arrangements sind solange durch Regeln nicht einzuschränken, wie Vertragsinhalte keine *gegenseitige Bereicherung zulasten Dritter*,

---

[4] Die Verurteilung verwundert auch angesichts der von Schick (99) bemängelten steuerlichen Benachteiligung grenzüberschreitender Aktivitäten, z.B. durch Aufdeckung stiller Reserven.

also *reine Kollusionsverträge* darstellen. Aber ist hiervon nicht gerade im Falle einer reinen Attrahierung steuerlicher Bemessungsgrundlagen auszugehen?

Sinnvoll erscheint bei der Suche nach den Gründen für Formen der Attrahierung „fremder" Bemessungsgrundlagen ein Blick auf private Märkte. Dieser legt zunächst den Verdacht nahe, der fehlende Schutz der Eigentumsrechte an „eigenen" Steuerbases sei für dieses Verhalten verantwortlich. Deshalb müsse es in marktlicher Analogie Aufgabe der Wettbewerbsordnung sein, dieses Defizit auszugleichen. Dass sich dieser Verdacht bei genauerer Betrachtung als unbegründet erweist, hängt damit zusammen, dass sich trotz weit reichender Analogien zwischen beiden Wettbewerbstypen *Unterschiede bei der Preisrealisierung* ergeben. Insbesondere die in traditionellen Steuersystemen erfolgende Orientierung an der unternehmerischen Leistungsfähigkeit bei der Bestimmung der Höhe des Steuerpreises begründet Schwierigkeiten, Unternehmen zur angemessenen Finanzierung der nachgefragten öffentlichen Leistungen heranzuziehen. Aufgrund der *Mobilität der Bemessungsgrundlagen* kann kein Unternehmen zur Entrichtung des Preises für die Inanspruchnahme öffentlicher Leistungen gezwungen werden.

Besteuerungskontrakte zwischen Bürgern und Besitzern mobiler Faktoren sind aufgrund des ihnen innewohnenden *Versicherungscharakters* in Verbindung mit der Gefahr *nachvertraglichen Opportunismus* nicht durchsetzbar, wenn sich die Besteuerungshöhe nach dem Gewinn bemisst. Die *Gewinnbesteuerung* stellt in Verbindung mit der *territorialen Begrenztheit hoheitlicher Zwangsgewalt* die Ursache dafür dar, dass es aus Sicht global agierender Unternehmen einfach ist, durch Verrechnungspreispolitik Gewinne in jedem beliebigen Sitzstaat anfallen zu lassen. Dieser Umstand ist auch für die stark ausgeprägten fiskalischen Anreize verantwortlich, bei wettbewerblichem Streben nach Maximierung des Steueraufkommens nicht auf *unternehmerische Aktivitäten* abzuzielen, sondern auf deren *Steuerbemessungsgrundlagen*.

Aus der „Gewinnmobilität" folgt in der Tat eine Entkopplung der realen Aktivitäten von der Verteilung der Steuerbasis. Allerdings wäre es falsch, Staaten, die beispielsweise in Form eines strikten Bankgeheimnisses starke Präferenzen für *Privatsphäre* aufweisen, zu mehr *Transparenz* zu zwingen, nur um den in anderen Staaten nicht durchsetzbaren Besteuerungsregeln durchsetzbaren Charakter zu verleihen. Um diesen wichtigen Aspekt noch einmal in andere Wort zu fassen: Das eigentliche Problem sind *nicht* vermeintlich unfaire fiskalische Verhaltensformen, sondern die fehlenden Wettbewerbsrobustheit der in allen modernen Industriestaaten zur Anwendung kommenden Gewinnbesteuerung. Wieso sollten Staaten, die für ihr öffentliches Leistungsarrangement einen *Steuerfixpreis* verlangen, unter Aufwendung hoher Kosten anderen Staaten bei der Durchsetzung deren Besteuerungskontrakte mit Versicherungscharakter assistieren, ohne hieraus einen Nutzen zu ziehen? Die Verantwortung zur Lösung des Problems fehlender Durchsetzbarkeit eigener Besteuerungskontrakte liegt alleine bei der an einem Festhalten an der Gewinnbesteuerung interessierten Bürgerschaft, nicht hingegen bei Drittstaaten. Der Vorwurf, diese Staaten verhielten sich „unfair", erscheint vor diesem Hintergrund wenig zielführend und völlig unbegründet.

Zusammenfassend ist festzuhalten, dass sich aus vertragstheoretischer Sicht die *Güte des Regelwerks* nicht an dessen Zweckmäßigkeit bemisst, unternehmerischem Trittbrettfahrverhalten wirksam zu begegnen. Vielmehr ist die *Qualität national-staatlicher Steuerreformen* als Funktion deren Eignung anzusehen, dem Problem *moralisch mitnichten verwerflichen* nachvertraglichen Opportunismus seitens der Unternehmen wirksam entgegenzuwirken und eigene Steueransprüche durchzusetzen.

4 Konstitutioneller Reformbedarf

Schick (96) nennt Beispiele für „unfaire" Praktiken im Ausland zulasten des deutschen Fiskus, erkennt aber indirekt zugleich an, dass auch Deutschland in dieser Situation eines allgemeinen Dilemmas zu „unfairen" Steuerpraktiken neigt. So stuft die von der EU zur Identifizierung „unfairer" Besteuerungspraktiken eingesetzte Primarolo-Gruppe (1999) auch deutsche Steuerpraktiken als solche ein, die gegen den Kodex fairer Besteuerung der Europäischen Kommission (1997) verstoßen. An Hand der Tatsache, dass bisweilen fast alle Staaten sowohl der Gruppe der Geschädigten als auch jener der Schädigenden angehören, wird deutlich, dass moralische Appelle nicht nur nutzlos, sondern auch unbegründet sind. Zugleich legt diese Situation den Verdacht nahe, es handle sich beim Wettbewerb um reine steuerliche Bemessungsgrundlagen um ein *allgemeines, also globales* Handlungsdilemma. Wäre dies der Fall, müsste für den Fiskalwettbewerb *eigentlich* diagnostiziert werden, dass trotz heterogener Interessenstruktur, was die konkrete Ausgestaltung des Regelwerks angeht (Elster 1989: 12f.), ein *allgemeines Interesse* an Kooperationslösungen durch Schaffung von Regeln existiert.

Dass bisher weder internationale noch europäische Vereinbarungen über die Besteuerung mobiler Einkünfte beobachtbar sind, deutet aber darauf hin, dass Staaten existieren, die entgegen diesem Verdacht *überhaupt nicht* an einer Kanalisierung wettbewerblicher Prozesse interessiert sind. Der Verdacht, alle Staaten präferierten eine *wie auch immer geartete* gegenüber *gar keiner* Regulierung erweist sich nur dann als zutreffend, wenn alle Staaten in ähnlichem Maße vom Einsatz „unfairer" Praktiken profitieren bzw. geschädigt werden. Gerade dies ist derzeit aber nicht zu diagnostizieren, weil die Auswirkungen eines eigenen oder fremden Einsatzes derartiger Praktiken aufgrund *voneinander abweichender Steuerelastizitäten* und *zur Anwendung kommender Besteuerungsregeln* unterschiedlich ausfallen.

Insbesondere *zwei Gruppen von Staaten* gehen *allein als Gewinner* aus der unregulierten Konkurrenz hervor: Zum einen existieren Staaten, die, obwohl auch sie nach dem Gewinn besteuern und unter dem Problem schlecht durchsetzbarer Steueransprüche leiden, eine Zusammenarbeit mit ausländischen Steuerbehörden zur Abgrenzung der Einzelgewinne verweigern. Vor allem in sehr kleinen Staaten können aufgrund *hoher Steuerpreiselastizitäten* Steuersatzsenkungen durch eine Verbreiterung der Steuerbasis durch Kapitalzuflüsse steuerliche Mehreinnahmen bedingen, während in großen Staaten Einnahmeverluste den Spielraum für Steuersatzsenkungen begrenzen. Zum anderen sind Staaten, die bereits heute wettbewerbsrobuste Besteuerungsregeln anwenden, nicht an einem Regelwerk zur Rettung der Gewinnbesteuerung interessiert. Diese Staaten erheben gar nicht die zur adäquaten Gewinnabgrenzung erforderlichen Daten und sind unabhängig von den Anreizen, sich einem Informationsaustausch zu verweigern, auch überhaupt nicht in der Lage, die relevanten Informationen bereitzustellen. Zu dieser Gruppe von Staaten gehören zahlreiche Steueroasen, die global agierende Unternehmen mit einem Fixbetrag, bspw. in Form einer *Offshore-Abgabe*, besteuern.

Der *asymmetrische Charakter des Fiskalwettbewerbs* begründet also ein *irrelevantes steuerliches Vergeltungspotenzials* der großen aus Sicht sehr kleiner und in Form eines Fixsteuerpreises besteuernder Staaten. Das Dilemma betrifft allein große Staaten, deren Bürger an der Gewinnbesteuerung festhalten möchten. Staaten, die *wettbewerbsrobuste Spielzüge* verfolgen, werden ebenso wie kleine Staaten, die sich durch *hohe Steuerpreiselastizitäten* auszeichnen, *(trotz Gewinnbesteuerung)* als Gewinner aus dem im Status Quo unregulierten Fiskalwettbewerb hervorgehen. Für den Steuerwettbewerb ist es streng genommen also unzulässig, von einem *Dilemma im engeren Sinne* zu sprechen, weil *nicht* alle Spieler sich in einem solchen befinden. Diese Erkenntnis birgt Implikationen für die Ausgestaltung eines Regelwerkes.

Zunächst sei noch einmal betont, dass beobachtbare Probleme ihre Ursache im Versicherungscharakter der einzelstaatlichen Besteuerungskontrakte haben, nicht hingegen in der fehlenden Unterstützung dritter Staaten bei deren Durchsetzung. Deshalb ist von unfairem Verhalten nicht auszugehen. Der Begriff „*unfaires Verhalten*" darf deshalb allein im Sinne von „*im Interesse spezifischer Staaten als korrekturbedürftig einzustufendes Verhalten*", um ein Dilemma zwischen den nach dem Gewinn besteuernden Staaten abzuwenden, verwendet werden. Hieraus folgt zweierlei: Zum einen ist von einer Kooperationsbereitschaft der nicht bzw. kaum geschädigten Staaten nicht auszugehen. Deshalb darf der konstitutionelle Lösungsansatz *nicht als Regelwerk im engeren Sinne* verstanden werden. Das Spiel des Fiskalwettbewerbs ist von globalem Ausmaß, die Staaten, die an dessen Regulierung interessiert sind, stellen aber nur eine Teilmenge dar. Der von diesen Staaten verfolgte Weg aus dem Dilemma ist deshalb stets als *Verteidigungsstrategie* anzusehen, nicht hingegen als Schaffung eines *globalen Regelwerkes*.

Zum anderen folgt hieraus ein weiterer Aspekt: Folgt man dem vertragstheoretischen Konsenskriterium, ist ein globales Regelwerk *selbst dann* abzulehnen, wenn es internationalen Organisationen durch politischen Druck gelingt, alle Staaten zur Umsetzung der vorwiegend von Hochsteuerstaaten geforderten Regeln zu bewegen. Grund hierfür ist die Tatsache, dass Staaten in völlig unterschiedlicher Ausprägung Präferenzen für gewisse Besteuerungsformen und Transparenzgrade aufweisen. Während zahlreiche Staaten, ohne bzw. mit Gewinnbesteuerung und häufig historisch bedingt, *starke Präferenzen für Privatsphäre* aufweisen und deshalb die zur Abgrenzung der Gewinne erforderlichen Daten gar nicht erheben bzw. die erhobenen Daten aus Datenschutzgesichtspunkten nicht an Dritte weitergeben möchten, sind vor allem Staaten mit Gewinnbesteuerung an einem *umfangreichen Informationsaustausch der Steuerbehörden* und an *internationalen Transparenzstandards* interessiert. Der Trade-Off zwischen Transparenz und Privatsphäre ist deshalb nur einzelstaatlich oder gar auf unterer gebietskörperschaftlicher Ebene abhängig von den dort beobachtbaren Präferenzstrukturen optimal lösbar. Standardisierte europäische oder globale Lösungen dieses Trade-Offs sind strikt abzulehnen.

Dies bedeutet aber nicht, dass ein europäisches Regelwerk zur Eindämmung der Konkurrenz um reine Steuerbasen per se abzulehnen sei. Aus Sicht jener Staaten, die eine ähnlich starke Präferenz für eine Besteuerung der Unternehmen nach deren Gewinn und deshalb auch für einen hohen Grad an Transparenz aufweisen, ist tatsächlich ein allgemeines Handlungsdilemma beobachtbar. Dieses darf aufgrund der Existenz anderer Staatentypen aber allein mit Hilfe einer *konstitutionellen Verteidigungsstrategie, nicht hingegen durch ein globales Regelwerk* im Sinne internationaler Transparenzstandards oder einer internationalen Zusammenarbeit der Steuerbehörden, das auch den aufgeklärten Interessen zahlreicher Bevölkerungen kleinerer Staaten zuwiderlaufe, bekämpft werden. Die Forderung von Schick (105), bei Steuerfragen vom Einstimmigkeitserfordernis Abstand zu nehmen ist auch vertragstheoretischer Perspektive abzulehnen. Sie stellte eine Quelle von Zwang dar und ist außerdem im Hinblick auf den von Schick vorgeschlagenen Weg einer formelhaften Aufteilung konsolidierter Gewinne nicht erforderlich. Eine Implementierung ist – unabhängig von der konkreten Ausprägung – durchaus in Form des im *Vertrags von Nizza* fixierten *Rechtsinstrument der „verstärkten Zusammenarbeit"*[5] möglich. Gegen ein damit verbundenes „Europa der zwei Geschwindigkeiten" ist aus vertragstheoretischer Sicht nichts einzuwenden.

Der von Schick skizzierte Weg einer formelhaften Aufteilung einer konsolidierten Bemessungsgrundlage kann einen durchaus gangbaren Verteidigungsansatz darstellen. Trotz eines *Levelling the Playing Field* wird die Funktionsweise des Steuerwettbewerbs kaum eingeschränkt. Möglicherweise wird ein echter Leistungswettbewerb der Staaten um realwirtschaftliche Aktivitäten durch eine konstituierende eigentumsrechtliche Aufteilung von Besteuerungsrechten verschärft. Der entscheidende Vorteil dieses Systems besteht gerade darin, dass durch eigentumsrechtliche Zuordnung der Besteuerungsrechte auch Staaten, die gemäß dem Gewinn besteuern, „wettbewerbstaugliche" Akteure werden, weil die Begrenztheit hoheitlicher Zwangsgewalt zur Sicherung der Finanzierungsbeiträge der Jurisdiktionennutzer dann kein Problem mehr darstellt. Unternehmerische Maßnahmen der Steuerumgehung stellen im Falle einer Implementierung des Systems nicht länger die dominante unternehmerische Strategie im Steuerwettbewerb dar.

---

[5] Dieses ermöglicht einer mindestens acht Mitgliedstaaten zählenden Gruppe, selbst bei für den Binnenmarkt relevanten Gesetzen eigene Wege zu gehen.

Mitentscheidend für die Vorteilhaftigkeit dieses Lösungsansatzes ist angesichts des unkooperativen Charakters des Steuerwettbewerbsspiels auch die einseitige, nicht auf die Kooperationsbereitschaft aller anderen Staaten angewiesene Implementierbarkeit. Dabei muss dennoch nicht auf die politisch heilsame Wirkung des Fiskalwettbewerbs verzichtet werden, da die einzelstaatliche Autonomie bei der Bestimmung der konkreten Steuersätze durch die Maßnahme nicht angetastet wird. Einzig die Bemessungsgrundlage wird (partiell) standardisiert.

Diese Aufhebung des territorialen Zuschnitts der Besteuerung stellt in der Tat eine Form *echter Ursachenbekämpfung* dar. Allerdings ist der Preis einer solchen Besteuerung multinationaler Unternehmen hoch, weil eine so besteuernde *nationale Bürgerschaft* dem Unternehmen die Möglichkeit anböte, sich gegen *europaweite Verluste* zu versichern, obwohl der einzelstaatliche Einfluss auf den globalen Gewinn u.U. *marginal* ist. Mit anderen Worten nähmen die Bürger des betreffenden Staates trotz der Tatsache, dass das selbst bereitgestellte Steuer-Leistungs-Arrangement nur einen geringen Einfluss auf die globale unternehmerische Kostenfunktion ausübt, die Rolle von „Aktionären" dieses global agierenden Unternehmens ein. Die Frage, ob eine solche Ausweitung des Versicherungsraumes einer Abstandsnahme von der Gewinnbesteuerung vorzuziehen sei, ist abhängig von den Präferenzen und entzieht sich einer wissenschaftlichen Bewertung.

5 Zusammenfassung der Ergebnisse

Die zwischenstaatlichen Konkurrenzprozesse laufen zumindest zum Teil in einer Form ab, die den Interessen der Bürger strikt zuwider läuft. Für deren Existenz ist aber in keinster Weise das Fehlen einer Wettbewerbsordnung zur Vermeidung „unfairer" Besteuerungspraktiken verantwortlich zu machen. Von einem Wettbewerbsversagen ist nicht auszugehen. Das Gegenteil ist der Fall: Fiskalwettbewerb ist auch hier in der Lage, nicht wettbewerbsrobuste nationale Besteuerungsstrategien aufzudecken und zu sanktionieren. Dies schafft Anreize, die zur Anwendung kommenden Besteuerungsregeln im Sinne höherer Wettbewerbsrobustheit zu modifizieren.[6] Der Ansatz einer formelhaften Aufteilung eines (EU-weit) konsolidierten Konzerngewinns kann einen sinnvollen Ansatz eines Staatenbündnisses zur „Rettung der Gewinnbesteuerung" darstellen. Der derzeit von OECD und EU politisch beschrittenen Weg einer Bekämpfung „unfairer" Besteuerungspraktiken und eines globalen Ansatzes zum Informationsaustausch zur Vermeidung unternehmerischer Steuerumgehung ist aus liberaler Sicht hingegen abzulehnen, weil er den Interessen mancher Staaten strikt zuwiderlaufen.

---

[6] Die Rolle der europäischen Rechtsprechung als Ursache für starke Einschränkungen der nationalen Freiheitsgrade bei der Ausgestaltung der nationalstaatlichen Verteidigungsstrategien konnte hier aus Platzgründen leider nicht behandelt werden.

Literatur

Bartelsman, Eric J./ Beetsma, Roel M. (2003): Why Pay More? Corporate Tax Avoidance through Transfer Pricing in OECD Countries. *Journal of Public Economics*, 87 (2003) 9, 2225-2252.

Blankart, Charles B. (2005): Reform des föderalen Systems, in: Michael Wohlgemuth (Hrsg.): *Spielregeln für eine bessere Politik*. Freiburg (2005): Herder, 135-158.

Clark, John Maurice (1975): Zum Begriff eines funktionsfähigen Wettbewerbs, in: Herdzina, Klaus (Hrsg.): *Wettbewerbstheorie*. Köln (1975): Kiepenheuer & Witsch, 143-160.

Elster, Jon (1989): *The Cement of Society: A Study of Social Order*. Cambridge, Mass. (1989): Cambridge University Press.

Europäische Kommission (1997): *Maßnahmenpaket zur Bekämpfung des schädlichen Steuerwettbewerbs in der Europäischen Union*. Luxemburg (1997): KOM(97) 564 endg.

Huizinga, Harry P./ Laeven, Luc (2005): *International Profit Shifting within European Multinationals*. Center for Economic Policy Research (2005): CEPR Working Papers, Nr. 6048.

Märkt, Jörg (2003): *Steuern als Preise – Zur Notwendigkeit einer Besteuerung ohne Trittbrettfahrer angesichts des Steuerwettbewerbs*. Freiburg im Breisgau (2003): Haufe.

o.V. (2006): BDI: Finanzministerium hat sich verrechnet – Zeilenfehler bei Berechnen der Gewinnverlagerung. *Handelsblatt*, Nr. 158, 17. Aug. 2006, 4.

Primarolo Gruppe (1999): *Bericht der Gruppe „Verhaltenskodex"* (Unternehmensbesteuerung). Brüssel (29. Feb. 2000): Press Release Nr. 4901/99.

Scharpf, Fritz (1998): Globalisierung als Beschränkung der Handlungsfähigkeit nationalstaatlicher Politik. *Jahrbuch für Neue Politische Ökonomie*, 17 (1998), 41-66.

Sinn, Hans-Werner (2003): *The New Systems Competition*. Malden (2003): Blackwell.

Vanberg, Viktor (1994): *Wettbewerb in Markt und Politik – Anregungen für die Verfassung Europas*, Friedrich-Naumann-Stiftung (Hrsg.). Sankt Augustin (1994): COMDOK-Verl.-Abt.

Vanberg, Viktor (2003): *Bürgersouveränität und wettbewerblicher Föderalismus: Das Beispiel der EU*. Walter Eucken Institut, Freiburg (2003): Freiburg Discussion Papers on Constitutional Economics, 03/6.

Wohlgemuth, Michael (1995): Economic and Political Competition in Neoclassical and Evolutionary Perspective. *Constitutional Political Economy*, 6 (1995), 71-96.

Funktionsfähiger Steuerwettbewerb: Von der internationalen zur nationalen Debatte

Walter Müller*

1   Zehn Jahre „unfairer" Steuerwettbewerb

Im Januar 1997 empörte sich der damalige Bundesfinanzminister Dr. Theo Waigel über unfaire Praktiken im internationalen Steuerwettbewerb. Dem deutschen Fiskus gingen seinerzeit zunehmend Steuereinnahmen dadurch verloren, dass Kapitalerträge und die entsprechende steuerliche Bemessungsgrundlage buchungstechnisch in andere EU-Mitgliedstaaten verlagert wurden, die ausländische Steuerpflichtige nur in geringstem Maße steuerlich belasteten. Besonders verärgert zeigte sich der deutsche Finanzminister darüber, dass EU-Staaten wie Irland steuerliche Bemessungsgrundlagen aus anderen EU-Ländern attrahierten, dort also einen massiven Rückgang von Steuereinnahmen verursachten, während diese EU-Partner zur gleichen Zeit über den Haushalt der EU erhebliche finanzielle Hilfen für Irland bereit stellten. Doch nicht nur Irland, sondern auch ande-

---

* PD Dr. Walter Müller war Hochschuldozent für Allgemeine Volkswirtschaftslehre an der Universität Kassel und arbeit seit Mai 2004 als Referent im Ministerium der Finanzen Rheinland-Pfalz. Die hier wiedergegebene Meinung entspricht nicht unbedingt derjenigen des Finanzministeriums.

re EU-Staaten wie Belgien oder Italien lockten Buchgewinne mit extrem niedrigen Steuersätzen an, während die Wertschöpfung als reale Basis der Kapitalerträge jeweils im benachbarten „Hochsteuerland" erfolgte, das sich infolgedessen um die zukünftige Finanzierung seiner teueren Infrastruktur sorgte.[1]

Die Problematik fand auch außerhalb der EU ihre Parallelen, so dass schließlich nicht nur die EU, sondern auch die OECD Maßnahmen ergriff, um den unfairen bzw. den schädlichen internationalen Steuerwettbewerb einzudämmen. Dabei sollte nicht der Steuerwettbewerb an sich beendet werden, sondern nur bestimmte unfaire oder schädliche Maßnahmen (Europäische Kommission 1997, OECD 1998). Die Initiativen der EU und der OECD können zumindest teilweise als erfolgreich gewertet werden, die Diskussion um den internationalen Steuerwettbewerb ist deutlich ruhiger geworden.

Interessanterweise wird nun 10 Jahre nach Beginn dieser Debatte eine Forderung erhoben, die für den nationalen Steuerwettbewerb innerhalb Deutschlands in die entgegengesetzte Richtung zielt: Die Länder der Bundesrepublik Deutschland müssten in einem intensiveren nationalen Steuerwettbewerb stehen. Der deutsche kooperative Föderalismus würde Leistungsanreize für eine ertragreichere Wirtschafts- und Finanzpolitik der Länder unterbinden. Das Verlangen nach Steuerwettbewerb innerhalb Deutschlands wurde immerhin so nachdrücklich vorgetragen, dass es Eingang gefunden hat in den Themenkatalog der so genannten Föderalismusreform II, die in Ergänzung zum Reformprozess „Modernisierung der bundesstaatlichen Ordnung" initiiert wurde und Anfang 2007 durch den Arbeitsbeginn der MBO II-Kommission ihre Institutionalisierung gefunden hat.

Aus den Funktionsbedingungen für den internationalen Steuerwettbewerb werden im Folgenden die Voraussetzungen abgeleitet, unter denen im föderativen Staat nationaler Steuerwettbewerb als Element eines kompetitiven Föderalismus ökonomisch bessere Ergebnisse zu erzielen verspricht als der kooperative Föderalismus ohne Steuerwettbewerb.

Am Beispiel der Bundesrepublik Deutschland wird sowohl mit institutionen- und politökonomischen Aspekten als auch mit steuertechnischen und steuerpolitischen Argumenten diskutiert, ob derzeit die Bedingungen für einen funktionsfähigen nationalen Steuerwettbewerb als erfüllt gelten können.

---

[1] Vgl. beispielsweise den Bericht der „Hochrangigen Arbeitsgruppe" vom November 1999, kommentiert in Mors (2001).

2 Funktionsfähiger internationaler Steuerwettbewerb

Definition des internationalen Steuerwettbewerbs

Weil die Debatte um den internationalen und auch den nationalen Steuerwettbewerb in gleich hoher Intensität und mit ähnlich hohem Streitpotenzial sowohl von Politikern und Verwaltungspraktikern, aber auch von Wissenschaftlern und Stammtischbruderschaften geführt wird, ist eine konsistente Beschreibung des Phänomens Steuerwettbewerb dringend notwendig, um dem hier versuchten Brückenschlag von der Theorie zur Praxis einen tragfähigen Boden zu bereiten.

Für den internationalen Steuerwettbewerb sind drei Dimensionen zu unterscheiden (Müller 2004: 39ff.).

- Er ist Teil des *Standortwettbewerbs*, weil immobile Faktoren gegen die internationale Konkurrenz versuchen, mobile Faktoren (Wettbewerbsobjekte) zu attrahieren.

- Er ist *politischer Wettbewerb*, weil die national verantwortlichen Politiker als Wettbewerbssubjekte die maßgeblichen Akteure in diesem Wettbewerb sind.

- Er ist *Systemwettbewerb*, oder institutioneller Wettbewerb, weil das Steuersystem, insbesondere die Kapitalertragsbesteuerung, als Wettbewerbsinstrument eingesetzt wird.

Der so definierte Steuerwettbewerb weist verschiedene Spielarten auf, die in einer Phänomenologie des Steuerwettbewerbs das Wettbewerbsobjekt in vier Gruppen unterscheidet. Demnach gibt es einen Wettbewerb um

- Realinvestition,

- Finanzinvestition,

- Steuerliche Bemessungsgrundlagen und

- Menschen.

Vor- und Nachteile des internationalen Steuerwettbewerbs

Aus einer neoklassischen, wohlfahrtstheoretischen Perspektive und aus einem politökonomischen Blickwinkel heraus lassen sich die verschiedenen Vor- und Nachteile des internationalen Steuerwettbewerbs analysieren. Im Mittelpunkt der neoklassischen Analyse stehen die verschiedenen Externalitäten des Steuer- bzw. Fiskalwettbewerbs, die zunächst zu dem Urteil allokativer Ineffizienz führen. Ein ruinöser Steuersenkungswettlauf wird prognostiziert und ein Unterangebot an öffentlichen Gütern. Jedoch entkräften neuere wohlfahrtstheoretische Modelle und Argumente der Neuen Politischen Ökonomik die ursprüngliche Beweisführung zu den räumlichen, fiskalischen und politischen Externalitäten teilweise, so dass die anschließend aus politökonomischer Perspektive herausgestellten Vorteile des Steuerwettbewerbs gegenüber den zu berücksichtigenden Nachteilen deutlich schwerer wiegen. Zu diesen Vorteilen zählen vor allem die beiden zentralen Funktionen des internationalen Steuerwettbewerbs, der

- ein Entdeckungsverfahren zur Auffindung neuer, verbesserter politischer Systeme, insbesondere Steuersysteme (Austauschprozess im politischen Wettbewerb) darstellt und

- ein Kontrollverfahren zur Überwachung und Disziplinierung der politischen Mandatsträger ist (Parallelprozess im politischen Wettbewerb).

Mit diesen zentralen Funktionen eng verbunden sind die Vorteile des Steuerwettbewerbs als internationaler Allokationsmechanismus und als Instrument zur Begrenzung wachsender Staatsquoten. Dabei müssen den Bürgern und Zensiten jedoch stets sowohl die Exit- als auch die Voice-Option zur Verfügung stehen. Dies bedeutet, die Offenheit der Güter- und Faktormärkte muss gewährleistet sein (Exit-Option), und die am Steuerwettbewerb teilnehmenden Staaten müssen Demokratien sein (Voice-Option).

Durch die Erkenntnisse der neoklassischen und der politökonomischen Analyse lässt sich damit zwar die Vorteilhaftigkeit des internationalen Steuerwettbewerbs belegen. Allerdings waren vor allem Ende der 1990er Jahre politische Tendenzen zur Wettbewerbsbeschränkung in Form von Steuerharmonisierungsbemühungen zu beobachten. Zudem beeinträchtigte der zunehmende Einsatz unlauterer Wettbewerbsmethoden die Funktionsfähigkeit des Steuerwettbewerbs. Diese Tendenz lässt sich nicht nur in der politischen Realität beobachten, sondern kann auch theoretisch aus der Interpretation des Steuerwettbewerbs als politischer Wettbewerb und als Systemwettbewerb abgeleitet und anhand eines Vergleichs mit dem unternehmerischen Wettbewerb auf privaten Märkten veranschaulicht werden (Müller 2004).

Funktionen und Funktionsbedingungen des internationalen Steuerwettbewerbs

Wenn also der an sich positiv zu beurteilende Steuerwettbewerb in seiner Funktionsfähigkeit bedroht ist, wenn er also Gefahr läuft, seiner Vorteile beraubt zu werden, dann muss nach einer Möglichkeit gesucht werden, die Funktionsfähigkeit des Steuerwettbewerbs dauerhaft zu erhalten. Dazu sind die Funktionen und Funktionsbedingungen dieser Wettbewerbsform eingehend zu analysieren, wobei auf die Hauptfunktionen als Entdeckungs- und Kontrollverfahren sowie auf Nebenbedingungen (Allokationseffizienz und Kompatibilität mit nationalen Verteilungszielen) abgestellt wird (im Detail Müller 2004: Kap. 6). Als Ergebnis kann das theoretische Leitbild des funktionsfähigen Steuerwettbewerbs formuliert werden. Danach gilt der internationale Steuerwettbewerb dann als funktionsfähig, wenn er die Entdeckungs- und Kontrollfunktion unter Einhaltung der Nebenbedingungen erfüllen kann.

Dieses Leitbild verlangt zur dauerhaften Aufrechterhaltung der Funktionsfähigkeit des Steuerwettbewerbs die Entwicklung und Implementierung einer internationalen Steuerwettbewerbsordnung als Katalog von erwartungsstabilisierenden und handelnslenkenden Regeln. Ein Beurteilungsschema für einen theoretisch konsistenten und praktisch durchsetzbaren Katalog von Wettbewerbsregeln enthält folgende vier Gruppen von Funktionsanforderungen oder Eigenschaften:

- *Identifizierungsfunktion:* Unlautere Wettbewerbsmaßnahmen müssen zielsicher erkannt werden.

- *Handelnslenkende Eigenschaft:* Ein zukünftiger Einsatz unlauterer Maßnahmen muss wirksam vermieden und der bisherige Einsatz muss wirksam und rechtzeitig zurückgeführt werden.

- *Erwartungsstabilisierende Eigenschaft:* Die Wirksamkeit der Regeln muss dauerhaft gesichert sein.

- *Funktionserhaltende Eigenschaft:* Die Funktionen des Steuerwettbewerbs müssen erhalten bleiben.

Das Anforderungsprofil berücksichtigt ausdrücklich die in der politökonomischen und institutionenökonomischen Analyse gewonnenen Erkenntnisse über die besonderen Eigenschaften des internationalen Steuerwettbewerbs als politischer Wettbewerb und als Systemwettbewerb.[2]

Leitbild und Regelkatalog eines funktionsfähigen Steuerwettbewerbs

Auf Basis des entwickelten Anforderungsprofils kann eine eigene Steuerwettbewerbsordnung entworfen werden. Deren zentrale Merkmale sind (Müller 2004: 163ff.):

- Das Äquivalenzprinzip als Paradigma der internationalen Kapitalertragsbesteuerung.

- Ein Kriterienkatalog zur Identifizierung unlauterer Maßnahmen im Steuerwettbewerb.

---

[2] Die in der Einleitung erwähnten Maßnahmenpakete der EU und der OECD können anhand dieses Anforderungsprofils bewertet werden. Dabei zeigt sich, dass die Initiativen grundsätzlich geeignet erscheinen können, aber weiterer Verbesserungen noch offen stehen (Müller 2004: 166ff.).

- Vorschriften zur Rücknahme- und Stillhalteverpflichtung inklusive der notwendigen Sanktionierungsmaßnahmen.

- Vorschriften zur Gewährleistung der dauerhaften Wirksamkeit der Wettbewerbsordnung, die in ihrer Konsequenz auf das System der Einheitsbesteuerung (Unitary Taxation) in der Unternehmensbesteuerung hinauslaufen.

- Die zur Erhaltung der Funktionsfähigkeit des Steuerwettbewerbs für notwendig erachtete und im Einklang mit dem neuen Paradigma der internationalen Kapitalertragsbesteuerung stehende Stärkung des Quellenlandprinzips anstelle des Wohnsitzlandprinzips.

Eine solche Wettbewerbsordnung würde den internationalen Steuerwettbewerb dauerhaft in seiner Funktionsfähigkeit erhalten, so dass die Vorteile dieses Wettbewerbs seine potenziellen Nachteile überwiegen oder letztere erst gar nicht in Erscheinung treten werden.[3]

Kein Regelkatalog kann erschöpfend alle Fälle vorhersehen, die es zukünftig zu regeln geben wird. Daher benötigt jeder Regelkatalog ein Leitbild, das einerseits präzise genug sein muss, um das Ziel der Regelung nicht aus den Augen zu verlieren. Darüber hinaus muss es weit genug gefasst sein, um auch jene Fälle abdecken zu können, die zum Zeitpunkt des Regelungsentwurfs noch unbekannt sind. Es muss der teleologischen Interpretation ein tragfähiges und ergiebiges Fundament geben. Für den geforderten Katalog von Regeln für den internationalen Steuerwettbewerb wird folgendes Leitbild vorgeschlagen.

„Der internationale Steuerwettbewerb ist ein steuerpolitisches Entdeckungs- und Kontrollverfahren. Er fördert die Effizienz der nationalen und internationalen Wirtschaft und soll der Realisierung nationaler Umverteilungsziele nicht entgegenstehen. Ein funktionsfähiger internationaler Steuerwettbewerb zwischen den mit Steuerkompetenz ausgestatteten Gebietskörperschaften bedarf bestimmter Regeln, die die konkurrierenden Körperschaften konsequent und auch unter erschwerten Bedingungen (Störung des gesamtwirtschaftlichen Gleichgewichts, strukturelle Fehlentwicklungen etc.) einhalten müssen. Im Interesse der Chancengleichheit aller Staaten und deren Völker sollen diese Regeln verhindern, dass die Staaten durch unlautere, wettbewerbsschädliche Steuerinstrumente unangemessene Vorteile zu eigenen Gunsten erwirken oder unangemessene Nachteile der Partnerstaaten provozieren. Konkurrierende Staaten sind nicht als Gegner im internationalen Standortwettbewerb zu sehen, sondern als Partner und gleichberechtigte Interessenten zu achten. Voraussetzung für eine effiziente und gerechte internationale Kapitalertragbeteuerung ist das Äquivalenzprinzip." (Müller 2004: 160)

---

[3] Im Übrigen kann gezeigt werden, dass die Etablierung und dauerhafte Durchsetzung eines solchen internationalen Regelkatalogs nicht nur theoretische möglich, sondern in der Praxis sogar wahrscheinlich ist (Müller 2004: Kap. 9).

Grundvoraussetzungen für einen funktionsfähigen Steuerwettbewerb

Während das Leitbild und die Steuerwettbewerbsordnung zur dauerhaften Funktionsfähigkeit eines bestehenden Steuerwettbewerbs notwendig sind, muss auch nach den Grundvoraussetzungen gefragt werden, unter denen Steuerwettbewerb überhaupt effiziente Ergebnisse erzielen kann. Diese Frage ist insbesondere für die Diskussion eines nationalen Steuerwettbewerbs in Deutschland zu klären, den es bislang auf Länderebene nicht gibt, dessen Implementierung aber gefordert wird.

Hier sind insbesondere zu nennen:

- Gleiche Startbedingungen der Gebietskörperschaften (bzw. ihrer Politiker) als Wettbewerber

- Freie Entscheidung der Akteure hinsichtlich Art und Umfang der Aufgabenerfüllung

- Transparente Rückwirkung von Entscheidungen der Akteure und ihrer Wähler auf diese selbst (Äquivalenzprinzip)

- Offenheit der Güter- und Faktormärkte (Exit-Option für die Wähler)

- Die in Konkurrenz tretenden Gebietskörperschaften müssen Demokratien sein (Voice-Option für die Wähler)

- Marktein- und Marktaustrittsmöglichkeit für die im Wettbewerb stehenden Gebietskörperschaften

3 Funktionsfähiger nationaler Steuerwettbewerb

Die Definition des internationalen Steuerwettbewerbs, aber auch die theoretischen Erkenntnisse über seine Vor- und Nachteile, seine Funktionsbedingungen, aber auch die Notwendigkeit einer Wettbewerbsordnung und das dazu notwendige Leitbild können grundsätzlich auf den nationalen Steuerwettbewerb im föderalistischen Staat sinngemäß übertragen werden.

- Zur Definition können die drei Dimensionen des internationalen Steuerwettbewerbs herangezogen werden (Standortwettbewerb, politischer Wettbewerb, Systemwettbewerb), da es sich auch hier beim nationalen Steuerwettbewerb um einen Standortwettbewerb handelt, in dem die verantwortlichen Landespolitiker die maßgebenden Akteure sind und das Steuersystem als Wettbewerbsinstrument eingesetzt wird. Auch die Phänomenologie kann zweifelsohne übertragen werden. Es handelt sich um einen Wettbewerb um Realinvestitionen (Direktinvestitionen), Finanzinvestitionen, steuerliche Bemessungsgrundlage und um Menschen.

- Die Vorteile dürften auch beim nationalen Steuerwettbewerb allgemein in der höheren dynamischen Allokationseffizienz des wettbewerblichen Systems gesehen werden. Der Politiker gibt sich mehr Mühe, die Präferenzen des Wählers zu berücksichtigen. Gleichzeitig werden die ökonomischen Ressourcen wirtschaftlicher eingesetzt, da der Wähler zugleich der Profiteur und der Zahler einer veranlassten Maßnahme ist. Diese Vorteile gelten insbesondere in der langfristigen Perspektive, da sich ein wettbewerbliches System besser auf Veränderungen der Rahmenbedingungen einstellen kann.

- Nachteilig dürften sich indessen die unterschiedlichen Lebensbedingungen auswirken, die sich im Zuge eines wirksamen Wettbewerbsprozesses einstellen werden: Die erfolgreichen Länder eines wettbewerblich strukturierten Föderalstaates werden einen intensiven Zustrom von Einwohnern und Arbeitsuchenden erleben, während die Lebens- und Arbeitsbedingungen im unterlegenen Land sich stark verschlechtern könnten.

- Auch die Grundvoraussetzungen und die Funktionsbedingungen sind die gleichen wie im internationalen Steuerwettbewerb.

1. Bei unterschiedlichen Startvoraussetzungen der Wettbewerber wird der potentere Teilnehmer den schwächeren aus dem Markt verdrängen. Das unterlegene Land muss den Markt verlassen können.

2. Im Wettbewerbsprozess muss den konkurrierenden Ländern bzw. ihren politischen Entscheidern freistehen, welche Aufgaben oder zumindest in welchem Umfang sie festgelegte Aufgaben erfüllen.

3. Sie müssen innerhalb des Zuständigkeitsbereichs auch entscheiden dürfen, welche Einnahmen sie in welcher Höhe und von wem zur Finanzierung dieser Aufgaben erheben. Dabei muss das Äquivalenzprinzip Anwendung finden, nach dem der Steuerpflichtige in Höhe seines Nutzens aus der Inanspruchnahme öffentlicher Leistungen zur Finanzierung dieser Leistung herangezogen wird.

4. Eine Übereinstimmung des Kreises der Nutzer, Kostenträger und Entscheider (fiskalische Äquivalenz) ist für eine effiziente Politik notwendige Voraussetzung, d.h. die Entscheidungen ei-

nes Landes müssen sich dort und idealtypisch auch nur dort in diesem Land auswirken. Dauerhaft erfolglose Landespolitik muss sich in niedrigem Einkommen und unterdurchschnittlicher Versorgung seiner Bürger mit öffentlichen Leistungen widerspiegeln. Der verantwortliche Politiker muss eindeutig zu identifizieren sein.

5. Die Waren- und Faktorströme müssen ungehindert über die Landesgrenzen fließen können, worin sich u.a. auch die Exit-Option des Wählers ausdrückt, der bei Unzufriedenheit mit der Politik seines Wohnsitzlandes dieses verlassen können muss.

6. Für eine Rückkopplung der Bürger (Wähler) mit ihrem stellvertretenden Akteur im Wettbewerb muss jede Gebietskörperschaft des Föderalstaates eine verfasste Demokratie sein.

7. Eine ganz wichtige, aber in ihrer Konsequenz selten wirklich bedachte Grundvoraussetzung ist die Möglichkeit des Marktaustritts unterlegener bzw. des Markteintritts zusätzlicher Wettbewerber. Dies bedeutet, dass ein Teil eines föderalistischen Staates mit einem anderen verschmelzen können oder den Gesamtstaat verlassen können muss.

8. Für die dauerhafte Aufrechterhaltung der Funktionsfähigkeit des nationalen Steuerwettbewerbs wäre zudem eine Steuerwettbewerbsordnung zu implementieren, die im Design und den Anforderungen des oben bereits für den internationalen Wettbewerb entwickelten Regelkatalogs entspricht.

4 Steuerwettbewerb innerhalb Deutschlands?

Die hier aufgeführten Grundvoraussetzungen und Funktionsbedingungen für einen funktionsfähigen Steuerwettbewerb sind in Deutschland ganz überwiegend nicht erfüllt.

1. Die Chancen der Bundesländer sind ungleich verteilt. Historisch bedingte Ländergrenzen führten zu sehr unterschiedlichen Größen, Lagen und Ressourcenausstattungen der Länder. Die aktuellen Unterschiede in der Wirtschafts- und Steuerkraft der Länder entsprechen ebenfalls nicht der Bedingung gleichverteilter Startbedingungen. Hierzu sei beispielhaft auf diverse Rankings verwiesen, die die Standortbedingungen, die Nachhaltigkeit oder schlicht die Wirtschaftskraft der Länder miteinander

vergleichen.[4] Allein die Vorbelastung aus den öffentlichen Schulden der Länder und ihren Gemeinden verursacht stark unterschiedliche Startbedingungen, wenn in Kürze der Steuerwettbewerb den deutschen Föderalismus kennzeichnen sollte. In Bayern betrug die Pro-Kopf-Verschuldung des Landes, seiner Gemeinden, Gemeindeverbänden und Zweckverbänden zum 31.12.2005 nur 3.133 Euro und in Bremen 16.919 Euro (Statistisches Bundesamt 2006a, Tabelle 1.3).

2. Den politischen Entscheidern steht auf Länderebene in Deutschland kein nennenswertes Instrument autonom zu bestimmender Einnahmenerzielung zur Verfügung. Während der Bund und sogar die Kommunen eigene Steuergestaltungskraft bei aufkommensstarken Steuern besitzen, haben die Länder keine Gesetzgebungskompetenz bei relevanten Steuern.[5]

3. Dieser Mangel ist vor dem Hintergrund von besonderer Bedeutung, dass das Grundgesetz den Ländern einen bestimmten Aufgabenkatalog verbindlich übertragen hat. Dabei ist nicht nur die Aufgabe an sich definiert (z.B. innere Sicherheit). Maßgebliche Parameter des Umfangs und der Art der Aufgabenerfüllung sind vorgegeben. Schließlich schreibt das Grundgesetz in Art 72 II GG unmissverständlich vor, dass im gesamten Bundesgebiet gleichwertige Lebensbedingungen herzustellen sind. Art. 106 III Nr. 2 GG nennt das Ziel der Wahrung einheitlicher Lebensverhältnisse. Art. 20 GG definiert die Bundesrepublik als sozialen Bundesstaat. Die Art. 104b und 107 GG verlangen den Ausgleich unterschiedlicher Wirtschaftkraft und sehen den angemessenen Ausgleich von Finanzkraftunterschieden vor. „Grundsätzlich erscheint eine Steuerautonomie der Länder nur dann sinnvoll, wenn nicht an der Vorgabe festgehalten wird, das Leistungsangebot der Länder müsse in ganz Deutschland in etwa gleich groß sein." (Büttner/Schwager 2002).

---

[4] Siehe beispielsweise Bertelsmann-Stiftung (2005), Berlin-Institut für Bevölkerung und Entwicklung (2006), Statistisches Bundesamt (2006b) und INSM, Institut der deutschen Wirtschaft (IW), Wirtschaftswoche (2006).

[5] Art. 105 GG gewährt den Ländern lediglich die Befugnis zur Gesetzgebung über die örtlichen Verbrauch- und Aufwandsteuern. Nach Schick (2004: 231) fallen „nur 0,27 % des gesamten Steueraufkommens in Deutschland in die Steuergesetzgebungskompetenz der Länder".

4. Das Äquivalenzprinzip gilt vielen Autoren der finanzwissen-schaftlichen Literatur als Legitimation auch der deutschen Un-ternehmensbesteuerung (z.B. Reding/Müller 1999: 380f.; Hans-jürgens 2001; Märkt 2002). Wenn aber beispielsweise der Ge-winn als Proxi für den Nutzen des Unternehmers aus der Inan-spruchnahme öffentlicher Infrastruktur interpretiert wird, dann zeigt sich beispielsweise an den Körperschaftsteuereinnahmen der Länder, dass die regionale Verteilung des Gewinns als steu-erliche Bemessungsgrundlage nur unzureichend mit der Inan-spruchnahme öffentlicher Infrastruktur korrespondiert.[6] Noch deutlicher tritt die Missachtung des Äquivalenzprinzips zutage, wenn die nicht zerlegte Kapitalertragsteuer betrachtet wird, de-ren Länderanteil allein denjenigen Ländern zusteht, in denen die steuerpflichtigen Körperschaften die entstandenen Gewinne (Dividenden) melden. Dabei ist der Ort der realen Wertschöp-fung unerheblich.

5. Das Prinzip der fiskalischen Äquivalenz kommt in Deutschland für die Politik auf Länderebene nicht zum Tragen. Beschließen einzelne Landesparlamente eine nicht nachhaltige Haushaltspo-litik, so sieht die Verfassung die anderen Länder und den Bund in solidarischer Pflicht, wenn gleich das Bundesverfassungsge-richt hier unlängst durch sein Urteil zur Klage Berlins auf Aner-kennung einer extremen Haushaltsnotlage die Inanspruchnah-me der Solidarhilfe erschwert hat. Dauerhaft erfolglose Landes-politik wirkt sich nicht zwingend auf das Einkommen und den Grad der Versorgung seiner Bürger mit öffentlichen Leistungen aus. Der verantwortliche Politiker kann nicht immer identifiziert werden, oder wird aufgrund der externen Kosten seiner Politik nicht zur Verantwortung gezogen.

6. Immerhin ist die Offenheit der Waren- und Faktormärkte in-nerhalb Deutschlands als Voraussetzung eines funktionsfähigen Steuerwettbewerbs gegeben. Im Vergleich zum internationalen Steuerwettbewerb kann hier sogar aufgrund der weitgehenden Rechtsangleichung und relativ geringen kulturellen Barrieren von guten – jedoch im theoretischen Sinne immer noch nicht perfekten – Voraussetzungen gesprochen werden.

---

[6] Als derzeit jüngste Studie über die Auswirkungen von Steuergestaltungsmöglichkeiten und Steuerverlagerung aus Deutschland siehe Bach/Dwenger (2007).

7. Neben der Exit-Option steht dem Wähler in Deutschland auch die Voice-Option zur Verfügung. Allerdings verhindert die Politikverflechtung zwischen der EU-, Bundes-, Landes- und Kommunalpolitik die notwendige Transparenz, um dem Wähler eine effiziente Wahlentscheidung zu ermöglichen.

8. Wenngleich das Grundgesetz einer Länderneugliederung und damit auch Länderfusionen nicht im Wege steht, sondern diese sogar ausdrücklich als mögliche Option nennt, so ist die Forderung nach möglichen Marktaus- und -eintritten nicht erfüllt. Ein Bundesland mit langjährig verfehlter Wirtschafts- und Finanzpolitik wird unter den Bedingungen des Steuerwettbewerbs sicher keinen Fusionspartner im Bundesgebiet finden. Insolvenz und Marktaustritt sind im Föderalstaat nicht vorstellbar und müssten doch als Voraussetzung für effizienten Steuerwettbewerb gefordert werden.

9. Die Voraussetzungen zur Implementierung einer nationalen Steuerwettbewerbsordnung können als grundsätzlich gegeben angesehen werden. Bei entsprechenden Mehrheitsverhältnissen kann der Bundesgesetzgeber entsprechende Gesetze erlassen.

5 Fazit

Die meisten Grundvoraussetzungen und Funktionsbedingungen für einen effizienten Steuerwettbewerb zwischen den Ländern in Deutschland sind nicht erfüllt. Einige der bislang nicht gegebenen Grundvoraussetzungen für einen effizienten nationalen Steuerwettbewerb könnten zwar durch verschiedene Änderungen des Grundgesetzes erfüllt werden. So wäre beispielsweise dem Prinzip der fiskalischen Äquivalenz Geltung zu verschaffen, indem der bundesstaatliche Finanzausgleich abgeschafft würde. Allerdings würden damit gleichzeitig herausragende Wesensmerkmale der Bundesrepublik Deutschland verändert.

Dies gilt nicht nur, aber insbesondere auch mit Blick auf Ostdeutschland: Die Forderung nach Steuerautonomie und Steuerwettbewerb ist hier gleichbedeutend mit einem massiven Verzicht auf Transferleistungen des Westens. Allein der so genannte Korb II des bis 2019 gültigen Solidarpakts umfasst ein Transfervolumen von über 50 Mrd. Euro und wäre zur Herstellung von steuerwettbewerblichen Bedingungen abzuschaffen. Die bisherige Traglast der Westländer und -kommunen an der Abfinanzierung des Fonds „Deutsche Einheit" von jährlich über 2,5 Mrd. Euro müsste vom Bund übernommen werden.

Somit bleibt zusammenfassend festzustellen: Die in Deutschland üblichen und sogar in der Verfassung kodifizierten Vorstellungen sozialer Gerechtigkeit und gleichwertiger Lebensbedingungen stehen dem Ergebnis eines intensiven nationalen Steuerwettbewerbs unvereinbar gegenüber.

Literatur

Bach, Stefan/Dwenger, Nadja (2007): Unternehmensbesteuerung: Trotz hoher Steuersätze mäßiges Aufkommen. *DIW-Wochenbericht*, 74 (2007) 5, 57-65.

Berlin-Institut für Bevölkerung und Entwicklung (Hrsg., 2006): *Die demographische Lage der Nation*. München (2006): dtv.

Bertelsmann-Stiftung (Hrsg., 2005): *Die Bundesländer im Standortwettbewerb 2005*. Gütersloh (2005): Verlag der Bertelsmann-Stiftung.

Büttner, Thiess/Schwager, Robert (2002): Steuerautonomie der Bundesländer. *ZEW news*, März 2002, 3.

Europäische Kommission (1997): *Mitteilung der Kommission an den Rat – Koordinierung der Steuerpolitik in der Europäischen Union – Maßnahmenpaket zur Bekämpfung des schädlichen Steuerwettbewerbs*. Brüssel (1997): KOM/97/495 endg.

Hansjürgens, Bernd (2001): *Äquivalenzprinzip und Staatsfinanzierung*, Finanzwissenschaftliche Forschungsarbeiten des Finanzwissenschaftlichen Forschungsinstituts an der Universität zu Köln, N.F., Band 72. Berlin (2001): Duncker & Humblot.

INSM, Institut der deutschen Wirtschaft (IW), Wirtschaftswoche (Hrsg., 2006): *Bundesländer-Ranking: Bundesländer im Vergleich - Wer wirtschaftet am besten?*

Märkt, Jörg (2002): *Steuern als Preise: Zur Notwendigkeit einer Besteuerung ohne Trittbrettfahrer angesichts des Steuerwettbewerbs*. Freiburg (2003): Haufe.

Mors, Matthias (2001): EU- Verhaltenskodex zur Unternehmensbesteuerung, in: Walter Müller, Oliver Fromm und Bernd Hansjürgens (Hrsg.): *Regeln für den europäischen Systemwettbewerb*. Marburg (2001): Metropolis, 197-209.

Müller, Walter (2004): *Funktionsfähiger Steuerwettbewerb – Zur Notwendigkeit, Ausgestaltung und Durchsetzung einer internationalen Wettbewerbsordnung*. Marburg (2004): Metropolis.

OECD (1998): *Harmful Tax Competition – An Emerging Global Issue*. Paris (1998): OECD Publishing.

Reding, Kurt/Müller, Walter (1999): *Einführung in die Allgemeine Steuerlehre*, Vahlens Handbücher der Wirtschafts- und Sozialwissenschaften. München (1999): Vahlen.

Schick, Gerhard (2004): Steuerautonomie und Wirtschaftskraftausgleich. *Wirtschaftsdienst*, 84 (2004) 4, 230-235.

Statistisches Bundesamt (2006a): *Schulden der öffentlichen Haushalte*, Fachserie 14, Reihe 5: Finanzen und Steuern.

Statistisches Bundesamt (2006b): *Die Bundesländer - Strukturen und Entwicklungen.*

Rückkehr zu Innovativem Föderalismus – Korreferat zu Walter Müller

Erik R. Fasten[*]

1   Einleitung

Nationaler Steuerwettbewerb ist in Deutschland mit der Verfassung unvereinbar und sollte daher nicht ausgeweitet werden. Diese Meinung vertreten neben Walter Müller im vorliegenden Beitrag viele Ökonomen und Rechtswissenschaftler, die auf mannigfaltige Unwägbarkeiten bei der Implementierung sowie den späteren Folgen hinweisen. Doch was sind mögliche Alternativen, und wie dringend ist der Handlungsbedarf für die deutsche Finanzverfassung? Walter Müller weist in seinem Aufsatz eingangs auf den steigenden internationalen Wettbewerb um Steuereinnahmen hin, der Wettbewerb um die Ausgabenseite, also die besten Standortbedingungen bei gegeben Steuereinnahmen, wird aber ausgespart, obwohl gerade dieser international schon längst im vollen Gange ist. Die Weltmärkte wachsen unaufhörlich zusammen, die europäische Integration schreitet voran und die Osterweiterung hat an allen deutschen Landesgrenzen potente Wettbewerber wachsen lassen.

---

[*] Erik R. Fasten ist Doktorand am Institut für Öffentliche Finanzen, Wettbewerb und Institutionen der Humboldt-Universität Berlin.

Dem gegenüber beobachten wir in Deutschland die steigende Schuldenlast der Länder und des Bundes, die beunruhigende Ausmaße angenommen hat und die Nachhaltigkeit des deutschen Föderalismus in Frage stellt sowie die zukünftige Handlungsfähigkeit lähmt. So lagen in den vergangenen Jahren in fast allen Bundesländern die Haushaltsdefizite über den verfassungsmäßigen Grenzen. Nicht nur Bremen und das Saarland, die schon mehrere Jahre auf Bundeshilfen angewiesen sind, hadern mit einer nachhaltigen Finanzpolitik, auch Berlin ist in argen Schwierigkeiten. Reformen sind somit unabdingbar, um die finanzielle Handlungsfähigkeit der Gebietskörperschaften zu gewährleisten und im europäischen, wie auch internationalen Wettbewerb eine tragende Rolle zu spielen. Doch wie kann eine nachhaltige Reform aussehen? Wie kann ein effizienter Umgang mit fiskalischen Ressourcen im internationalen Wettbewerb ermöglicht werden? Sollen die föderalen Strukturen, die Deutschland zusammenwachsen ließen, weiter ausgebaut werden, oder sollen zentralistische Elemente Eingang finden? Diese Fragen gilt es zu beantworten, bevor von den Unwägbarkeiten eines steigenden innerdeutschen Wettbewerbs gesprochen wird.

2 Föderale Organisationsmodelle: Verwaltungs- vs. Autonomieprinzip

Unter den gegebenen Bedingungen werden die Stimmen nach einem Zentralstaat immer lauter. Die Verschuldung wäre dann in einer Hand und eine Internalisierung externer Effekte leichter zu bewerkstelligen. Wettbewerb hingegen wird in den Augen vieler Ökonomen, so auch im vorliegenden Beitrag von Walter Müller, weithin als positiv bewertet. In der Tradition von Schumpeter und Hayek werden die Innovationsfähigkeit und die „kreative Zerstörung" föderaler Strukturen als maßgebliche Determinanten einer nachhaltig prosperierenden Volkswirtschaft gesehen. Auch dezentrale Informationsverteilung begründet Vorteile föderaler Strukturen. So stellt sich die Frage, wie der deutsche Förderalismus wieder seine Handlungs- und Zukunftsfähigkeit erhalten kann und dabei die positiven Effekte föderaler Strukturen zu nutzen vermag. Grundsätzlich existieren zwei Organisationsmodelle in Reinform – das Verwaltungs- und das Autonomieprinzip. In beiden Modellen sind die Kompetenzen klar verteilt. Die Gebietskörperschaften haben unter dem Verwaltungsprinzip nur eine geringe Eigenverantwortung und Befugnis und verstehen sich als Erfüllungsgehilfen der übergeordneten Gebietskörperschaft. Sie können keine Schulden aufnehmen und sind somit vor einer fehlgeleiteten Finanzpolitik gefeit. Der Zentralstaat verteilt die Mittel. Dagegen steht das Autonomieprinzip, dass den Gebietskörperschaften weitreichende Freiheiten einräumt, aber auch im Falle eines Ausfalls nach Konsequenzen ruft. So können die Gebietskörperschaften Risiken eingehen und experimentieren. Falls der Versuch nicht aufgehen sollte, so wird eine Rechnung geschrieben, die von der Gebietskörperschaft, und nicht von der übergeordneten Einheit zu bezahlen ist.

Die Mitgliedsstaaten der Europäischen Union haben sich im EG-Vertrag auf eine Nichtauslösungsverpflichtung verständigt, die in Art. 103 festgeschrieben ist. Im Falle einer Nichtbedienung der Verbindlichkeiten eines Mitgliedstaats ist die Gemeinschaft nicht verpflichtet einzuspringen. Die Kompetenzen sind somit klar verteilt. Der Schuldner haftet für seine Verbindlichkeiten und muss für die Rückzahlung einstehen. Der Gläubiger hat ein Interesse an gesicherten Zahlungsströmen und wird mit geeignetem Monitoring den Schuldner überwachen, erhöhte Risiken über einen höheren Zins einpreisen und als letztes Mittel Kredite sanktionieren. Dies ist in der Privatwirtschaft nicht anders, wird aber im öffentlichen Sektor nicht immer angewandt.

In Deutschland beispielsweise existiert ein Mischsystem zwischen Autonomie- und Verwaltungsprinzip. Die Kompetenzen zwischen den Gebietskörperschaften sind nicht klar verteilt und eine Vielzahl von zweckgebundenen wie auch nicht zweckgebundenen Ausgleichszahlungen existiert. Initial war dies anders, doch setzten sich, nach Popitz's Law, seit der großen Finanzreform von 1969 Steuerteilung und Finanzausgleich durch. Als Folge nahm die institutionelle Inkongruenz zu und die Schulden stiegen. Als Grund für diese Entwicklung wird häufig das Prinzip der Bundestreue und die in Art. 72 II GG geforderte Gleichheit der Lebensverhältnisse herangerufen. So soll jedwede Art von Systemwettbewerb zwischen den Gebietskörperschaften verhindert werden.

3 Anreize für nachhaltige Öffentliche Finanzen

Das Bundesverfassungsgericht hat nun im lange erwarteten Haushaltsnotlagen-Urteil Ansprüche des Landes Berlin auf Gewährung von Bundeshilfen zur Haushaltssanierung abgewiesen (BVerfG 2006). Das Land kann nicht vollends auf einen Auslösung des Bundes bauen, auch ist nicht klar, ab welchem Schuldenniveau dies zu erwarten ist. In jedem Falle stellt das Gericht fest, dass für das Land noch ein erheblicher Handlungsspielraum zur Steigerung von Einnahmen und zur Senkung von Ausgaben existiert, den es zuerst einmal zu nutzen gilt. Eine überhöhte Verschuldung wird somit nicht durch Bundeshilfen belohnt, und die fehlgeleiteten Anreize der bisherigen Rechtsprechung wurden korrigiert. Nun stellt sich die Frage, was im Falle einer Überschuldung mit der Gebietskörperschaft geschehe. Eine Insolvenzfähigkeit wird von vielen Seiten für deutsche Gebietskörperschaften ausgeschlossen, obwohl es historisch durchaus nicht selten vorkam. Allein im letzten Jahrhundert, 1923 und 1948, hat Deutschland zweimal Insolvenz angemeldet und seine Verbindlichkeiten abgewertet. In anderen souveränen Staaten ist dies noch immer der Fall, obwohl der Internationale Währungsfond in der zweiten Hälfte des letzten Jahrhunderts vermehrt einsprang, um die Ausfallwahrscheinlichkeiten zu minimieren. In den USA ist auch innerhalb des Föderalstaates eine klare No-Bailout-Politik angezeigt. Die Kreditbedingungen jedes einzelnen Staates richten sich nach den jeweiligen Schuldenpositionen und den institutionellen Rahmenbedingungen. Gemeinden haben ihr eigenes Insolvenzrecht und haben so die Möglichkeit, nach verfehlter Politik wieder in normales Fahrwasser zurückzukehren. Dennoch existiert eine Vielzahl von Anreizen, von einer proklamierten No-Bailout-Politik abzuweichen, die es zu beachten gilt:

(i.) Wichtig sind die politischen Kosten einer Nichtauslösung. Diese sind hoch, wenn die zahlungsunfähige Gebietskörperschaft groß ist und daher viele Wählerstimmen auf dem Spiel stehen („too big to fail"). Sie sind niedrig, wenn die übergeordnete Gebietskörperschaft durch einen „No-Bailout" nur wenige Stimmen verliert, die Auslösesumme aber vergleichsweise groß ist („small enough to fail"). Es ist aber ebenso denkbar, dass die Geldsumme, um eine kleine Gebietskörperschaft auszulösen, hinreichend klein ist, so dass sie für die auslösende Gebietskörperschaft tragbar ist und ein Bailout doch stattfindet („too small to fail").

(ii.) Von Bedeutung sind ferner Ansteckungseffekte. Wenn ein großes Bundesland A (oder auch ein großer Mitgliedstaat der Europäischen Union) zahlungsunfähig wird, so bestehen Anreize für einen Nachbarstaat B, diesem zu Hilfe zu eilen. Zum einen soll die Volkswirtschaft A, die durch den dortigen Nachfragerückgang der öffentlichen Hand in Bedrängnis gerät, nicht auch die eigene Wirtschaft B anstecken, und zum anderen soll verhindert werden, dass wertlos gewordene öffentliche Anleihen des Konkurs-Landes A, die Aktiva der Banken des Landes B aushöhlen und dieses damit ebenfalls in die Krise reißen. Der Bankenkrise in B folgt dann eine Liquiditätskrise der ganzen Volkswirtschaft in B. Die monetäre Krise überträgt sich auf den realen Sektor. Nachfrage, Wirtschaftswachstum und Beschäftigung gehen zurück. Die Politiker sehen sich einem Popularitätsverlust gegenüber, der sie letztlich doch dazu zwingt, dem Staat A Bailout-Hilfen zu gewähren. Wie groß diese Ansteckungseffekte tatsächlich sind, ob sie nur nachbarschaftlich auftreten oder ob sie weltweite Spekulationswellen auslösen, ob sie auf den Staatskredit beschränkt bleiben oder ob sie Schneeballeffekte hervorrufen, ist jedoch bis heute umstritten.

(iii.) Auch von der Mobilität von Arbeit und Kapital dürfte die Wahrscheinlichkeit eines Bailouts abhängen. Mobile Faktoren können nur schwer für die Schulden von Gebietskörperschaften haften. Sie setzen sich ab und überlassen die Zahlung von Zins und Tilgung den immobilen Faktoren. Diese werden die Widerspruchs-Option (Voice) wählen und Druck auf die Regierung ausüben, ihre No-Bailout Politik fallen zu lassen und die Gebietskörperschaft auf Kosten der Allgemeinheit auszulösen.

(iv.) Ob Nichtauslösung zur Anwendung kommt, hängt ferner von der Besteuerungsbasis einer Gebietskörperschaft ab. Verfügt die in einer Haushaltskrise befindliche Gebietskörperschaft über autonom zu erhebende Steuern, so kann die übergeordnete Gebietskörperschaft sich von dem Schicksal der untergeordneten Gebietskörperschaft distanzieren. Sie kann von ihr verlangen, erst einmal die Steuern zu erhöhen, um ihre Haushaltskrise zu bewältigen. Erst wenn sie einmal an der Spitze der Lafferkurve alle Steuerpotenziale ausgeschöpft habe, könne sie versuchen, die übergeordnete Regierung erneut anzugehen. Wenn die untergeordnete Gebietskörperschaft über keine wesentliche eigene Besteuerungsbasis verfügt und daher wesentlich oder ganz von den Zuweisungen der übergeordneten Gebietskörperschaft lebt, so wird oft dafür plädiert, sie nicht dem Autonomie-, sondern dem Verwaltungsprinzip zu unterstellen, d.h. ihr gar nicht die Kompetenz zu geben, sich zu verschulden.

4 Schuldengrenzen im Föderalismus – ein Optionsmodell

Deutschland hat nun mit der Föderalismusreform II die Chance die bisherigen Missstände zu beheben, auf einen klaren Weg zurückzukehren und sich für den internationalen Wettbewerb zu rüsten. An dieser Stelle wird nun ein Ausweg aufgezeigt, der den größtmöglichen Spielraum für die Länder bietet, aber im gleichen Atemzug klare Verhältnisse zwischen Bund und Ländern schafft, um eine nachhaltige Finanzierung zu gewährleisten und die Verschuldungsniveaus zu begrenzen, aber ebenso wettbewerbliche Elemente zulässt. Das vielfach beschworene Argument der ungleichen Anfangsbedingungen der Länder ist hierbei wenig aussagekräftig, da eine ex-ante Evaluation der Bedingungen schwerlich möglich ist und Wettbewerb gerade von der Ungleichheit, nicht aber von der Gleichheit lebt. So können Bedingungen, die heute als nachteilig gelten, morgen schon unabdingbar sein.

In diesem Ausweg haben die Länder die Wahl verschiedener Optionen. Ein Land, das auf die Auslösungsgarantie durch den Bund verzichten möchte, kann sich zu einem frei gewählten Schuldenbegrenzungsregime entscheiden. Die Seriosität des gewählten Regimes wird vom Kreditmarkt evaluiert und sanktioniert. Der Bund ist nicht mehr in der Pflicht. Will jedoch ein Land bei der Auslösungsgarantie des Bundes bleiben, so muss es sich einem vom Bund vorgelegten Regulierungsregime unterordnen. Es wird ein bilateraler Vertrag verhandelt, der auch Sanktionen, wie Bußgelder, beinhalten kann. Der Vertrag kann für alle Länder gleich ausgestaltet, oder aber an die jeweiligen Präferenzen angepasst werden. Bestehen bleibt im Optionsmodell der Grundsatz der Bundestreue, des Einstehens füreinander. Dieses Prinzip ist Ausdruck des Verfassungsvertrags, den die Bundesgenossen untereinander geschlossen haben. Davon unberührt bleiben die privatrechtlichen Verhältnisse zwischen dem Kreis der Bundesgenossen und ihren Schuldnern außerhalb.

Im Ganzen gesehen bringt das Optionsmodell Vielfalt in der Einheit (Blankart/Fasten 2007):

- Bundesländer, die vorangehen wollen, werden nicht durch jene gehindert, die unter dem Schutz des Bundes verbleiben möchten.

- Bundesländer müssen sich entweder der Disziplin des Marktes oder der Disziplin des Bundes unterwerfen.

- Das Optionsmodell ist flexibel, weil ein Bundesland je nach Erfahrung entscheiden kann, die Auslösungsgarantie des Bundes aufzugeben und seinen eigenen Weg zu gehen.

- Eine stringente Umsetzung des Optionsmodells wird wesentlich leichter politischen Zuspruch finden, sowohl auf Landes- als auch auf Bundesebene, da eine föderale Lösung die zentralistische ersetzt.

- Unterschiede zwischen Bundesländern könnten bei der Ausgestaltung der Regeln Berücksichtigung finden, sowie der Spielraum für ein Mehr an Steuerautonomie wird erhöht.

Das Optionsmodell gibt den Ländern Wahlfreiheit zwischen Selbstverantwortung und Versicherung. Sie können ferner ihren Gestaltungsspielraum erhöhen und so in einem Wettbewerb miteinander die effizientesten Lösungen suchen. So wird ein Ausweg aus der Misere gewiesen und eine Möglichkeit eröffnet, wieder auf einen Weg des nachhaltigen, innovativen Föderalismus zurückzukehren.

Literatur

Blankart, Charles B. (2007): *Föderalismus in Deutschland und Europa.* Baden-Baden (2007): Nomos.

Blankart, Charles B. (2005): *Öffentliche Finanzen in der Demokratie*, 6. Auflage. München (2005): Franz Vahlen.

Blankart, Charles B./Erik R. Fasten (2007): Schuldengrenzen im Föderalismus – Ein Optionsmodell für Vielfalt in Einheit. *Frankfurter Allgemeine Zeitung*, Nr. 53, März 2007, 13.

BVerfG, 2 BvF 3/03 vom 19. Oktober 2006, Absatz-Nr. (1 - 256), http://www.bverfg.de/entscheidungen/fs20061019_2bvf000303.html.

Konrad, Kai A./Beate Jochimsen, Hrsg. (2007): *Der Föderalstaat nach dem Berlin-Urteil.* Frankfurt am Main (2007): Peter Lang.

Korioth, Stefan (2007): Haushaltsnotlagen der Länder: Eigenverantwortung statt Finanzausgleich. *Wirtschaftsdienst*, 87 (2007) 3, 182-188.

Reform der Gemeindefinanzen

Thiess Büttner[*]

1 Einleitung

Die Reform der Gemeindefinanzen in Deutschland ist ein finanzpolitischer Dauerbrenner. Im Zentrum steht dabei die Gewerbesteuer schon allein aufgrund der Tatsache, dass sie in der deutschen Finanzverfassung die bedeutendste Steuerquelle mit lokaler Autonomie ist. Darüber hinaus aber ist die Gewerbesteuer wegen ihrer ausgeprägten Schwankungen und einer seit Jahrzehnten ungünstigen Entwicklung selbst Ursache erheblicher Schwierigkeiten in der Gemeindefinanzierung. Zwar ist das Aufkommen seit den 60er Jahren gestiegen, allerdings ist das Aufkommen relativ zur Wirtschaftsentwicklung zurückgefallen (Abb. 1), obschon sich die Steuerbelastung kontinuierlich erhöht hat (Abb. 2)[1]. Am Ende

---

[*] Professor Dr. Thiess Büttner ist Inhaber des Lehrstuhls für Volkswirtschaftslehre, insbesondere Finanzwissenschaften, der Ludwig-Maximilian Universität München, zugleich Leiter des Forschungsbereichs Öffentlicher Sektor am Ifo Institut für Wirtschaftsforschung in München.

[1] Nach der Einschätzung des Verfassers unterzeichnet die Entwicklung des anhand des Grundbetrags gewogenen Durchschnittshebesatzes den Anstieg der Steuerbelastung. Die Gewichtung dürfte nämlich aufgrund der starken steuerlichen Sensitivität der Bemessungsgrundlage (siehe unten) Gemeinden mit starkem Anstieg im Hebesatz schwächer gewichten.

des Jahres 2006 zeigt die Gewerbesteuer allerdings eine außerordentlich günstige Aufkommensentwicklung. Nicht nur wird 2006 preisbereinigt das höchste Aufkommen in der Geschichte erzielt, mit einem Anteil von gut 1,6 % am Bruttoinlandsprodukt knüpft die Gewerbesteuer wieder an zuletzt in den 80er Jahren verzeichnete Größenordnungen an. Fast scheint es, als sei der seit den 60-iger Jahren zu verzeichnende negative Trend im Gewerbesteueraufkommen gebrochen.

Um die viel beschworene Krise der Gemeindefinanzen ist es im Zuge der sprudelnden Steuereinnahmen zuletzt ruhiger geworden. Die positive Entwicklung der Gewerbesteuer lässt die Kritik überzogen erscheinen, und gibt denen Recht, die sich gegen eine grundsätzliche Reform des Systems gestellt haben. Allerdings hat die Gewerbesteuer immer wieder konjunkturbedingt günstige Einnahmen gezeigt ebenso wie massive Einbrüche. Da der Arbeitskreis Steuerschätzung vor allem die Gewinnentwicklung der großen Kapitalgesellschaften als ursächlich für die Steuerentwicklung sieht, sehen wir wohl auch heute nur die ausgeprägte Konjunkturreagibilität der Gewerbesteuer – diesmal mit positivem Vorzeichen. Der nächste Einbruch der Gewerbesteuereinnahmen scheint von daher vorprogrammiert.

Trotz der jahrelang beschworenen Krise sind Reformen der Gewerbesteuer in der Vergangenheit immer wieder gescheitert. Dies gilt auch für die vom Sachverständigenrat (2001) und dem BDI/VCI (2001) vorgeschlagene Substitution der Gewerbesteuer durch Zuschläge bei Einkommen- und Körperschaftsteuer. Gerade von Seiten der Verbände, der Städte und der Gemeinden wurden diese Vorschläge rundheraus abgelehnt. Angesichts der katastrophalen Entwicklung bei der Körperschaftsteuer im Jahre 2001, wo bundesweit ein negatives Aufkommen verzeichnet wurde, ist das zum Teil nachvollziehbar. Für den unvoreingenommenen Beobachter ist aber nicht klar, warum sich die Gemeinden auch dagegen gewehrt haben, Zuschläge bei der Einkommensteuer erheben zu können.

Wie im Folgenden ausgeführt wird, liegt eine mögliche Erklärung für die Ablehnung der Substitution der Gewerbesteuer im Finanzausgleich. Im gegenwärtigen System ist der Steuerwettbewerb durch den kommunalen Finanzausgleich austariert. Die Substitution durch eine Einkommensteuer würde das System fundamental ändern und erforderte eine Anpassung der Finanzausgleichsysteme, die für jede einzelne Gemeinde mit erheblichen Risiken verbunden ist. Als sinnvolle Reformalternative bietet sich demgegenüber die Revitalisierung der Grundsteuer an.

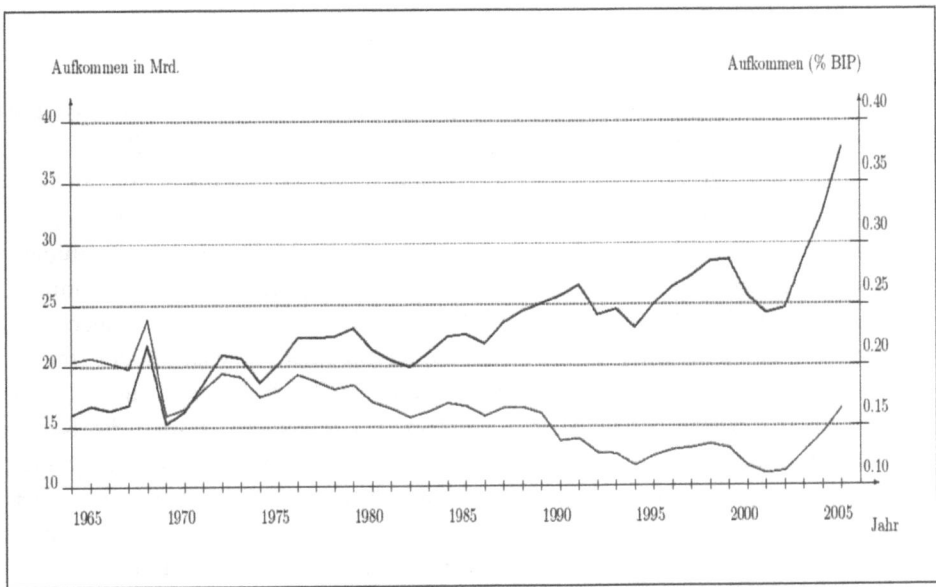

Abb. 1: Entwicklung des Gewerbesteueraufkommens (ohne Lohnsummensteuer). Fettge-
druckt: Steueraufkommen in Mrd. €, Quelle: Statistisches Bundesamt, BMF, SVR
und eigene Berechnung. Preisbereinigung mittels BIP Deflator. Aufkommen 2006 lt.
Steuerschätzung November 2006. Hebesatz: Quelle: Realsteuervergleich. Gewogener
Durchschnittshebesatz für Gewerbeertrag und (bis 1997) Gewerbekapital, ab 1991
Gesamtdeutschland.

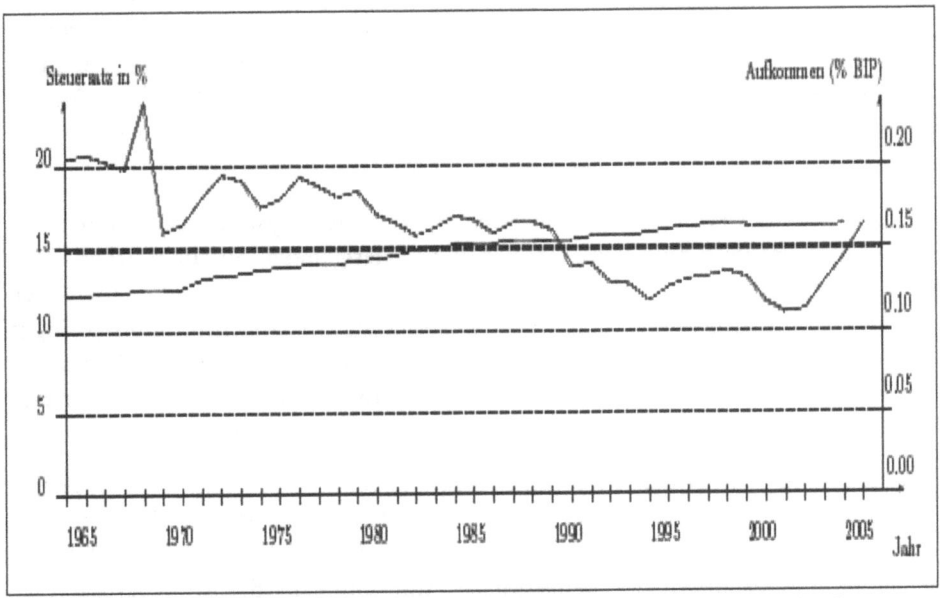

Abb. 2: Steuersatz der Gewerbesteuer (ohne Lohnsummensteuer). Fettgedruckt: Steuersatz
entsprechend dem gewogenen Durchschnittshebesatz für Gewerbeertrag und (bis
1997) Gewerbekapital, ab 1991 Gesamtdeutschland, Quelle: Realsteuervergleich.
Steueraufkommen siehe Abbildung 1.

2 Gemeindefinanzen in der Theorie

Wenn es darum geht, ein ideales Gemeindesteuersystem zu entwerfen, ist die Literatur zu den öffentlichen Finanzen vergleichsweise eindeutig (z.B. Wildasin 1987, Homburg 2000). Grundsätzlich gesehen stehen Gemeinden vor der Schwierigkeit, Zahlungsbeiträge zur Finanzierung der öffentlichen Leistungen zu erheben, obschon sich die Bürger und Unternehmen oft durch geringfügige räumliche Verlagerung ihrer Aktivitäten der Zahlungspflicht entziehen können, ohne dabei in vollem Umfang auf die Nutzung der öffentlichen Leistungen verzichten zu müssen. Solche Verlagerungen führen zu einer Ausweitung der steuer- oder beitragspflichtigen Aktivitäten an anderer Stelle und begünstigen damit andere, typischerweise benachbarte Kommunen. Umgekehrt können die Kommunen durch ihre Finanzpolitik die Verlagerung der Aktivitäten in ihrem Sinne und auf Kosten der anderen Kommunen beeinflussen. Zur Vermeidung solcher fiskalisch induzierter Verlagerungen rückt die theoretische Finanzwissenschaft von daher die Besteuerung von Immobilien, insbesondere von Grundvermögen, ins Zentrum eines idealen kommunalen Steuersystems. Zusätzlich beinhaltet das ideale Steuersystem den Einsatz von Pauschalsteuern zur Anlastung von mobilitätsinduzierten Ballungskosten. Bei Mobilität von Haushalten und Faktoren sind entsprechend separate steuerliche Instrumente erforderlich, um jeweils die zugehörigen Ballungsexternalitäten anzulasten. Die lokale Vermögensbesteuerung erscheint als Finanzierungsquelle auch deshalb besonders geeignet, da sich im Wert des Grund- oder Immobilienvermögens nicht nur die Steuerlast, sondern auch die Vorteile aus der Bereitstellung lokaler öffentlicher Leistungen niederschlagen. Im Idealfall kommt es so zu einer in anderen Bereichen der öffentlichen Finanzwirtschaft kaum zu erwartenden Übereinstimmung (Äquivalenz) von öffentlichen Leistungen und der Steuerlast.

In der Praxis der kommunalen Finanzen steht ein Idealsystem mit Grundsteuer und Pauschalsteuern aber vor erheblichen Schwierigkeiten. So entsprechen Pauschalsteuern nicht dem Prinzip der Leistungsfähigkeit und weisen von daher Akzeptanzprobleme auf. Zudem ist die Festsetzung der Bodenwerte unabhängig von der Bebauung nicht unproblematisch, aber auch eine die gesamte Immobilie umfassende lokale Vermögensteuer steht vor dem schwierigen Problem der Bewertung des in der laufenden Periode nicht umgesetzten Bestandes.

Das deutsche System der Gemeindesteuern ist sehr weit von den Idealvorstellungen entfernt. Was die Mobilität von Haushalten angeht, gibt es nicht nur keine Pauschalsteuern zur Anlastung von mobilitätsinduzierten Ballungskosten, vielmehr gibt es überhaupt keine lokale Autonomie in der Besteuerung von Haushalten. Lediglich was Unternehmen angeht, gibt es mit der Gewerbesteuer ein bewegliches Element, allerdings verhindert die Definition des Kreises der Steuerpflichtigen mit dem Kriterium des Gewerbebetriebes eine sinnvolle Lenkungsfunktion. Bei der Grundsteuer schließlich wird in weiten Teilen Deutschlands mit völlig veralteten Einheitswerten des Jahres 1964 operiert. Noch wird eine Revitalisierung der Grundsteuer in der Politik nicht ernsthaft betrieben, sie ist noch immer der schlafende Riese (Zimmermann 1999: 171) unter den Gemeindesteuern.

Von daher steht den deutschen Gemeinden nur ein unzureichendes System von Steuern zur Verfügung. Das Fehlen von Pauschalsteuern ist für sich genommen weniger ein Problem, da die Gemeinden in Deutschland mit dem Flächennutzungsplan weitgehende Steuerungsmöglichkeiten haben, durch die eine Grundsteuer Pauschalcharakter erhalten könnte. Das wirklich gravierende Problem liegt indessen darin, dass das einzige relevante Mittel des autonomen Haushaltsausgleichs auf der Einnahmenseite die Gewerbesteuer ist. Da diese Steuer aber als Steuer auf Kapitaleinkommen erhebliche Mobilitätseffekte ausüben kann, ist aus theoretischer Sicht davon auszugehen, dass das System erhebliche Ineffizienzen verursacht – in der Bereitstellung öffentlicher Leistungen ebenso wie in der räumlichen Wirtschaftstruktur.

Unabhängig von der Grundsteuer kann allerdings auch ein loser Äquivalenzgedanke in das Zentrum der Diskussion um die Gemeindesteuer gestellt werden. Insoweit Gemeinden öffentliche Güter bereitstellen zum Nutzen der lokalen Wohnbevölkerung, ist eine Besteuerung der Haushalte mit lokalem Wohnsitz anzustreben. Für die Bereitstellung von Vorleistungen für die lokale Produktion erscheint dagegen eher eine an den örtlichen Betrieben ansetzende Besteuerung angezeigt. So leitet der wissenschaftliche Beirat beim BMF (1982) aus dem Prinzip des örtlichen Interessenausgleichs die Forderung nach einer separaten Besteuerung von Wohnbevölkerung und örtlichem Gewerbe ab, als den beiden für die lokale Finanzpolitik bestimmenden Gruppierungen. Auch aus dieser pragmatischen Sicht ist indessen ein Reformbedarf zu konstatieren, insbesondere ist das Fehlen einer örtlichen Besteuerung der Wohnsitzbevölkerung zu kritisieren.

Variable	Mittelw.	Std.Abw.	Vkoeff.	Min	Max
Gewerbeertrag (GE)	1.71	2.45	1.43	-10.8	51.1
Gewerbesteuer (GSt)	.244	.340	1.39	-1.53	6.86
G.d.Einkünfte (GdE)	13.2	2.18	0.17	7.66	27.2
Est.aufkommen (ESt)	2.40	.730	0.30	.916	8.84
Gemeindeanteil a.d. ESt. (GaEst)	.301	.056	0.19	.131	.485

Tab. 1: Einkommen- und Gewerbesteuer in Baden-Württemberg: Werte für die 1.111 Gemeinden in Baden-Württemberg für 2001 (Gemeindeanteil an der ESt für 2004) in € 1.000 pro Einwohner.

3 Die Empirie der Gewerbesteuer

Kritik an der Gewerbesteuer und dem System der Gemeindefinanzen ergibt sich nicht nur aus einer theoretischen Auseinandersetzung. Vielmehr gibt es zahlreiche praktische und empirisch belegte oder belegbare Probleme. Dies zeigt schon ein erster Blick in die Statistik. Tabelle 1 zeigt deskriptive Statistiken für das Gewerbesteueraufkommen und verschiedene andere Größen am Beispiel baden-württembergischer Gemeinden.

Die Näherungsgröße für den Gewerbeertrag wird aus dem Gewerbesteueraufkommen und dem Hebesatz errechnet. Hierzu wird der Hebesatz entsprechend in einen Steuersatz τ_i transformiert

$$\tau_i = \frac{h_i 0.05}{1 + h_i 0.05}$$

und der rechnerische Gewerbeertrag durch Division aus dem Aufkommen ermittelt (siehe Zeile 1 Tab. 1). Die zweite Zeile zeigt dann das zugehörige Steueraufkommen. Beim Gewerbeertrag, aber auch bei der Gewerbesteuer zeigen sich erhebliche Unterschiede. So variiert das Aufkommen zwischen € 6.860 (pro Einwohner) und € 1.530 (pro Einwohner). Die negativen Zahlen für das Aufkommen zeigen, dass die Konjunkturreagibilität auf der gesamtwirtschaftlichen Ebene nur die Spitze eines Eisbergs ist. Die Reagibilität ist letztlich die Konsequenz einer vergleichsweise kleinen Bemessungsgrundlage bei vergleichsweise hohen Steuersätzen. Hier ist vor allem der kleine Kreis der Steuerpflichtigen angesprochen, durch den Einzelereignisse sehr bedeutsam sind. So verzeichnen wir für 17 Gemeinden in Baden-Württemberg beispielsweise ein negatives Steueraufkommen im Jahre 2001. Dies sind Fälle, wo erhebliche Rückzahlungen die Vorauszahlungen auf die laufenden Steuern überwiegen. Dies kann die Folge eines Unternehmenszusammenbruchs sein oder auch Folge rechtlicher Auseinandersetzungen. Für die Gemeinde ist so eine Situation prekär.

Die Reagibilität im Aufkommen ist weiterhin durch Freibeträge und die Staffelung nach dem Gewerbeertrag bei Personengesellschaften verschärft. Laufen die Gewinne örtlich besser, steigt damit das Steueraufkommen, einmal natürlich weil die Gewinne steigen und zum anderen weil mehr und mehr Unternehmen in höhere Gewinnzonen rutschen. Mit umgekehrtem Vorzeichen wirkt dieser Zusammenhang natürlich auch bei einer negativen Entwicklung vor Ort.

Problematisch an der Gewerbesteuer ist zudem die ungleiche Verteilung, da Gemeinden mit Großbetrieben mitunter erhebliche Einnahmen verzeichnen, während in anderen kaum Steuern anfallen. So wird die Statistik des Aufkommens je Einwohner in Baden-Württemberg im Jahr 2001 angeführt von Walldorf im Rhein-Neckar Kreis, Sitz der SAP, mit einem um das 28-fach höheren Gewerbesteueraufkommen pro Einwohner als der Durchschnitt. Im Jahr 2004 finden wir an der Spitze Weissach im Kreis Böblingen, einer der Standorte der Porsche AG, mit einem Gewerbesteueraufkommen 21-fach über dem Durchschnitt.

Ausgeprägt ist auch das Gefälle von der Stadt zum Umland. So zeigt eine Regression für das Gewerbesteueraufkommen eine enge Beziehung zwischen dem Steueraufkommen und der Einwohnerzahl einer Gemeinde.

$$GW\ ST^i = 1.73\ +\ .407\ Bev^i$$
$$(.254)\quad (.028)$$

$GW\ ST^i$: Logarithmus des Gewerbesteueraufkommens pro Einwohner, Bev^i: Logarithmus der Einwohnerzahl. Standardfehler in Klammern. Stichprobe umfasst 1.098 baden-württembergische Gemeinden im Jahre 2004. R^2: 0.205.

Demnach hat eine doppelt so große Gemeinde typischerweise ein um 40 % größeres Aufkommen pro Kopf. Nun könnte man der Meinung sein, dass dies die höheren Hebesätze in den Städten reflektiert. Eine entsprechende Regression für den rechnerischen Gewerbeertrag (siehe oben) liefert indessen nur einen unwesentlich geringeren Effekt.

$$GE^i = 3.73\ +\ .398\ Bev^i$$
$$(.256)\quad (.029)$$

GE: Logarithmus des rechnerischen Gewerbeertrags pro Einwohner, Bev^i: Logarithmus der Einwohnerzahl. Standardfehler in Klammern. Stichprobe umfasst 1.098 baden-württembergische Gemeinden in 2004 R^2: 0.196.

Ein Grundproblem einer lokalen Unternehmenssteuer ist die Zurechnung der Bemessungsgrundlage zu den einzelnen Standorten. Insbesondere bei den Ertragsteuern ist die Zurechnung des Erfolgs aus ökonomischer Sicht fragwürdig. Es liegt in der Natur des Unternehmensverbunds, dass eine solche Aufteilung willkürlich ist, selbst das Unternehmen wird Schwierigkeiten haben, den Erfolg zuzuordnen. Bei der Gewerbesteuer greift hier die Zerlegung. Sie soll einerseits die wirtschaftlich gebotene gemeinsame Veranlagung der Betriebsteile ermöglichen, andererseits aber die Lokalisierung des Erfolgs herstellen. Aus der Finanzwissenschaft ist bekannt, dass die Zerlegung je nach verwendetem Schlüssel den Charakter der Steuer ändert (Gordon/Wilson 1986). Im Fall der Gewerbesteuer führt die Zerlegung nach der Lohnsumme dazu, dass die Steuer, zumindest insoweit als Steuersatzunterschiede vorliegen, zu einer Steuer auf die Lohnsumme transformiert wird. Als Konsequenz ziehen Steuersatzunterschiede Beschäftigungseffekte nach sich.

In der rechtlichen Umsetzung bleibt zudem die Frage zu klären, was eigentlich in steuerlicher Hinsicht ein Mehrbetriebsunternehmen ist. Seit der Reform 2001 gilt hier die fragwürdige Regel, dass die Organschaft nicht zwangsläufig besteht, so dass sich Gestaltungsmöglichkeiten ergeben, die in Verbindung mit dem Fall Norderfriedrichskoog bekannt wurden (Rädler 2003). Anstatt aber die Regeln zur Organschaft zu ändern, hat man sich auf politischer Ebene schnell einigen können, den Gemeinden einen Mindesthebesatz vorzuschreiben. Es ist abzuwarten, ob die Klage einer brandenburgischen Kommune (Beiersdorf-Freudenberg) vor dem Verfassungsgericht Erfolg hat.

Während die Reagibilität bekannt ist, ist eine andere weniger bekannte ungünstige Eigenschaft die Sensitivität in Bezug auf den Hebesatz. Damit ist der Effekt des Hebesatzes auf die Steuerzahlungen angesprochen. Die Finanzpolitik geht oft davon aus, dass sich dieser Wirkungszusammenhang im Wesentlichen darin erschöpft, dass die Steuerzahlungen proportional mit dem Steuersatz steigen. Dies ist aber keineswegs der Fall, denn alle Steuern verursachen Ausweichreaktionen, die sich dann negativ auf die steuerliche Bemessungsgrundlage auswirken. Wie stark solche Effekte sind, lässt sich nicht pauschal beantworten. Im Kontext der Gewerbesteuer aber lässt sich eine starke Reaktion vermuten, da es sich um eine Unternehmenssteuer handelt, die ungünstige Effekte auf Investitionen und Standortentscheidungen ausübt. Zudem gibt es aufgrund der geringen Größe der Gemeinden eine große Zahl von Standortalternativen. Letztlich ist die Frage der Effekte auf die Bemessungsgrundlage aber eine empirische. Büttner (2005) schätzt den Zusammenhang zwischen steuerlicher Bemessungsgrundlage und dem Steuersatz anhand der folgenden Funktion

$$GE_{i,t} = .393\ GE_{i,t-1}\ -\ 5.10\ \tau_{i,t}\ -\ 2.73\ AQ_{i,t}\ +\ .085\ Zuw_{i,t}\ +\ .350\ Bes_{i,t}$$
$$(.014) \qquad\qquad (1.16) \qquad\quad (.467) \qquad\qquad (.042) \qquad\qquad (.028)$$

GE: Logarithmus des rechnerischen Gewerbeertrags pro Einwohner, AQ: Arbeitslosenquote (Dienststellenebene), Zuw: Logarithmus des Gemeinde-anteils an der ESt pro Einwohner, Bes: Logarithmus der Zahl der sozialver-sicherungspflichtigen Beschäftigten. Standardfehler in Klammern. Stich-probe umfasst 966 baden-württembergische Gemeinden im Zeitraum 1981 bis 2000. IV Schätzung; J-Test: 11.6(10); Zahl der Beobachtungen: 19.320.

Demnach führt ein Steuersatzanstieg um 10 Prozentpunkte zu einer Reduktion der Bemessungsgrundlage um ca. 50 %. Diese massive Veränderung impliziert, dass die Steuereinnahmen bei einem Steuersatzanstieg nicht steigen sondern eher leicht fallen.

Dass die Steuerlast der Gewerbesteuer, nach den empirischen Ergebnissen zu urteilen, schon in kurzer Zeit so deutliche Effekte auf die örtliche Bemessungs-grundlage ausübt, mag angesichts der erheblichen Kosten der Verlagerung eines Betriebes verwundern. Es ist aber darauf hinzuweisen, dass die durchschnittliche Gemeinde im Datensatz mit knapp 10.000 Einwohnern verhältnismäßig klein ist. Standortentscheidungen bei neuen Investitionen können da sicherlich im Einzelfall stark ins Gewicht fallen. Da die Gewerbesteuer zudem gerade von großen Unternehmen gezahlt wird, die Aktivitäten an verschiedenen Standorten durchführen können, ist ein hoher Steuerwiderstand im Steuerwettbewerb plausibel. Auch ist denkbar, dass die starke Reaktion auf die lokale Steuerlast schon innerhalb der ersten beiden Perioden Gewinnverlagerungsaktivitäten von Mehrbetriebsunternehmen widerspiegelt. Zwar werden Gewinnverlagerungen im Rahmen der Zerlegung bei der Gewerbesteuer erschwert, inwieweit aber die bestehenden Zerlegungsregeln derartige Aktivitäten auch in der Praxis wirksam beschränken, ist nicht bekannt. Nun gibt es aber noch eine weitere Erklärung für die starke Reaktion der Bemessungsgrundlage. Sie basiert auf den Freibeträgen in der Gewerbesteuer. Aufgrund der Freibeträge ist die Gewerbesteuer nämlich progressiv und so fällt die Reaktion der empirisch ermittelten Bemessungsgrundlage einer Gemeinde stärker aus, als die des zu Grunde liegenden Gewerbeertrags. Büttner (2005) ermittelt anhand der verfügbaren Daten zur Gewerbesteuerstatistik, dass die tatsächliche Elastizität der Bemessungsgrundlage ungefähr um ein Viertel (26.3 %) geringer ist.

4 Die Rolle des kommunalen Finanzausgleichs

Wir haben gesehen, dass die Gewerbesteuer erhebliche Fehlstellungen beinhaltet, von der Konjunkturreagibilität bis hin zu einer hohen steuerlichen Sensitivität. Eine mögliche Erklärung, warum die Gemeinden der Einführung alternativer Steuerquellen so kritisch gegenüber stehen, besteht in der Wirkungsweise des kommunalen Finanzausgleichs.

Wichtigstes Element des kommunalen Finanzausgleichs sind die Schlüsselzuweisungen nach der mangelnden Steuerkraft. Wir sehen am Beispiel Baden-Württembergs im Jahre 2004, dass das Volumen dieser Transfers bei gut 70 % der Gewerbesteuereinnahmen liegt. Das Besondere an den Schlüsselzuweisungen ist jedoch ihr umverteilender Charakter, der für die letztlich verfügbaren Gemeindeeinnahmen von großer Bedeutung ist. Im Prinzip schafft der so genannte steuerkraftbasierte Finanzausgleich eine Situation, wo Gemeinden mit geringen Steuereinnahmen zusätzliche Mittel aus dem Finanzausgleich erhalten, Gemeinden mit höheren Steuereinnahmen aber weniger Mittel. Weitere automatische Umverteilungseffekte werden von der Gewerbesteuerumlage und anderen Umlagen ausgeübt. In Baden-Württemberg sind dies insbesondere die Finanzausgleichsumlage und die Kreisumlage bzw. die Landeswohlfahrtsumlage.

	Mill. €	€ pro Einw.
Gewerbesteuer	4.675	436
Gewerbesteuerumlage	-1.088	-102
Grundsteuer	1.305	122
Gemeindeanteil an der ESt	3.318	310
Gemeindeanteil an der USt	391	36
Andere Steuern	76	7
Gebühren	1.996	186
Schlüsselzuweisungen	2.614	244
Summe	13.287	1240

Tab. 2: Gemeindeeinnahmen in Baden-Württemberg, 2004

Aufgrund der fiskalischen Umverteilung werden die budgetären Konsequenzen eines Einbruchs im Steueraufkommen für die betroffene Gemeinde abgemildert, da dieser zu vermehrten Zuweisungen und geringeren Leistungen der Gemeinde im Rahmen der Umlagen führt.[2] Diese fiskalischen Nebenwirkungen der veränderten Steuerkraft sind dabei von erheblichem Ausmaß. Am Beispiel der baden-württembergischen Gemeinden zeigt Büttner (2005), dass für eine durchschnittliche Gemeinde bei einem Rückgang der Gewerbesteuerkraft um einen Euro nach Finanzausgleich mittelfristig in der Regel nur eine Einbuße in Höhe von 20 Cent verbleibt, 80 Cent werden durch erhöhte horizontale und vertikale Nettotransfers kompensiert. Die Höhe der Ausgleichswirkung des Finanzausgleichs hängt dabei von der Steuerkraft ab (Abb. 3).

Durch die Umverteilung werden verschiedene Probleme der Gewerbesteuer abgemildert oder aufgehoben. Die Umverteilung führt zu einer gleichmäßigeren Ausstattung mit Finanzmitteln. Zudem übt sie eine Versicherungsfunktion aus: Gemeinden werden von der Fluktuation der örtlichen Gewerbesteuer weniger stark getroffen. Schließlich erfüllt sie eine Anreizfunktion, die die Gemeinden veranlasst, den Steuerwettbewerb weniger aggressiv zu betreiben.

Die Anreizfunktion ist in Abbildung 4 anhand der Nettoeinnahmen skizziert. Erhöht die Gemeinde ihren Hebesatz von H_A auf H_B, fällt der resultierende Anstieg der gemeindlichen Nettoeinnahmen in Höhe von $E_B - E_A$ größer aus, als der Anstieg des eigentlichen Gewerbesteueraufkommens $S_B - S_A$. Und selbst bei einem Hebesatz in Höhe von H_C lohnt sich, rein fiskalisch gesehen, noch ein weiterer Anstieg des Hebesatzes. Für besonders steuerschwache Gemeinden greift zudem die Sockelgarantie, so dass Unterschiede in der Bemessungsgrundlage kaum noch einen Effekt auf die Gemeindeeinnahmen haben.

---

[2] Während die Umlagen in der Regel sofort reagieren, benötigt die Anpassung der Schlüsselzuweisungen zwei Jahre Zeit.

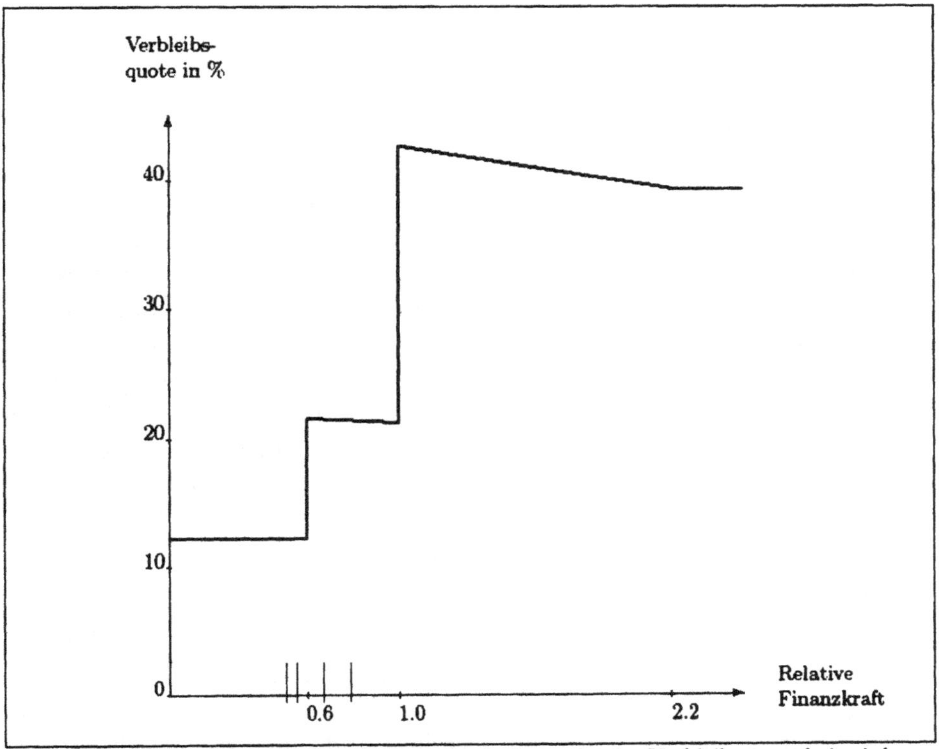

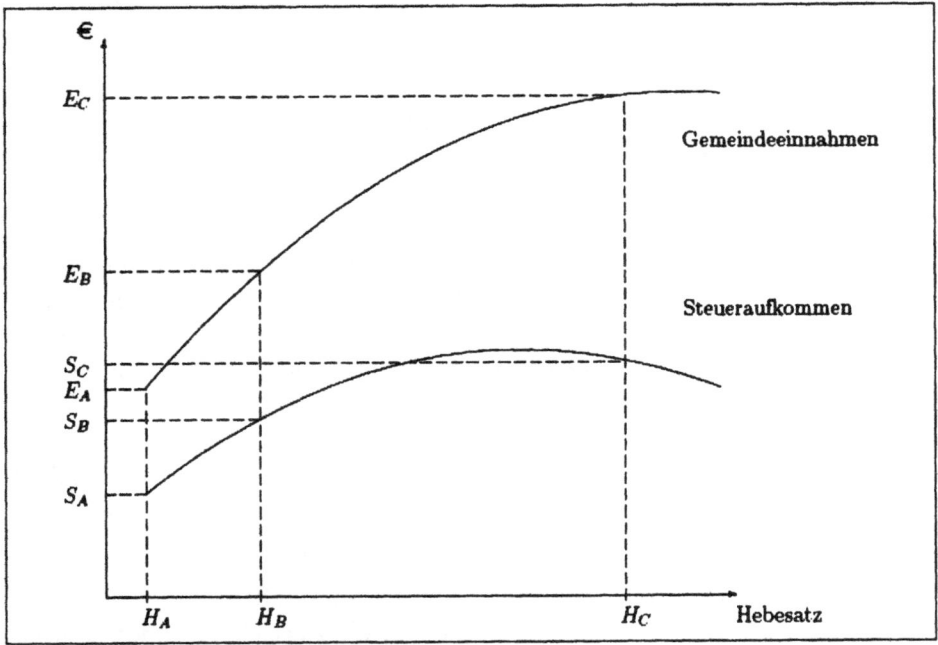

Abb. 3: Relative Verbleibsquote und Finanzkraft. Fettgedruckt: Verbleibsquote bei mittleren Werten für Kreisumlage und Hebesatz im Jahr 2000.

Abb. 4: Steuer- und Gemeindeinnahmen.

Konsequenz der Umlagen und des kommunalen Finanzausgleichs ist aber, dass die Gemeinden sich nicht am Bruttoaufkommen der Gewerbesteuer orientieren, sondern an ihren Nettoeinnahmen, also der vereinnahmten Gewerbesteuer abzüglich der Umlagen und zuzüglich der Zuweisungen. In einer Untersuchung der Hebesatzpolitik von 185 Gemeinden in Baden-Württemberg mit mehr als 10.000 Einwohnern im Zeitraum von 1980 - 2000 findet Büttner (2006a) empirische Evidenz für den Effekt des Finanzausgleichs. So führt ein Anstieg der Verbleibsquote um 10 Prozentpunkte zu einem Rückgang des Steuersatzes um 0.233 Prozentpunkte, bzw. zu einem Rückgang des Hebesatzes um 5 Punkte. Der Anreizeffekt des kommunalen Finanzausgleichs in Baden-Württemberg erklärt demnach 30 - 40 Prozentpunkte im Niveau des Hebesatzes (im Mittel: 334) bzw. 1.5 - 1.8 Prozentpunkte des Steuersatzes (im Mittel: 16.7). Geht man davon aus, dass der ungehemmte kommunale Steuerwettbewerb zu einer insgesamt zu niedrigen Besteuerung führt, lässt sich die an der gemeindlichen Steuerkraft ansetzende Umverteilung durch Umlagen und Finanzausgleich nämlich als Korrekturmechanismus auffassen, der die Fehlanreize des kommunalen Steuerwettbewerbs reduziert oder aufhebt.

Auch die Versicherungsfunktion lässt sich empirisch belegen. So zeigt Büttner (2006b) die typische Reaktion auf einen Einnahmenschock auf der Basis einer umfangreichen empirischen Untersuchung der fiskalischen Anpassung. Zwar ist die Versicherungsfunktion erheblich, allerdings sind durch die Reagibilität der Gewerbesteuer auch erhebliche Schocks zu bewältigen. So lässt sich erklären, dass bei amerikanischen Gemeinden, wo fiskalische Transfers in wesentlich geringerem Maße Einnahmen umverteilen, dennoch eine wesentlich stetigere Einnahmen- und Ausgabenentwicklung zu verzeichnen ist.

Die geschilderte Anreizwirkung und Versicherungsfunktion des Finanzausgleichs dürfen nicht darüber hinwegtäuschen, dass hohe Ausgleichsgrade nicht nur in einem positiven Licht zu sehen sind. Die zum Teil sehr hohen Ausgleichssätze bremsen nicht nur den Eifer im Steuerwettbewerb, sondern reduzieren auch den Anreiz bzw. die Möglichkeiten zu einer sinnvollen Standortentwicklung und sind möglicherweise eine Erklärung für die Zurückhaltung der Gemeinden bei der ökonomisch grundsätzlich sinnvollen aber politisch schwierigen Grundsteuer. Es sollte auch nicht übersehen werden, dass die Umverteilung der Unterschiede in der Gewerbesteuer die räumliche Wirtschaftstruktur stark beinträchtigen kann. Da vor allem die Ballungsgebiete eine hohe Steuerkraft aufweisen, würde die ungeschützte Nivellierung zu einer weitgehenden Abschöpfung der Finanzmittel in den Stadtgemeinden führen. An dieser Stelle operiert der Finanzausgleich mit dem pragmatischen Griff der Einwohnerveredelung, der aber umstritten ist.

So steckt das Gemeindefinanzsystem in einem Dilemma. Die Gemeinden operieren mit einer unsicheren Bemessungsgrundlage, die zugleich besonders anfällig für den Steuerwettbewerb ist. Beides führt zum Wunsch nach einem hohen Ausgleichsgrad im Finanzausgleich, der aber letztlich die Autonomie untergräbt. Vor diesem Hintergrund empfiehlt sich eine Reform des Systems, insbesondere die Erschließung alternativer Steuerquellen.

5   Zuschläge bei Einkommen- und Körperschaftsteuer?

Ein zuletzt diskutierter Vorschlag vom Sachverständigenrat (2001) und dem BDI/VCI (2001) ist die Substitution der Gewerbesteuer durch Zuschläge auf die Steuerschuld bei Einkommen- und Körperschaftsteuer (Döring/Feld 2005). Obschon sich aus finanzwissenschaftlicher Sicht vor allem die Grundsteuer für eine Restrukturierung des Systems anbietet, böten die vorgeschlagenen Zuschläge bei Einkommensteuer und Körperschaftsteuer vielleicht aus pragmatischer Sicht Vorteile. Ein Anknüpfen an bereits existierende und in der Praxis erprobte Steuern hat sicherlich seinen Reiz gegenüber Vorschlägen, die eine grundsätzlich neue Steuer beinhalten. Allerdings ist zu fragen, ob die Verwendung dieser Bemessungsgrundlage auch den spezifischen Anforderungen an eine Gemeindesteuer gerecht wird.

Da Umsatzsteuern nur mangelnden Bezug zur lokalen Bevölkerung aufweisen, erscheint unter den gegebenen Prämissen ein Anknüpfen am Einkommen der Wohnsitzbevölkerung im Prinzip sinnvoll. Bei den privaten Haushalten ist eine lokale Besteuerung auf Basis der Einkommensteuer administrativ unproblematisch, enthält doch schon die Lohnsteuerkarte bzw. der Einkommensteuerbescheid Informationen über die Höhe der steuerpflichtigen Einkünfte sowie die gezahlte Steuer. Da schon bislang die Lohnsteuerkarte vom Wohnsitzfinanzamt ausgestellt wird, bietet es sich an, auf dieser Karte gleich einen Zuschlag bzw. einen Einkommensteuersatz der Gemeinde zu vermerken und eine entsprechende Überweisung von dem jeweiligen dem Betrieb zugeordneten Finanzamt an das Wohnsitzfinanzamt vorzusehen (Hansmeyer/Zimmermann 1993). Wie Fuest und Huber (2001) vorschlagen, könnte die Besteuerung von Personenunternehmen ebenfalls auf Basis der Einkommensteuer erfolgen, da die Steuererklärung Einkünfte aus Gewerbebetrieb explizit erfasst. Die Besteuerung der Kapitalgesellschaften könnte auf Basis des Steuerbescheids im Rahmen der Körperschaftsteuer erfolgen. In beiden Fällen ist allerdings eine praktikable Zerlegungsregelung erforderlich.

Zurechnungsprobleme entstehen auch bei der Einkommensbesteuerung nach dem Wohnsitz, wie auch der Wissenschaftliche Beirat beim BMF (1982) anmerkt. Schon ohne steuerliche Unterschiede werden Gerichte zur Klärung der Frage bemüht, welcher der Wohnsitze eines Bürgers als Hauptwohnsitz aufzufassen ist, und es ist nahe liegend zu erwarten, dass derartige Auseinandersetzungen in einem ganz anderen Umfang geführt werden, wenn erst Unterschiede in der Steuerbelastung daran anknüpfen. Der Gesetzgeber wäre sicherlich gut beraten, die schwierigen Abgrenzungsprobleme in der Zurechnung der Einkommen nicht allein den Gerichten zu überlassen, sondern von vornherein klar zu regeln.

Bei der praktischen Umsetzung eines Zuschlags auf die Einkommensteuer stehen verschiedene Alternativen zur Auswahl. Wie Hansmeyer und Zimmermann (1993) betonen, hat ein Gemeindezuschlag auf den Gemeindeanteil an der Einkommensteuer unter Berücksichtigung der Sockelgrenzen den Vorzug, ohne Änderungen des Grundgesetzes umgesetzt werden zu können.[3] Die Konsequenzen eines Wechsels werden im Folgenden exemplarisch anhand der dreijährlichen Einkommensteuerstatistik und der Finanzstatistik der baden-württembergischen Gemeinden illustriert. Die Zeilen drei bis fünf von Tabelle 1 geben Informationen über die Verteilung von Einkommen und Einkommensteuer. Zeile drei zeigt die Höhe des Gesamtbetrags der Einkünfte (pro Einwohner) entsprechend der Einkommensteuerstatistik. Es fällt auf, dass die Bemessungsgrundlage der Einkommensteuer wesentlich größere Werte aufweist, als die Bemessungsgrundlage der Gewerbesteuer. Ein aufkommensneutraler Übergang von der vergleichsweise schmalen Bemessungsgrundlage der Gewerbesteuer auf die der Einkommensteuer käme mit einem deutlich niedrigeren Steuersatz aus und könnte von daher umfangreiche Effizienzgewinne erzielen, schließlich ist ein zentrales Argument der Optimalsteuertheorie, dass die Mehrbelastung mit dem Steuersatz überproportional ansteigt. Zugleich ist auch die Querschnittsvarianz der pro Kopf Werte der Bemessungsgrundlage der Einkommensteuer deutlich geringer. So liegt schon die Standardabweichung für das pro Kopf-Einkommen deutlich unter der des Gewerbeertrags. Dies gilt auch für die festgesetzte Einkommensteuer (ESt) und den Gemeindeanteil an der Einkommensteuer (GaESt). Damit ist das Steueraufkommen wesentlich gleichmäßiger verteilt. Ein grundsätzliches Problem einer simplen Zuschlagsgestaltung im Sinne eines Zuschlags auf die Steuerschuld ist aber die Interaktion mit der Progressionswirkung. Formal besteht zwischen Einkommensteueraufkommen und Steuersatz die folgende Beziehung

$$T = t(Y)Y,$$

wobei t der Einkommensteuersatz und Y das zu versteuernde Einkommen ist.

---

[3] Artikel 106 Abs. 5 GG im Wortlaut: *„Die Gemeinden erhalten einen Anteil an dem Aufkommen der Einkommensteuer, der von den Ländern an ihre Gemeinden auf der Grundlage der Einkommensteuerleistungen ihrer Einwohner weiterzuleiten ist. Das Nähere bestimmt ein Bundesgesetz, das der Zustimmung des Bundesrates bedarf. Es kann bestimmen, dass die Gemeinden Hebesätze für den Gemeindeanteil festsetzen."*

Die Elastizität des Steueraufkommens ist:

$$\frac{\partial \log T}{\partial \log Y} = 1 + \frac{\partial \log t}{\partial \log Y}$$

Aufgrund der Progression

$$\frac{\partial t}{\partial Y} > 0$$

ist die Elastizität größer als eins. Die Progressionswirkung führt nun zum einen dazu, dass interkommunale Unterschiede in der Steuerbelastung gerade für Bezieher hoher Einkommen stärker ausgeprägt sind. Zum anderen werden bestehende interkommunale Unterschiede in der Steuerkraft durch die Progressionswirkung im Rahmen eines Zuschlags auf die Einkommensteuerschuld verstärkt. Dies zeigt sich schon anhand von Tabelle 1, da der Variationskoeffizient der Verteilung des Einkommensteueraufkommens um mehr als das doppelte über dem des Einkommens liegt. Eine weitere Konsequenz der Progressionswirkung ist, dass temporale Fluktuationen in der Bemessungsgrundlage einen überproportionalen Effekt auf das Steueraufkommen ausüben. Ein Schätzwert für die Größenordnung des regionalen Progressionseffektes kann aus einer Regression des Steueraufkommens auf das Einkommen gewonnen werden.

$$ESt_i = -3.540 + 1.706 \; GdE_i$$
$$(0.037) \quad (0.014)$$

GE: ESt_i: Logarithmus des Aufkommens der ESt pro Einwohner, GdE_i: Logarithmus des Gesamtbetrages der Einkünfte R^2: 0.95, 1.111 Beobachtungen. Standardfehler in Klammern.

Die Elastizität von 1.706 zeigt, dass der Progressionseffekt zu einem stark überproportionalen Steueraufkommenseffekt führt, interkommunale Unterschiede im Aufkommen sind um 70 % größer als die Unterschiede im deklarierten Einkommen. Angesichts der starken regionalen Progressionswirkung erscheint eine Zuschlagsregelung analog zum Solidaritätszuschlag recht bedenklich. Nicht nur wird es zu einer vergleichsweise starken Streuung der Steuerkraft kommen, sondern zudem dürfte dieser Vorschlag erneut eine bei der Gewerbesteuer kritisierte, hohe Reagibilität des Aufkommens wie auch eine hohe Sensitivität in Bezug auf Unterschiede im Steuersatz aufweisen.

Obschon Ungleichheiten zwischen steuerstarken und steuerschwachen Gemeinden verringert würden, ist doch zu erwarten, dass bestimmte Gruppen von Gemeinden durch den Wechsel der Bemessungsgrundlage gewinnen und andere verlieren. So dürften insbesondere die bislang eher steuerstarken Städte im Vergleich zu ihrem Umland verlieren. Wenn wir wie im Fall der Gewerbesteuer das pro Kopf Aufkommen auf die Bevölkerungszahl regressieren, erhalten wir einen wesentlich schwächeren Größeneffekt als bei der Gewerbesteuer. Zwar steigt auch der Gemeindeanteil an der Einkommensteuer signifikant mit der Bevölkerungszahl, allerdings liegt die oben ermittelte Elastizität des Gewerbeertrags pro Einwohner in Bezug auf die Bevölkerungszahl ungefähr um das Achtfache über der Elastizität des Gemeindeanteils: Eine Verdopplung der Bevölkerung führt nur zu einer um 5 % höheren Steuerkraft pro Kopf.

$$GAESt_i = \quad 5.272 \quad + \quad 0.050 \quad Bev_i$$
$$\qquad\qquad (0.046) \qquad\quad (0.005)$$

$GAESt_i$: Logarithmus des Gemeindeanteils an der Einkommensteuer. Bev_i: Logarithmus der Zahl der Einwohner, R^2: 0.086, 1.111 Beobachtungen. Standardfehler in Klammern.

Eine Umstellung der gemeindlichen Steuern in Richtung auf die Einkommensteuer würde offenbar gegenüber dem Status-Quo die Situation der großen Gemeinden zu Gunsten der kleinen Gemeinden verschlechtern. Dieses Ergebnis deckt sich mit der Mikrosimulationsstudie von Maithert und Zwick (2006).

Auch bei einem Zuschlag auf den Gemeindeanteil an der Einkommensteuer ist eine erhebliche Mobilität der Bemessungsgrundlage zu erwarten. Das genaue Ausmaß fiskalisch induzierter Mobilität ist allerdings nicht ohne weiteres zu ermitteln. Die Wanderungsstatistik zeigt, dass schon ohne Unterschiede in der Einkommensteuer die Mobilität zwischen den Gemeinden desselben Bundeslandes wesentlich höher ist, als die Mobilität zwischen Bundesländern. So betragen die für die Flächenländer berichteten Fortzüge in eine andere Gemeinde eines Bundeslandes im Jahre 1999 mit 2,86 Millionen ca. das dreifache der Fortzüge in ein anderes Bundesland (0,96 Millionen) (Quelle: Statistisches Bundesamt, Fachserie 1, Gebiet und Bevölkerung). Die hier erkennbare Abschwächung der Wanderungsbewegungen mit der Distanz wird in der Regel durch räumliche Transaktionskosten begründet und lässt besonders Ausweichreaktionen in Nachbargemeinden erwarten, wie sie sich auch bei der Gewerbesteuer belegen lassen (Büttner 2003). Entsprechend zeigen auch die empirischen Ergebnisse von Feld (2000), dass der Steuerwettbewerb zwischen Schweizer Städten stärker ausgeprägt ist, als der zwischen Schweizer Kantonen. Auf dem Gebiet Deutschlands finden sich ca. 230 Arbeitsmarktregionen als Annäherung an funktionale Regionen – dem stehen aber zwölf bis dreizehntausend Gemeinden gegenüber. Der Wettbewerb zwischen Gemeinden findet also zu einem wesentlichen Teil innerhalb von Regionen statt. Als Folge können Haushalte den Wohnort wechseln, ohne den Arbeitsplatz oder ihre familiären Netzwerke aufgeben zu müssen und, was für die Gemeindefinanzen besonders problematisch erscheint, ohne auf das bereitgestellte Leistungsangebot vollständig verzichten zu müssen. Hier wird deutlich, dass eine Reform die Problematik fiskalischer Mobilität ernst nehmen und ggf. geeignete institutionelle Voraussetzungen für eine funktionierende kommunale Einkommensbesteuerung unter Bedingungen hoher Mobilität schaffen muss.

Schon wegen der regionalen Streuung, aber auch wegen der Mobilitätswirkung der lokalen Einkommensteuer schafft die Einführung des Zuschlags bei der Einkommensteuer erhebliche Probleme für die Gemeinden, die eine Anpassung des Finanzausgleichs erforderlich machen. Die Rolle des Finanzausgleichs ist aber ein zweischneidiges Schwert: Eine zu starke Nivellierung der Steuerkraftunterschiede durch den Finanzausgleich führt zu ungünstigen Anreizeffekten und könnte die Gemeinden veranlassen, zu hohe Steuersätze zu wählen. Ohnehin besteht bei einer Zuschlagsregelung die Gefahr einer Überbesteuerung aufgrund der vertikalen fiskalischen Externalität (Wrede 1997; Büttner/Schwager 2003). Mit einer gewissen Distanz betrachtet, könnte man vielleicht davon ausgehen, dass das gemeinsame Interesse der beteiligten Gebietskörperschaften zu einer sinnvollen Einstellung des kommunalen Finanzausgleichs führen wird. Einer allzu optimistischen Bewertung stehen allerdings verschiedene Institutionen der Finanzverfassung gegenüber. Zum einen ist hier der notorische Länderfinanzausgleich zu erwähnen. Eine effiziente Ordnung der Gemeindefinanzen eines Landes erscheint insofern unwahrscheinlich, als der Länderfinanzausgleich Anreize zu einer strategischen Ausrichtung auch der Kommunalfinanzen eines Landes gibt. Von daher wäre der Gemeindeanteil an der Einkommensteuer ggf. partiell aus dem Länderfinanzausgleich herauszunehmen (Büttner/Schwager 2003), ebenso wie das auch bei der Gewerbesteuer der Fall ist.

Zudem ist die zentrale Stellung des Brecht-Popitzschen Gesetzes in den Finanzausgleichsystemen der Länder nicht unproblematisch. Gerade die Städte werden durch die Staffelung des Finanzbedarfs mit der Einwohnerzahl künstlich arm gerechnet. Aufgrund ihres deutlich höheren Gewerbesteueraufkommens sind die Städte im herkömmlichen System aber mit einer relativ starken Steuerkraft ausgestattet, so dass sie dennoch deutliche Anreize zur Pflege des Gewerbes haben. Die Einwohnerveredelung wirkt hier nur wie ein Schutzmechanismus, der die Steuerkraft der Städte bei der Gewerbesteuer vor dem Zugriff des nivellierenden Finanzausgleichs schützt. Beim Wechsel hin zu einer kommunalen Einkommensteuer werden die Städte die hohe Steuerkraft tendenziell verlieren. Der Schutzmechanismus der Einwohnerveredelung verkehrt sich dann in sein Gegenteil: Die Städte werden stärker als andere Gemeinden abhängig von Finanzzuweisungen. Hier wird deutlich, dass unter Beibehaltung der Einwohnerveredelung die Gefahr besteht, dass die Städte als Zentren der wirtschaftlichen Entwicklung zumindest aus fiskalischer Sicht ihr Interesse am Gewerbe verlieren.

6   Fazit

Auch wenn die Gewerbesteuer in der jüngsten Zeit eine unerwartet positive Aufkommensentwicklung zeigt, ist davon auszugehen, dass diese positive Dynamik keine grundsätzliche Wende darstellt. Die Gewerbesteuer bleibt eine in verschiedener Hinsicht problematische Einnahmequelle für Gemeinden. Dass Reformen aber immer wieder gescheitert sind, lässt sich durch den korrigierenden Einfluss des kommunalen Finanzausgleich erklären, der die einzelne Gemeinde gegen den fiskalischen Niederschlag des Steuerwettbewerbs, von Aufkommenseinbrüchen und der ungleichen Aufkommensverteilung abschirmt.

Von daher spricht einiges für eine grundsätzliche Reform, beispielsweise die partielle Substitution der Gewerbesteuer durch kommunale Zuschläge bei der Einkommensteuer. Dieser Vorschlag erscheint vor allem in administrativer Hinsicht attraktiv. Eine genauere Betrachtung dieses Vorschlags offenbart aber erhebliche Schwierigkeiten, insbesondere das Entstehen einer neuen und potentiell scharfen Form des interkommunalen Steuerwettbewerbs.

Zwar könnten auch die zu erwartenden erheblichen Verwerfungen bei der partiellen Substitution durch Zuschläge bei der Einkommensteuer durch den Finanzausgleich abgemildert werden. Die simultane Verhandlung eines Ersatzes der Gewerbesteuer und einer gravierenden Umgestaltung beinhaltet aber für die einzelne Gemeinde erhebliche Risiken, die deren abwehrende Haltung verständlich erscheinen lassen. Zudem birgt die Einbindung der kommunalen Zuschläge bei der Einkommensteuer in den Finanzausgleich auch Risiken wie die Überbesteuerung. Auch besteht die Gefahr, dass mit dem Wegfall der Gewerbesteuer die Kernstädte noch stärker zu Zuweisungsempfängern werden.

Vor diesem Hintergrund empfiehlt sich eher eine Reform innerhalb des Systems. Insbesondere erscheint es sinnvoll, die Revitalisierung der Grundsteuer in Angriff zu nehmen. Das deutsche Steuersystem hat insgesamt erhebliche Schwierigkeiten mit der nicht zuletzt im Kontext der europäischen Integration wachsenden Mobilität der Bemessungsgrundlagen gerade im Bereich der Einkommensteuern. Die örtliche Grundsteuer ist dagegen von vornherein wettbewerbstauglich und stellt eine wichtige Effizienzreserve in der Steuerstruktur dar. Natürlich wird eine wachsende Bedeutung der Grundsteuer mit Vermögenseinbußen beim Grundbesitz einhergehen, so dass mit erheblichen Widerständen gerechnet werden muss. Möglicherweise bieten sich für die Politik aber auch aus redistributiven Gründen Chancen in der Revitalisierung der Grundsteuer.

Literatur

BDI/VCI (2001): *Verfassungskonforme Reform der Gewerbesteuer: Konzept einer kommunalen Einkommen- und Gewinnsteuer.* Köln (2001): Deutscher Instituts-Verlag.

Büttner, Thiess (2006): The incentive effect of fiscal equalization on tax policy. *Journal of Public Economics*, 90 (2006), 477-497.

Büttner, Thiess (2006b): *Municipal fiscal adjustment in Germany.* Manuskript.

Büttner, Thiess (2005): Zur Aufkommens- und Budgetwirkung der gemeindlichen Steuerpolitik: Empirische Ergebnisse für baden-württembergische Gemeinden. *Jahrbuch für Regionalwissenschaft* , 25 (2005), 27-43.

Büttner, Thiess/Schwager, Robert (2003): Länderautonomie in der Einkommensteuer: Konsequenzen eines Zuschlagsmodells. *Jahrbücher für Nationalökonomie und Statistik*, 223 (2003), 532-555.

Döring, Thomas/Feld, Lars Peter (2005): Reform der Gewerbesteuer: Wie es Euch gefällt? - Eine Nachlese. *Perspektiven der Wirtschaftspolitik*, 6 (2005), 207-232.

Feld, Lars Peter (2000): *Steuerwettbewerb und seine Auswirkungen auf Allokation und Distribution : eine empirische Analyse für die Schweiz.* Tübingen (2000): Mohr Siebeck.

Fuest, Clemens/Huber, Bernd (2001): *Zur Reform der Gewerbesteuer.* Gutachten, erstellt im Auftrag des Ministeriums für Wirtschaft im Saarland.

Gordon, Roger/Wilson, John Douglas (1986): An examination of multijurisdictional income taxation under formula apportionment. *Econometrica*, 54 (1986), 1357-1373.

Hansmeyer, Karl-Heinrich/Zimmermann, Horst (1993): Möglichkeiten der Einführung eines Hebesatzrechts beim gemeindlichen Einkommensteueranteil. *Archiv für Kommunalwissenschaften*, 1993, 221-244.

Homburg, Stefan (2000): Reform der Gewerbesteuer. *Archiv für Kommunalwissenschaften*, 2000, 43-55.

Maiterth, Ralf/Zwick, Markus (2006): A local income and corporation tax as an alternative to the German local business tax: an empirical analysis for selected municipalities. *Jahrbücher für Nationalökonomie und Statistik*, 226 (2006), 285-307.

Rädler, Albert J. (2003): Überlegungen zur Gewerbesteuer. *ifo Schnelldienst*, 9 (2003), 14-19.

Sachverständigenrat (2001): *Für Stetigkeit – gegen Aktionismus*, Jahresgutachten 01/02. Wiesbaden (2001).

Wissenschaftlicher Beirat (1982): *Gutachten zur Reform der Gemeindefinanzen.* Schriftenreihe des BMF, 31.

Wildasin, David E. (1987): Theoretical analysis of local public economics. *Handbook of Regional and Urban Economics*, II. Amsterdam (1987), 1131-1178.

Wrede, Matthias (1997): Vertical and horizontal tax competition: will uncoordinated Leviathans end up on the wrong side of the Laffer curve? *Finanzarchiv*, 53 (1997), 461-479.

Zimmermann, Horst (1999): *Kommunalfinanzen*. Baden-Baden (1999): Nomos.

Einige Überlegungen zur Reform der Gemeindefinanzen aus verfassungsökonomischer Sicht – Korreferat zu Thiess Büttner

Roman Leistenschneider[*]

1   Einleitung

Die Reform der Gemeindefinanzen in Deutschland ist Gegenstand einer lange währenden Diskussion in Wissenschaft und Politik: Sie ist wahrlich ein „finanzpolitischer Dauerbrenner" (139)[1]. Im Kern geht es um die Gewerbesteuer, deren Bedeutung sich zum einen daraus ergibt, dass sie die wichtigste Steuerquelle mit lokaler Autonomie ist, und zum andern, dass sie den Gemeinden durchaus hohe Erträge bescheren kann. Allerdings gilt sie auch als umstrittene Steuer, weil sie einseitige Belastungen hervorrufe, die ökonomische Effizienz verzerre und darüber hinaus aufgrund ihrer ausgeprägten Konjunkturanfälligkeit für die Kommunen keine sichere Einnahmenquelle darstelle (Blankart 2006: 321). Entgegen dem Trend ergab sich für das Jahr 2006 ein höchst erfreuliches Gewerbesteueraufkommen, was indes dazu führte, dass ein Großteil der Kritik verstummte.

---

[*] Roman Leistenschneider ist Assistent am Institut für Allgemeine Wirtschaftsforschung an der Albert-Ludwigs-Universität zu Freiburg.

[1] Verweise ohne Angaben des Erscheinungsjahres beziehen sich auf Beiträge in diesem Band.

Abermals, so scheint es, wird die Chance zu einer grundlegenden Neugestaltung der Gemeindefinanzen vertan.[2]

Mit seinem Beitrag zur „Reform der Gemeindefinanzen" leistet Thiess Büttner eine Erklärung des Problems, weshalb die Gemeinden bzw. ihre Vertreter ungeachtet aller Kritik an der Gewerbesteuer festhalten. Der Autor argumentiert, dass unter den gegebenen Regeln des kommunalen Finanzausgleichs der Wettbewerb zwischen den Gemeinden im Prinzip neutralisiert werde. Eine Substitution der Gewerbesteuer durch das so genannte Zuschlagsmodell (Zuschläge bei Einkommen- und Körperschaftsteuer) würde das bestehende System der Gemeindefinanzen so grundlegend verändern, dass eine Anpassung aller Finanzausgleichssysteme notwendig wäre. Weil diese den Kommunen aber erhebliche Risiken auferlegen würde, präferieren sie den Status quo. Als Ausweg schlägt Büttner die Revitalisierung der Grundsteuer als eine Reform innerhalb des Systems vor.

Mit seiner Untersuchung liefert Thiess Büttner einen fundierten und informativen Beitrag zur Diskussion, wie die Gemeinden sich finanzieren sollen und welche Rolle dabei die Gewerbesteuer als ihre wichtigste Steuer spielt. Kurzum, es geht um die Frage der wünschenswerten Ausgestaltung der Gemeindefinanzverfassung. In den folgenden Ausführungen soll diese Frage aus einer verfassungsökonomischen Perspektive behandelt und dabei Büttners Argumente aus konstitutionellem Blickwinkel beleuchtet werden.

2 Föderale Ordnung und das Prinzip der „institutionellen Kongruenz"

Die Verfassungsökonomik untersucht, wie Menschen wechselseitige Vorteile durch freiwillige Kooperation erzielen können. Dabei wird die Idee der „mutual gains from trade", die durch den freiwilligen Tausch auf Märkten als paradigmatischer Fall für wechselseitig vorteilhafte soziale Transaktionen verkörpert wird, auf freiwillige Kooperation in einem breiten Verständnis ausgedehnt, das auch institutionelle Arrangements für privates wie auch öffentliches Kollektivhandeln einschließt. Im Kern geht es im Besonderen um die Frage, wie Individuen gegenseitige Gewinne durch gemeinsame, freiwillige Bindung an Regeln realisieren können (Vanberg 2000).

Gemeinsame Vorteile, die Menschen durch kollektives, staatliches Handeln im Rahmen von Gebietskörperschaften als staatliche Territorialeinheiten realisieren können, gibt es auf den unterschiedlichen Ebenen der staatlichen Organisation. Im Prinzip lassen sich überall dort, wo territorial abgrenzbare Gruppen von In-

---

[2] Zum Überblick der Diskussion um die Reform der Gewerbesteuer u.a. Döring/Feld (2005).

dividuen bestimmte gemeinsame Interessen aufweisen, wechselseitige Vorteile durch gemeinsame Regelbindung im Rahmen staatlich-gebietskörperschaftlicher Organisation erzielen.

Aus der vertragstheoretisch-verfassungsökonomischen Idee der gegenseitigen Vorteilsrealisierung, die aus der gemeinsamen Bindung an selbstbestimmte Regeln resultiert, folgt eine politische Organisationsstruktur, in der einzelne staatliche Einheiten wechselseitige Vorteile realisieren können, durch Bildung von lokalen bis hin zu globalen Interessensgemeinschaften. Die Chancen zu einer solchen Realisierung gemeinsamer Vorteile sind dabei umso größer, „je besser die Organisation politischer Kompetenzen an das angepasst ist, was man die ,Geographie der gemeinsamen Interessen' nennen könnte" (Vanberg 2004: 57). Dies gewährleistet ein flexibler föderaler Staatsaufbau mit der Eigenschaft, dass die zur Realisierung gemeinsamer Vorteile notwendigen Regelbindungen jeweils auf der gebietskörperschaftlichen Ebene durchgeführt und die entsprechenden Entscheidungskompetenzen jeweils auf der Ebene angesiedelt werden, die am ehesten mit den Grenzen der relevanten Interessensgemeinschaft übereinstimmt.

Dieses verfassungsökonomische Gestaltungsprinzip lässt sich Charles B. Blankart (2006: 27ff. und 606ff.) zufolge als „institutionelle Kongruenz" bezeichnen, worunter die Maxime zu verstehen ist, Gebietskörperschaften so zu organisieren, dass sich in ihnen der Kreis der Nutznießer staatlicher Leistungen mit dem Kreis der Entscheidungsträger und dem Kreis der Steuerzahler möglichst eng deckt. Bezogen auf den Fall der Gemeinden entscheidet unter institutioneller Kongruenz also jede Kommune selbst und finanziert sich auch selbst. Gerade angesichts der Politikverflechtung des deutschen Föderalismus, in dem die einzelnen staatlichen Ebenen ineinander verschränkt sind, verfügt man mit dem Prinzip der institutionellen Kongruenz über einen Referenzpunkt, der darüber informiert, ob und inwieweit die Bedingungen für die Realisierung wechselseitiger Vorteile gegeben sind.

Büttners theoretischer Bezugsrahmen ist die Vorstellung eines idealen Gemeindesteuersystems, das zur Vermeidung von fiskalisch induzierten Verlagerungen wirtschaftlicher Aktivität durch Bürger und Unternehmen besonders die Besteuerung von Immobilien, v.a. von Grundvermögen, ins Zentrum rückt. Bei dieser lokalen Vermögensbesteuerung kommt es im Idealfall „zu einer in anderen Bereichen der öffentlichen Finanzwirtschaft kaum zu erwartenden Übereinstimmung (Äquivalenz) von öffentlichen Leistungen und der Steuerlast" (142). Dabei verweist Büttner zurecht darauf, dass „[d]as deutsche System der Gemeindesteuern [...] sehr weit von den Idealvorstellungen entfernt" (142) ist.

Das hier angeführte Ordnungsideal der fiskalischen Äquivalenz ist aber nur auf den ersten Blick mit dem Prinzip der institutionellen Kongruenz identisch. Denn fiskalische Äquivalenz ist das Ergebnis, institutionelle Kongruenz hingegen die hierfür notwendige organisatorische Voraussetzung (Blankart 2006: 607). Im Falle eines idealen kommunalen Steuersystems stellt sich die Frage, wer bei der Ableitung der wohlfahrtsökonomischen Optimalitätsbedingungen für die Zuordnung von Funktionen das Wissen um die jeweiligen Grenznutzen und Grenzkosten staatlicher Tätigkeiten als deren Voraussetzungen besitzt. Im Unterschied hierzu verlangt das verfassungsökonomische Prinzip der institutionellen Kongruenz die Suche nach Entscheidungsverfahren, die nachweislich zu einer Zuordnung und Ausübung öffentlicher Aufgaben führen, die im Sinne der gemeinsamen Interessen der Bürger ist und die angestrebte Äquivalenz von Leistung und Gegenleistung gewährleistet (Vanberg 2004: 58).

Die Gewerbesteuer ist Bestandteil des übergeordneten Regelwerks der Gemeindefinanzverfassung, die die Verantwortung über die Gemeindefinanzen und insbesondere den Grad an Autonomie regelt. Wie sollte also eine wünschenswerte Finanzverfassung für eine Gemeinde aussehen? Welche Gestaltungsprinzipien sollte sie enthalten? Die anhaltende Diskussion dieser Frage und besonders die Kontroverse um die Bedeutung der Gewerbesteuer sind im Wesentlichen auf ein unterschiedliches Verständnis der Gemeindefinanzverfassung zurückzuführen. Nach Blankart lassen sich zwei charakteristische Modelle unterscheiden: Zum einen das Autonomieprinzip, wonach die Bürger ihre Gemeinde selbst zu finanzieren haben. Sie besitzen die Kompetenz zur Bestimmung von Ausgaben und Einnahmen. „Es lässt sich auch sagen: Die Gemeinde wird wie eine selbstständige Unternehmung betrachtet" (Blankart 2006: 322). Zum anderen das Verwaltungsprinzip, nach dem den Kommunen ein entsprechendes Budget „von oben" gewährt wird. Gemeindeeigene Steuern dienen nicht dazu, die Finanzierung der Kommune vollständig zu tragen, sondern sie nur noch zu ergänzen. Das Bild einer Gemeinde entspricht eher dem einer Verwaltung als dem einer Unternehmung.

Auch wenn in Deutschland beide Modelle eine lange Tradition haben, gab es im Laufe des 20. Jahrhunderts einen schleichenden Übergang vom Autonomie- zum Verwaltungsprinzip. Allerdings sind nur unter dem Autonomieprinzip Ausgaben- und Einnahmenentscheidungen miteinander verknüpft, d.h. es herrscht institutionelle Kongruenz. Wenn jede staatliche Einheit für sich selbst verantwortlich ist, können auch keine Kosten auf andere Gebietskörperschaften überwälzt werden. Somit ist die Preisfunktion der Steuern erfüllt: Kommunale Dienstleistungen werden also nach ihrer Inanspruchnahme besteuert.

Ein – wenn nicht das – Grundproblem der kommunalen Finanzverfassung ist der geringe Grad an Steuerautonomie deutscher Gemeinden. Auch Büttner hält fest, dass es keine lokale Autonomie zur Besteuerung von Haushalten gibt, während mit der Gewerbesteuer lediglich ein höchst unvollkommenes Instrument der Unternehmensbesteuerung existiert. Ihr Hauptproblem liegt aus theoretischer Sicht darin, so Büttner, dass sie als Steuer auf Kapitaleinkommen beträchtliche Mobilitätseffekte auslösen kann und somit zu großen Ineffizienzen in der Bereitstellung öffentlicher Leistungen sowie in der räumlichen Wirtschaftsstruktur führt. Außerdem legt der Autor anschaulich eine Reihe gravierender praktischer und empirisch belegter Probleme der Gewerbesteuer dar, die auf ihre unzulängliche technische Ausgestaltung zurückzuführen sind. Hier sind besonders eine ausgeprägte Reagibilität im Aufkommen und eine hohe steuerliche Sensitivität zu nennen.

Die These, die in diesem Korreferat vertreten wird, ist, dass aus konstitutioneller Perspektive die von Büttner deutlich gemachten Probleme letzten Endes die negativen Folgen einer inkongruenten Entscheidungsfindung sind. Die Gemeindefinanzverfassung ist durch institutionelle Inkongruenz gekennzeichnet, weil die Kreise der Nutznießer, Entscheidungsträger und Steuerzahler deutlich auseinander fallen. Infolgedessen muss eine Verbesserung des Status quo an der konstitutionellen Ebene ansetzen, um wieder einen höheren Grad an institutioneller Kongruenz herbeizuführen. Dies leistet eine stärkere Betonung des ursprünglichen Autonomieprinzips, bei dem noch der Zusammenhang zwischen den Lasten der Gewerbesteuer und dem Nutzen in Form von Infrastruktur gestärkt war. Daher gilt es, eine Bemessungsgrundlage zu finden, die einen möglichst verlässlichen Indikator für die Inanspruchnahme der Gemeindedienstleistungen durch die Unternehmen darstellt. Die typischen Probleme der Gewerbesteuer wie Konjunkturreagibilität und ungleiche Aufkommensverteilung zwischen reichen und armen Gemeinden gehen oft auf nicht ausreichend treffsichere Bemessungsgrundlagen zurück. Jede Branche hat andere kostenverursachende Faktoren und Gemeinden können sich in der Konzentration von Branchen unterscheiden.

3 Die Bedeutung des Steuerwettbewerbs zwischen Gemeinden

Es ist indes nicht zu erwarten, dass sich eine die Inanspruchnahme widerspiegelnde Bemessungsgrundlage mehr oder weniger von selbst einstellt. Eine solche muss in einem Suchprozess erst gefunden werden. Die Gemeinden müssen das Recht haben, ausprobieren zu können, welche Bemessungsgrundlage bzw. welcher Mix von Bemessungsgrundlagen ihnen am geeignetsten erscheint (Blankart 1997). Dies verhindert aber die feste Regulierung auf Bundesebene, weil der Bund die zulässige Bemessungsgrundlage zwingend festlegt. Die Gemeinden verfügen also über keinerlei Autonomie bei der Steuergestaltung, sie besitzen nur das Recht, auf der bundeseinheitlich festgelegten Bemessungsgrundlage den Hebesatz festzulegen. Ein produktiver „trial and error"-Prozess seitens der Gemeinden wird durch diese Regulierung offensichtlich im Keim erstickt.

In der Literatur wird ein entsprechender Gewerbesteuerwettbewerb unter den Gemeinden eher als ineffizient angesehen, weil er tendenziell wechselseitige Steuersenkungen hervorrufe (Zodrow/Mieszkowski 1986). Auch Büttner geht davon aus, „dass der ungehemmte kommunale Steuerwettbewerb zu einer insgesamt zu niedrigen Besteuerung führt, lässt sich die an der gemeindlichen Steuerkraft ansetzende Umverteilung durch Umlagen und Finanzausgleich als Korrekturmechanismus auffassen, der die Fehlanreize des kommunalen Steuerwettbewerbs reduziert oder aufhebt" (150).

Zur Beurteilung der Auswirkungen des Steuerwettbewerbs ist es zweckmäßig, einmal auf die den unterschiedlichen Argumenten mehr oder weniger explizit zugrunde liegenden allgemeinen Steuer-Paradigmen abzustellen. Schon Knut Wicksell (1896: 77) kannte die Prinzipien der „Besteuerung nach dem Interesse" und der „Besteuerung nach der Leistungsfähigkeit", die Blankart darauf aufbauend als Austausch-Ansatz und „revenue generation"-Ansatz in der Besteuerung gegenüberstellt. Der Austausch-Ansatz fragt nicht wie der „revenue generation"-Ansatz, welches Besteuerungsverfahren den Finanzbedarf des Staates, der sich aus bestimmten vorgegebenen Staatsaufgaben ableitet, effizient erzielt. Vielmehr werden Steuern als Preise betrachtet, die Bürger und Standortnutzer für die Inanspruchnahme der Leistungen und Standortqualitäten von Gebietskörperschaften entrichten müssen (Blankart 2002). Das Steuersystem sollte daher so gestaltet sein, dass zwischen dem aus gebietskörperschaftlichem Angebot resultierenden Nutzen und den dafür zu erbringenden Beiträgen ein möglichst enger Zusammenhang besteht. Der Steuerwettbewerb zwischen den Gebietskörperschaften wird schließlich als das geeignete Mittel gesehen, das sicherstellt, dass die Bürger möglichst effizient mit solchen staatlichen Leistungen bedient werden, die in ihrem gemeinsamen Interesse liegen (Vanberg 2004: 66).

Eines der Hauptargumente gegen den Steuerwettbewerb ist der Verweis auf die Gefahr der „ruinösen Konkurrenz": Dieser führe dazu, dass staatliche Einheiten zu einer wünschenswerten Bereitstellung öffentlicher Güter nicht mehr imstande seien, oder es komme zur Selbstausbeutung der Bürger zugunsten von Jurisdiktionsdritten bzw. zu einer Ausbeutung der immobilen durch die mobileren Faktoren innerhalb der Jurisdiktion. Büttner (142) macht klar, worin das Grundproblem besteht: „Grundsätzlich gesehen stehen Gemeinden vor der Schwierigkeit, Zahlungsbeiträge zur Finanzierung der öffentlichen Leistungen zu erheben, obschon sich die Bürger und Unternehmen oft durch geringfügige räumliche Verlagerung ihrer Aktivitäten der Zahlungspflicht entziehen können, ohne dabei in vollem Umfang auf die Nutzung der öffentlichen Leistungen verzichten zu müssen." Wenngleich hiermit in der Tat auf ein zentrales Problem hingewiesen wird, darf aber nicht der elementare Unterschied zwischen Trittbrettfahren in der Nutzung der öffentlichen Leistungen einer Jurisdiktion und Abwanderung aus der Jurisdiktion übersehen werden (Vanberg 2004: 70f).

Geht man also vom Austauschparadigma staatlicher Tätigkeit aus, dann stehen Gebietskörperschaften im Steuerwettbewerb vor folgendem Grundproblem: Welches ist für das Angebot verschiedener Leistungen die geeignete Bemessungsgrundlage für die Steuerpreise (oder Abgaben), die von Bürgern und Standortnutzern nach Maßgabe des Prinzips der Besteuerung nach Inanspruchnahme von Leistungen gefordert werden können? Der Wettbewerb zwischen den Jurisdiktionen kann als ein Such- und Entdeckungsverfahren angesehen werden, in dem verschiedene Hypothesen zur Lösung dieses Problems getestet werden. Daneben vermittelt er Anreize für Gebietskörperschaften zur entsprechenden Anpassung ihres Steuersystems. Erst durch den Wettbewerb werden Regierungen gezwungen, solche Bemessungsgrundlagen zu suchen, die sowohl wettbewerbsrobust sind – d.h. das Trittbrettfahrerproblem lösen – als auch sichere Indikatoren für die Inanspruchnahme öffentlicher Leistungen darstellen.

Aber Regierungen haben stets auch Anreize, sich dem Wettbewerb zu entziehen. Wie Büttner verdeutlicht, kann das sogar so weit gehen, dass die Gemeinden lieber die Unzulänglichkeiten der Gewerbesteuer akzeptieren und von einem hohen Ausgleichsgrad im Finanzausgleich profitieren, der aber zugleich ihre eigene Autonomie unterwandert, als sich dem Wettbewerb zu öffnen. In diesem Zusammenhang ist auch von Bedeutung, dass dem Wettbewerb der Gemeinden das Oligopol der Bundesländer und das Monopol des Bundes gegenüberstehen. Denn sowohl der Bund als auch die Länder können Entscheidungen treffen, denen die Bürger in den Gemeinden kaum ausweichen können. Im Prinzip haben sie das Recht, jederzeit in die Kompetenzen der untergeordneten Gebietskörperschaften einzugreifen und diese an sich zu ziehen. Durch die Marktmacht der übergeordneten Ebenen kann es also zu einer weiteren Aushöhlung des Wettbewerbs kommen (Blankart 2005: 144).

4 Fazit

Die Diskussion der Natur und der Bedeutung der Gewerbesteuer im Rahmen der Gemeindefinanzverfassung hat ihre spezifischen Schwächen an den Tag gelegt. Es wurde argumentiert, dass die tieferen Ursachen der theoretischen und empirischen Probleme, die Büttner detailliert und überzeugend beleuchtet, in der institutionellen Inkongruenz der kommunalen Finanzverfassung liegen. Aus verfassungsökonomischer Perspektive, die die Möglichkeit der Realisierung wechselseitiger Vorteile betont, gilt es, wieder mehr institutionelle Kongruenz herzustellen, indem insbesondere das Autonomieprinzip gestärkt wird. Dies geht notwendigerweise mit einer Intensivierung des Steuerwettbewerbs einher, der als Instrument für die Suche nach stabilen und preisnahen Bemessungsgrundlagen einer Gewerbesteuer dient.

Büttner schlägt als Reformalternative und als Ausweg aus den dargelegten Problemen die Revitalisierung der Grundsteuer vor, was keinen Systemwechsel erfordern würde. Diese hat den großen Vorteil der stabilen Bemessungsgrundlage und ist daher wettbewerbstauglich. Da Grund und Boden in ihrer Menge gegeben sind, weder vermehrbar noch verminderbar sind, lässt die Grundsteuer das Angebot des Faktors unverändert. Während daher ihre allokativen Wirkungen positiv zu beurteilen sind, ist dagegen die konfiskatorische Besteuerungsmacht des Staates gegenüber dem Faktor Grund und Boden außerordentlich hoch. Damit der Staat aus seiner Tätigkeit keine Monopolrenten abschöpft und es nicht zu Ausbeutung kommt, bedarf es geeigneter institutioneller Beschränkungen der Gemeinden (Blankart 2006: 331). Ein Blick auf die Vereinigten Staaten und auf andere Staaten mit britischer Tradition zeigt, dass eine Gemeindefinanzierung auf Basis einer Grundsteuer durchaus funktioniert.

In welche Richtung auch immer die weitere Diskussion um die Reform der Gewerbesteuer gehen mag, es ist wichtig zu erkennen, dass die Mängel der Gemeindefinanzen nicht konjunktureller, sondern struktureller Art sind. In wirtschaftlich ungünstigen Zeiten treten diese nur deutlicher zu Tage. Auch Gemeinden und deren Politiker bleiben von den Auswirkungen eines zunehmend wettbewerblichen Umfeldes und einer wachsenden Mobilität der Bemessungsgrundlagen nicht verschont.

Literatur

Blankart, Charles B. (1997): Mehr Steuerautonomie für die Kommunen. *Frankfurter Allgemeine Zeitung*, Nr. 219, 20. September 1997, 17.

Blankart, Charles B. (2002): A Public Choice View of Tax Competition. *Public Finance Review*, 30 (2002), 366-376.

Blankart, Charles B. (2005): Reformen des föderalen Systems, in: Wohlgemuth, Michael (Hrsg.): *Spielregeln für eine bessere Politik: Reformblockaden überwinden – Leistungswettbewerb fördern*. Freiburg et al. (2005): Herder, 135-158.

Blankart, Charles B. (2006): *Öffentliche Finanzen in der Demokratie: Eine Einführung in die Finanzwissenschaft*. München (2006): Verlag Franz Vahlen.

Döring, Thomas/Feld, Lars Peter (2005): Reform der Gewerbesteuer: Wie es Euch gefällt? - Eine Nachlese. *Perspektiven der Wirtschaftspolitik*, 6 (2005), 207-232.

Vanberg, Viktor J. (2000): Der konsensorientierte Ansatz der konstitutionellen Ökonomik, in: Leipold, Helmut/Ingo Pies (Hrsg.): *Ordnungstheorie und Ordnungspolitik – Konzeptionen und Entwicklungsperspektiven*. Stuttgart (2000): Lucius & Lucius, 252-276.

Vanberg, Viktor J. (2004): Bürgersouveränität und wettbewerblicher Föderalismus: Das Beispiel der EU, in: Schäfer, Wolf (Hrsg.): *Zukunftsprobleme der europäischen Wirtschaftsverfassung*. Berlin (2004): Duncker & Humblot, 51-86.

Wicksell, Knut (1896): *Finanztheoretische Untersuchungen nebst Darstellung und Kritik des Steuerwesens Schwedens*. Jena (1896): Gustav Fischer.

Zodrow, George R./Peter Mieszkowski (1986): Pigou, Tibout, Property Taxation and the Under-Provision of Local Public Goods. *Journal of Urban Economics*, 19 (1986), 296-315.

Freiburger Wirtschaftswissenschaftler e.V.

Der Verein ist die Absolventenvereinigung des Bereichs Wirtschaftswissenschaften der Albert-Ludwigs-Universität Freiburg. Er wurde 1989 gegründet und zählt heute ca. 1.200 Mitglieder aller Altersstufen und Examensjahrgänge.

Ein Hauptziel des Vereins besteht darin, den Absolventinnen und Absolventen ein interessantes Forum zu bieten, das sie über die Studienzeit hinaus mit ihrer Universität verbindet. Im Laufe der Zeit ist auf diese Weise ein Netzwerk entstanden, mit dem das enorme Potential an Wissen, praktischer Erfahrung und persönlichen Kontakten der Ehemaligen erschlossen und genutzt werden kann.

Zur Pflege und zum weiteren Ausbau dieses Netzwerkes bietet der Verein den eigenen Mitgliedern...

- jährliche Mitgliedertreffen mit der Gelegenheit, ehemalige Kommilitoninnen und Kommilitonen sowie Professoren wieder zu treffen.

- die „Zeitschrift der Freiburger Wirtschaftswissenschaftler". Die Mitgliederzeitschrift erscheint zweimal im Jahr mit den neuesten Nachrichten vom Verein und aus der Fakultät, aktuellen Veranstaltungshinweisen und wissenschaftlichen Beiträgen.

- das Mitgliederverzeichnis. Jedes Mitglied erhält jährlich ein aktuelles Mitgliederverzeichnis. Darin sind die Kontaktmöglichkeiten und beruflichen Positionen aller Mitglieder aufgeführt.

- Stammtische. In vielen Städten werden von unseren Mitgliedern regelmäßige Zusammenkünfte organisiert. Diese bieten eine gute Möglichkeit, erste Kontakte in einer neuen Stadt zu knüpfen.

- Examensfeier. In jedem Jahr lädt der Verein alle Absolventinnen und Absolventen ein, zusammen mit Angehörigen, Freunden und Professoren den Abschluss ihres Studiums zu feiern bestimmt die Standortstrategie großer global agierender Firmen, insbesondere von Industrieunternehmen?

Neben diesen Aktivitäten möchte der Verein vor allem die wirtschaftswissenschaftliche Tradition – insbesondere die Tradition der Freiburger Schule – der Albert-Ludwigs-Universität zu Freiburg im Breisgau bewusst machen und erhalten. Hierzu organisiert und veranstaltet der Verein:

- Vorträge und Vortragsreihen. Ein Diskussionsforum für aktuelle wirtschaftswissenschaftliche Fragestellungen, das mehrfach im Semester stattfindet.

- Freiburger Wirtschaftssymposien. Sie finden in einem zweijährigen Turnus statt. Hier werden aktuelle Fragestellungen aus dem Spannungsfeld von Wirtschaft, Wissenschaft und Politik mit Experten, Absolventen und engagierten Studierenden erörtert.

- Bücherspenden. Bereits mehrfach hat der Verein die Bibliothek des Volkswirtschaftlichen Seminars bei der Anschaffung dringend benötigter Lehrbücher unterstützt.

- An welchen Orten muss die Firma wie aufgestellt sein, um sich am Markt zu behaupten?

Mitglied unserer Absolventenvereinigung kann jeder werden, der in Freiburg den akademischen Grad Diplomvolkswirt/in erlangt hat, dem der Titel Dr. rer. pol. verliehen wurde oder der sich den Ideen der Freiburger Wirtschaftswissenschaftler verbunden fühlt. Außerdem bietet der Verein Studierenden im Hauptstudium die kostenlose studentische Mitgliedschaft an. Aufgrund der Förderung wissenschaftlicher Zwecke ist der Verein gemäß § 5 Abs. 1 Nr. 9 KStG als gemeinnützig anerkannt.

Weitere Fragen? Kontaktmöglichkeiten:

Freiburger Wirtschaftswissenschaftler – Absolventenvereinigung e.V.

Albert-Ludwigs-Universität Freiburg	Telefon: 0761 203-2131
Dekanat Bereichs Wirtschaftswissenschaften	Telefax: 0761 203-2303
Platz der Alten Synagoge	E-Mail: info@fww-ev.de
79085 Freiburg im Breisgau	Homepage: www.fww-ev.de

Innovation und Reform

Herausgegeben von Nicolas Dallmann und Marc Seiler

Freiburger Anregungen zur Wirtschaft und Gesellschaft Band 1
Herausgeber: Freiburger Wirtschaftswissenschaftler e.V.

2006. VI/134 S., kt. € 26,-. ISBN 978-3-8282-0353-2

Die Realität der letzten Jahre machte deutlich, dass die in modernen Industriestaaten intendierte Realisierung der Idee eines Wohlfahrtsstaates den Weg in die politische Sackgasse bahnt. Vor diesem Hintergrund bedarf es als Ergänzung der derzeit in der Ökonomik vorherrschenden Ziel-Mittel-Rationalität wieder einer Rückbesinnung auf freiheitlich geprägte ordnungspolitische Leitgedanken als wertrationales Element bei der Untersuchung des Ausmaßes und der Aufgaben des Staates.

Zwar spielen auch bei jüngeren Reformdebatten die Ansätze des Kreises um Walter Eucken inhaltlich noch eine wichtige Rolle. Dennoch wird die Bedeutung des Freiburger Ordoliberalismus nicht mehr derart explizit hervorgehoben, wie dies noch bei der frühen Ausgestaltung der Sozialen Marktwirtschaft der Fall war. Selbiges gilt auch für den ebenfalls mit Freiburg in Verbindung zu bringenden Namen Friedrich A. von Hayek und dessen Lebenswerk.

Gerade im Rahmen einer Auseinandersetzung mit dem Institutionenproblem wird jedoch die hohe Aktualität der Freiburger Ideen deutlich, weshalb der Verein der Freiburger Wirtschaftswissenschaftler diese durch die Freiburger Anregungen zu Wirtschaft und Gesellschaft wieder stärker in den Vordergrund zu rücken und damit ihre auch heute noch gewichtige Bedeutung für die Diskussion aktueller Reformvorschläge zu verdeutlichen sucht.

Die wissenschaftlichen Beiträge der ersten Vortragsstaffel liegen nunmehr ebenso wie zugehörige Korreferate von Nachwuchswissenschaftlern vor. Dieser erste Band dient der Bereicherung der aktuellen wissenschaftlichen und politischen Debatten zu den jeweils behandelten Themenkomplexen.

 *Stuttgart*

ORDO

Jahrbuch für die Ordnung von Wirtschaft und Gesellschaft

Begründet von WALTER EUCKEN und FRANZ BÖHM

Band 58

2007. ca. X/285 S., geb. € 72,-. ISBN 978-3-8282-0391-4

 *Stuttgart*

Bei Fragen zur Produktsicherheit wenden Sie sich bitte an:
If you have any questions regarding product safety,
please contact:

Walter de Gruyter GmbH
Genthiner Straße 13
10785 Berlin
productsafety@degruyterbrill.com